美军作战概念演进及其逻辑

杨继坤　鲁培耿　齐嘉兴　等　编著

电子工业出版社
Publishing House of Electronics Industry
北京·BEIJING

内 容 简 介

美军长期以来秉持"概念驱动"的理念，将作战概念创新作为军队建设发展的重要牵引力和推动力。作战概念开发是探索战争制胜的创新工程，针对这一现实需要，本书系统总结了美军作战概念的演进脉络；结合美军作战概念的演进变化，从作战概念研发的作用、制胜机理和战争形态的发展趋势及未来战争的准备方向等方面提出了对美军作战概念发展的认识；重点阐述美军"非对称作战""分布式杀伤""多域作战""马赛克战"等典型作战概念的发展情况和内涵特征，可以为我军建设发展特别是作战理论体系化建设提供参考。

本书可作为从事作战使用、规划论证等领域研究的指挥员、管理者和工程技术人员的参考书。

未经许可，不得以任何方式复制或抄袭本书之部分或全部内容。
版权所有，侵权必究。

图书在版编目（CIP）数据

美军作战概念演进及其逻辑 / 杨继坤等编著. —北京：电子工业出版社，2022.4
ISBN 978-7-121-43183-8

Ⅰ．①美… Ⅱ．①杨… Ⅲ．①作战—研究—美国 Ⅳ．①E83

中国版本图书馆 CIP 数据核字（2022）第 058535 号

责任编辑：陈韦凯　　文字编辑：李　然
印　　刷：天津千鹤文化传播有限公司
装　　订：天津千鹤文化传播有限公司
出版发行：电子工业出版社
　　　　　北京市海淀区万寿路 173 信箱　邮编：100036
开　　本：787×1 092　1/16　印张：12.75　字数：326.4 千字
版　　次：2022 年 4 月第 1 版
印　　次：2023 年 12 月第 9 次印刷
定　　价：98.00 元

凡所购买电子工业出版社图书有缺损问题，请向购买书店调换。若书店售缺，请与本社发行部联系，联系及邮购电话：（010）88254888，88258888。
质量投诉请发邮件至 zlts@phei.com.cn，盗版侵权举报请发邮件至 dbqq@phei.com.cn。
本书咨询联系方式：chenwk@phei.com.cn，（010）88254441。

编写组

主　编　　杨继坤

副主编　　鲁培耿　　齐嘉兴　　岳明桥　　孙希东

成　员

　　　　　　黄成果　　王　娜　　申良生　　徐　强

　　　　　　王雪峥　　肖　飞　　慈　旋　　王　林

　　　　　　张　杨　　刘子铭　　寇雨筱　　郭乃琨

　　　　　　周　浩　　李念国　　韩　冰　　李修深

前 言

当前,世界主要国家积极适应战争形态变化,不断创新作战理论,涌现出许多新型作战概念,特别是美军加速推进军事转型,先后提出并出台了"网络中心战""空海一体战""分布式杀伤""多域作战""马赛克战"等作战概念。美军实践表明,作战概念研发和创新一直是美军建设发展的灵魂,不断推动美军军事技术创新、武器装备发展和军事力量建设,充分体现了作战概念在理论创新与实践引领方面的顶层牵引作用。

从美军作战概念发展看,虽然各作战概念提出的背景和目的不同,针对的军兵种层次不同,但从它们的内涵特点可以发现其逻辑特征一脉相承,表现为更加关注作战空间拓展、作战能力智能化实现及作战力量规模提升,并逐步形成了"海外基地+作战平台+武器单元"的基本作战模式,力图谋求兵力全球覆盖和更高战场自由度。具体表现在以下方面:在作战空间上,以网络信息技术拓展更为广阔战场空间,以指挥协同技术实现更多领域协同作战;在作战能力上,以人工智能技术提升复杂战场适应能力和响应速度;在作战力量上,以低成本实现更大规模、更为灵巧化集群对抗。

习近平主席在视察军委联合作战指挥中心时强调:"大兴作战问题研究之风"。在大国军事竞争持续加剧的背景下,面对强国强军的时代要求,为构建中国特色现代作战理论体系,深化作战问题研究是必要之路。落实到方法手段上,一是要结合作战任务和使命要求,紧盯战争形态和作战样式演变开展研究;二是要坚持发扬我军特色与借鉴外军做法相结合,紧贴强敌对手开展研究,其中最根本、最核心的表现就聚焦在作战概念的研发和创新上。当前,国内对作战概念还缺乏统一的认识和表述。与美军"基于能力"的作战概念提出和研发方式不同,国内更加关注具体装备的作战能力,重点考察装备的作战效能,但落脚点并不在作战概念上,而是以"作战想定"的形式设想提出装备的作战环节和对抗过程,突出装备的战术运用能力。从这一点来看,与美军相比,国内还不具备成熟的作战概念生成机制和完备的作战概念体系。

中国共产党第十九次全国代表大会明确指出:"加快军事智能化发展,提高基于网络信息体系的联合作战能力、全域作战能力。""军事智能化发展"为国防和军队建设指明了方向,也表明了一场深刻的军事革命正在进行。为积极适应时代发展,充分聚焦作战问题,有效发挥作战概念战略指导作用,切实为先进理论向现实战斗力的转化提供助力,借鉴参考美军作战概念研发特点及其发展逻辑对构建我军特色作战概念体系,引领我军作战理论研究、智能技术应用和装备能力发展具有重要意义,因此本书针对美军典型作战概念及其演进逻辑开展了研究工作。

本书共21章。第1章主要对作战概念、美军作战概念体系结构和发展历程及美军作战概念的发展变化趋势进行概述;第2~21章梳理了20世纪90年代以来美军的主要作战概念,对美军"非对称作战""有人/无人协同作战""网络中心战""海军一体化火控-防空""赛博作战""认知电子战""电磁频谱战""空海一体战""联合作战""云作战""分布式杀伤""拒止环境协同作战""无人机集群作战""敏捷作战""多域作战""马赛克战""决策中心战""应对导弹齐射作战""全域作战""水下作战"等作战概念的产生背景、概念内涵、实现途径、目标和相关项目等内容进行了总结。

本书第 1 章由杨继坤、鲁培耿、齐嘉兴编写，第 2、3、4 章由周浩、岳明桥、黄成果、慈旋、寇雨筱、韩冰编写，第 5、6、12 章由齐嘉兴、孙希东、王林、王娜、郭乃琨、刘子铭编写，第 7、8 章由王雪峥、孙希东、张杨、李修深、周浩编写，第 9、10、16、20 章由王林、杨继坤、鲁培耿、申良生、李修深、刘子铭编写，第 11、13、14、15 章由黄成果、张杨、岳明桥、肖飞、慈旋、徐强编写，第 17、18、19 章由慈旋、王娜、郭乃琨、李念国、韩冰、寇雨筱编写，第 21 章由申良生、徐强、王雪峥、肖飞、李念国编写。全书由杨继坤、鲁培耿、齐嘉兴统稿。

在本书编写过程中得到了许多专家的指导、支持和帮助，特别是张连仲、赵喜春、温玮、徐胜航、郭兴旺、冯天昊等同志倾注了极大的热情，提出了宝贵的意见及建议，在此表示特别感谢。

限于作者的水平和经历，书中难免存在错误和不当之处，敬请指出和海涵。

编著者
2021 年 10 月

目 录

第 1 章 美军作战概念发展概述 ··· 1
1.1 作战概念概述 ··· 1
1.1.1 作战概念定义 ··· 1
1.1.2 作战概念要素 ··· 1
1.1.3 基本属性 ·· 2
1.1.4 对军事领域的影响 ··· 3
1.1.5 作战概念研发方法论 ··· 5
1.2 美军作战概念体系结构 ·· 7
1.2.1 美军作战理论体系 ··· 7
1.2.2 联合作战概念体系 ··· 8
1.3 美军作战概念发展历程 ··· 10
1.4 对美军作战概念发展的认识 ··· 13

第 2 章 非对称作战 ··· 17
2.1 产生背景 ··· 17
2.1.1 背景情况 ··· 17
2.1.2 发展情况 ··· 17
2.2 概念内涵 ··· 18
2.2.1 概念分析 ··· 18
2.2.2 特点优势 ··· 18
2.3 实现途径 ··· 19
2.3.1 空军行动 ··· 19
2.3.2 海军及海军陆战队行动 ······································ 20
2.3.3 陆军行动 ··· 21
2.3.4 空间作战力量行动 ··· 21
2.4 发展趋势及面临挑战 ··· 22
2.4.1 发展趋势 ··· 22
2.4.2 面临挑战 ··· 23
2.5 基本手段 ··· 23

第 3 章 有人/无人协同作战 ·· 26
3.1 产生背景 ··· 26
3.1.1 背景情况 ··· 26
3.1.2 发展情况 ··· 26
3.2 概念内涵 ··· 27

    3.2.1 概念分析 ··· 27
    3.2.2 特点优势 ··· 27
    3.2.3 体系结构 ··· 28
  3.3 关键技术及应用设想 ·· 30
    3.3.1 关键技术 ··· 30
    3.3.2 应用设想 ··· 32
  3.4 相关项目 ·· 32
    3.4.1 "忠诚僚机"项目 ·· 32
    3.4.2 "灰鲭鲨"与"女战神"项目 ··· 33
    3.4.3 战术作战管理项目 ··· 34
  3.5 经验启示 ·· 35
    3.5.1 有关问题 ··· 35
    3.5.2 措施建议 ··· 35

第 4 章 网络中心战
  4.1 产生背景 ·· 36
    4.1.1 背景情况 ··· 36
    4.1.2 发展情况 ··· 36
  4.2 概念内涵 ·· 37
    4.2.1 概念分析 ··· 37
    4.2.2 特点优势 ··· 38
    4.2.3 体系结构 ··· 38
  4.3 实现途径 ·· 39
    4.3.1 军种举措 ··· 39
    4.3.2 关键技术 ··· 40
    4.3.3 作战应用 ··· 41
  4.4 存在问题 ·· 41
  4.5 经验启示 ·· 42

第 5 章 海军一体化火控-防空
  5.1 产生背景 ·· 44
    5.1.1 背景情况 ··· 44
    5.1.2 发展情况 ··· 44
  5.2 系统构型及节点能力 ·· 45
    5.2.1 系统构型 ··· 45
    5.2.2 节点能力 ··· 46
  5.3 主要特征 ·· 47
    5.3.1 系统架构 ··· 47
    5.3.2 作战网络 ··· 47
    5.3.3 作战管理 ··· 48
  5.4 工作流程 ·· 48

目　录

  5.5　未来作战应用 49
  5.6　启示建议 50

第6章　赛博作战 51
  6.1　赛博空间概述 51
    6.1.1　定义 51
    6.1.2　内涵与本质 52
    6.1.3　主要特征 53
  6.2　赛博作战概述 54
    6.2.1　定义 54
    6.2.2　内涵特征 54
    6.2.3　赛博作战与常规作战的区别 54
    6.2.4　对未来战争的影响 55
  6.3　赛博靶场 56
    6.3.1　研发背景 56
    6.3.2　主要任务和预期能力 56
    6.3.3　建设目标 57
    6.3.4　技术挑战与关键技术分析 58
  6.4　新赛博战 59
    6.4.1　内涵特征 59
    6.4.2　作战样式特点 60
    6.4.3　面临的关键难题 61

第7章　认知电子战 62
  7.1　产生背景 62
    7.1.1　背景情况 62
    7.1.2　发展现状 62
  7.2　概念内涵 63
    7.2.1　概念分析 63
    7.2.2　特点优势 65
  7.3　认知电子战的关键技术 66
    7.3.1　认知侦察技术 66
    7.3.2　认知建模技术 66
    7.3.3　电子干扰技术 67
    7.3.4　效能评估技术 67
  7.4　经验启示 67

第8章　电磁频谱战 70
  8.1　产生背景 70
  8.2　概念内涵 70
    8.2.1　基本概念 70
    8.2.2　任务定位 71

		8.2.3 作战实施	71
	8.3	发展特点	72
	8.4	实现途径	73
		8.4.1 政策条令	73
		8.4.2 部队组建	76
		8.4.3 装备技术	77
	8.5	经验启示	78
		8.5.1 快速高效：聚时域之优	78
		8.5.2 科学统筹：聚空域之优	79
		8.5.3 能动融合：聚能域之优	79
第9章	空海一体战		81
	9.1	产生背景	81
		9.1.1 背景情况	81
		9.1.2 发展情况	81
	9.2	概念内涵	82
		9.2.1 作战预想与实施	82
		9.2.2 作战特点	83
		9.2.3 "全球公域介入与机动联合"概念	84
	9.3	面临的主要问题	84
		9.3.1 国防预算	85
		9.3.2 军种竞争	85
		9.3.3 技术兼容	85
		9.3.4 后勤补给	86
第10章	联合作战		87
	10.1	基本概念	87
	10.2	发展历程	87
	10.3	战略意义评价	88
	10.4	核心理念分析	89
	10.5	未来发展方向	91
第11章	云作战		92
	11.1	产生背景	92
		11.1.1 背景情况	92
		11.1.2 发展情况	93
	11.2	概念内涵	94
		11.2.1 概念分析	94
		11.2.2 特点优势	95
		11.2.3 体系结构	96
	11.3	实现途径	96
		11.3.1 军种举措	96

11.3.2	关键技术	97
11.3.3	存在问题	97
11.4	经验启示	98

第 12 章　分布式杀伤

12.1	产生背景	100
12.2	概念内涵	101
12.2.1	概念与原则	101
12.2.2	分布式指挥控制	102
12.2.3	分布式海上防空作战	102
12.2.4	分布式反舰作战	103
12.2.5	分布式反潜作战	103
12.2.6	分布式对岸打击作战	103
12.3	实现途径	104
12.3.1	战术领域	104
12.3.2	人才领域	104
12.3.3	装备领域	104
12.3.4	训练领域	105
12.4	特点分析	105

第 13 章　拒止环境协同作战

13.1	发展背景	107
13.2	基本概念	108
13.3	关键技术	109
13.4	发展阶段	110

第 14 章　无人机集群作战

14.1	产生背景	112
14.1.1	背景情况	112
14.1.2	发展情况	113
14.2	概念内涵	113
14.2.1	概念分析	113
14.2.2	特点优势	114
14.3	实现途径	115
14.3.1	军种举措	115
14.3.2	关键技术	116
14.3.3	作战手段	117
14.4	存在问题	118
14.5	相关项目	119
14.5.1	"小精灵"无人机集群项目	119
14.5.2	"灰山鹑"微型无人机项目	120
14.5.3	"低成本"无人机集群项目	120

14.6 经验启示 ·· 120

第15章 敏捷作战 ·· 122

15.1 产生背景 ·· 122
  15.1.1 背景情况 ·· 122
  15.1.2 发展情况 ·· 123

15.2 概念内涵 ·· 123
  15.2.1 概念分析 ·· 123
  15.2.2 特点优势 ·· 126

15.3 实现途径 ·· 126
  15.3.1 多域指挥控制 ·· 126
  15.3.2 自适应作战域控制 ··· 127
  15.3.3 全球一体化情报监视与侦察 ··· 127
  15.3.4 快速全球机动 ·· 128
  15.3.5 全球精确打击 ·· 128

第16章 多域作战 ·· 130

16.1 产生背景 ·· 130
  16.1.1 背景情况 ·· 130
  16.1.2 发展情况 ·· 130

16.2 概念内涵 ·· 131
  16.2.1 概念分析 ·· 131
  16.2.2 特点优势 ·· 132
  16.2.3 组成要素 ·· 133

16.3 实现途径 ·· 134
  16.3.1 军种举措 ·· 134
  16.3.2 实现能力 ·· 135
  16.3.3 应用设想 ·· 135

16.4 能力需求及面临挑战 ··· 136
  16.4.1 能力需求 ·· 136
  16.4.2 面临挑战 ·· 138

16.5 相关项目 ·· 138

16.6 经验启示 ·· 139

第17章 马赛克战 ·· 140

17.1 提出背景 ·· 140

17.2 概念内涵 ·· 141
  17.2.1 拟解决的问题 ·· 141
  17.2.2 核心优势 ·· 141
  17.2.3 内涵特征 ·· 142

17.3 实现途径 ·· 143
  17.3.1 发展思路 ·· 143

	17.3.2 力量设计	144
	17.3.3 关键技术	145
17.4	相关项目	147
	17.4.1 体系架构	147
	17.4.2 指控/作战管理	148
	17.4.3 通信组网	148
	17.4.4 平台/武器	148
	17.4.5 基础技术	149
17.5	应对策略分析	149

第 18 章 决策中心战

18.1	产生背景	150
18.2	概念内涵	150
	18.2.1 概念分析	150
	18.2.2 概念特点	151
18.3	实现途径	151
	18.3.1 兵力设计	152
	18.3.2 指挥控制	152
18.4	海军水面作战转型	152
	18.4.1 需求分析	152
	18.4.2 作战思想	153
	18.4.3 兵力结构	153
	18.4.4 作战编成	154
	18.4.5 方案评估	154
18.5	前景分析	155

第 19 章 应对导弹齐射作战

19.1	产生背景	156
	19.1.1 背景情况	156
	19.1.2 发展情况	156
19.2	概念分析	157
	19.2.1 主要影响因素	157
	19.2.2 降低对手大规模导弹攻击的密度和效果	157
	19.2.3 增强防空和导弹防御作战能力	157
19.3	美军针对中国"导弹齐射"的应对举措	158
	19.3.1 美军关于中国制导弹药投送能力的分析	158
	19.3.2 应对措施	158
19.4	能力和技术需求	159
	19.4.1 中程动能防御方案	159
	19.4.2 非动能防御方案	161
	19.4.3 作战管理系统	161

		19.4.4 新型近程点防御方案	161
19.5	预计效果		161

第20章 联合全域指挥控制 · 164

- 20.1 发展背景 · 164
- 20.2 内涵特点 · 165
- 20.3 发展态势 · 165
  - 20.3.1 成立跨职能团队开展专门研究 · 165
  - 20.3.2 将联合全域指挥控制纳入条令体系 · 166
  - 20.3.3 发展支撑系统和技术 · 166
  - 20.3.4 加紧开展联合作战试验 · 167
- 20.4 几点认识 · 167
  - 20.4.1 时代背景驱动 · 168
  - 20.4.2 组织管理模式的差异 · 168
  - 20.4.3 对联合作战能力的提升 · 169
  - 20.4.4 困难和挑战 · 170
  - 20.4.5 技术机理上的作战弱点 · 170
- 20.5 全域作战 · 171
  - 20.5.1 概念提出 · 171
  - 20.5.2 概念内涵 · 171
  - 20.5.3 概念发展 · 172
  - 20.5.4 主要启示 · 173

第21章 水下作战相关概念 · 175

- 21.1 水下作战发展新思路 · 175
  - 21.1.1 发展背景 · 175
  - 21.1.2 主要成就 · 176
  - 21.1.3 前景展望 · 177
- 21.2 水下无人作战 · 178
  - 21.2.1 相关背景 · 178
  - 21.2.2 高度重视水下无人系统作战价值 · 178
  - 21.2.3 推动水下无人系统多样化发展 · 179
  - 21.2.4 攻关水下关键技术 · 181
- 21.3 海底战 · 182
  - 21.3.1 产生背景 · 182
  - 21.3.2 概念内涵 · 182
  - 21.3.3 实现途径 · 183
  - 21.3.4 阶段能力 · 186

参考文献 · 187

第 1 章　美军作战概念发展概述

当今时代，战争形态和制胜机理都在发生重大变化，网络、信息、体系及速度等逐渐成为战争新的制胜因素，以快打慢、以明制盲、以精制粗、以远打近、以点瘫体等开始成为现代战争新的游戏规则。近年来，美军先后提出"分布式杀伤"等作战概念，力图通过改变战争游戏规则谋求战略主动和绝对优势。当前，作战概念研发越发受到重视，已成为军事理论现代化的重要内容。研发新的作战概念，既是军事斗争准备的中心工作，也是作战理论研究最活跃的热点方向。美军在作战概念的提出和研发上具有较成熟的经验和做法，对形成具有中国特色的作战理论体系有重要参考意义。

1.1　作战概念概述

1.1.1　作战概念定义

目前，缺乏对"作战概念"的统一定义。对"作战概念"的不同理解，在其内涵和外延上都有体现。例如，战争概念、作战概念、战术概念、战法概念、能力概念及装备概念等，有时都被称为"作战概念"。作战概念可以定义为：在某一特定时空条件下，针对某一类作战问题，研究其本质和规律，提炼出其共性特点并加以抽象概括，进而指导这一类作战问题的解决。具体而言，作战概念是基于历史、现在和未来的技术发展、威胁判断、地缘局势、作战对手及战场环境等作战条件的研究和判断，对某一类作战问题给出的理论解决方案。

1.1.2　作战概念要素

作战概念要素一般包括：战略背景、主要威胁、作战环境、作战对手、战略目标、作战目的、时间设定、冲突想定、能力要求、作战领域、指导思想、作战原则、概念内容、能力需求及建设措施。

作战概念要素可分为三大类，分别是：

1. 作战问题描述类要素

作战概念都针对某一具体的作战问题，具有鲜明的针对性和对抗性，不存在通用的作战概念。描述作战问题是研发作战概念的前提，应基于未来的特定时空条件进行，具体包括作战概念的战略背景及目标、威胁、对手、时间、空间、环境、条件、能力等。

2. 作战问题解决类要素

作战概念要给出某一具体作战问题的解决方案，具有较强的技术性和可操作性。作战问题解决的要素与计划、想定及推演等工作有很大相似性。作战问题的解决方案应当具有说服力，具体包括作战概念的指导、原则、样式、方法、内容及场景等。

3. 作战能力需求类要素

作战概念提出的作战问题解决方案，往往需要建设新的作战能力才能满足，在作战概念研发中必须提出。研发作战概念，不但要开方，还要抓药。作战能力需求应具备高度的科学性和可行性，具体包括作战能力的需求内容、建设途径等。

1.1.3 基本属性

1. 理论性

作战概念研发属于作战理论研究领域。作战理论是关于作战问题的理性认识和知识体系。作战理论是人类文明的宝贵财富，是对历史上战争实践的深刻洞察、高度升华、精华提炼和科学总结，也是作战概念研发的最主要依据。新的作战概念的产生，需要以已有的作战理论为指导，同时，在作战概念的萌芽、发展、成熟和应用的过程中，往往又可催生新的作战理论。

2. 实践性

实践是作战概念的归宿。作战概念是针对某一具体作战问题的解决方案，需要提出新的作战样式、作战能力或武器装备，以支持作战问题的解决，而作战概念能够成立，战争实践是唯一的检验标准。

3. 针对性

提出和研发作战概念的目的，首先是针对某一具体作战问题的解决。针对性不仅表现为作战问题找得准，即作战问题高度聚焦，更需作战样式可行高效、作战能力能够支撑。只有加强针对性，才能更好地突出作战概念研发的目的性，取得更大的军事效益。

4. 对抗性

作战理论研究，强调对抗性是基本要求，作战概念研发概莫能外。作战概念研发应坚持"料敌从宽、待己从严"的原则，这也是作战理论研究的基本原则。作战概念研发应立足实战，设定的对抗情形应尽可能接近真实。只有在更接近实战的想定中制定的作战概念，才能更好地解决作战问题，更具有指导意义，且对作战能力建设和武器装备研发的指导和牵引不至于找错方向。

5. 预测性

预测是作战概念研发的前提、基础和重要内容。作战概念着眼未来战争，立足作战需求，既要考虑现实能力和条件，更要基于对未来一段时间内的政治环境、地缘形势、威胁特点、军事战略、作战理论、科学技术、武器装备乃至社会状况、经济形势、文化种族、自然环境等方面的预测，表现为新趋势、新发展、新方向、新变化、新因素、新科技和新方法等，并将其作为基础、前提和约束条件。同时，这些预测性因素也直接决定了作战概念能否成立和是否具有重大军事效益。

6. 牵引性

牵引是作战概念研发的基本功能之一，研发作战概念就是牵引作战能力更快更好地发展。对作战概念进行充分的理论论证和实践验证，主要表现为作战概念的"落地"，"落地"是对作战概念最好的检验。作战概念的"落地"不等同于作战概念的正式成立，而是更多地表明作战概念进入验证阶段。

1.1.4 对军事领域的影响

作战概念对军事领域的直接影响表现为作战样式。作战概念首先是以新的作战样式体现出来的。这种作战样式经过推演、演习的检验，可在很大程度上确定该作战概念成立。

间接影响主要体现在对战斗力生成的影响和军事战略层面。影响战斗力生成的方面包括：牵引装备发展、完善条令条例、优化作战编组、改革编制体制和指导教育训练。作战概念通过变革战斗力生成的各个方面，使其与新的作战样式相适应，进而提高战斗力，即提高解决某一类作战问题的作战能力。军事战略层面的影响包括发展军事思想、践行军事战略及丰富军事文化。作战概念的"落地"，必然会对上述军事领域的上层建筑领域产生影响，这种影响是一种滞后、长期、积累的效应，但是具有真正决定性，等同于"转型"效应。实际上，军事力量建设和军事斗争准备的过程，是由这样多个转型过程组成的，换言之，是以作战概念发展为主轴主线的。

1. 创新作战样式

作战概念是作为一种新的作战样式提出的。这种作战样式能够更高效地解决某一类作战问题，并可有效应对某些安全威胁。作战概念的阐述和表达方式与作战样式几乎一致。实际上，这也是作战概念与作战样式往往被混为一谈的原因。实际上，在使用层面，可以将二者等同而不会带来负面效应。

"空地一体战""空海一体战""分布式杀伤"等作战概念，人们对其首要印象就是一种新的作战样式。这些作战概念针对具体作战对手和地理区域，具备作战样式所有的要素和特征。

2. 牵引装备发展

武器装备是作战的物质基础。作战概念提升战斗力，在物质层面落地的一个重要表现，就是牵引新武器装备的研发。作战概念可以通过重组已有武器装备、构建先进作战体系来挖掘现有武器装备的作战潜力，同时作战概念体现的智力因素具有一定的赋能作用。

隐身作战概念基于强对抗的战场环境而提出，并牵引具备隐身性能的飞机、导弹和舰艇发展。目前，隐身性能已成为武器装备重要的技战术指标。

3. 优化作战编组

作战编组形式必须与作战样式和武器装备相适应，以充分发挥其战斗力。作战编组形式是人与武器装备相结合，按照一定的样式作战，所采用的兵力编成和组织形式。一方面，作战概念可通过优化已有的作战编组形式，充分挖掘现有作战体系的作战能力潜力；另一方面，作战概念往往催生新的作战编组形式，这是新武器装备和作战样式的必然要求。

"分布式杀伤"是对现有作战编组的优化。美国海军提出"If it floats, it fights"的口号，要求所有舰艇都具备打击能力，表现为补给舰等战斗支援舰艇也要搭载反舰导弹。

4. 改革编制体制

武器装备和作战样式是生产力和生产关系之间的关系，武器装备决定作战样式；作战能力和编制体制是经济基础和上层建筑之间的关系，经济基础决定上层建筑。作战概念通过提出新的作战样式和武器装备提供新的作战能力，这必然会对决定作战能力建设的编制体制产生影响，要求与之相适应。编制体制变革对作战能力的影响体现在作战能力的生成、维护及建设等各个环节，且具有滞后效应。

在"无人作战"概念牵引下，无人作战系统将成为未来的主战力量，无人机中队更多地出现在各国军队编制中。美军在2019年就宣布将在2～3年内组建15个无人机中队。

5. 指导教育训练

作战概念是理论创新，理论需要经过检验才能成立，并通过推广才能发挥其效益。演习演练是检验作战概念的最好方式，而教育训练是作战概念转化为作战能力的必由之路。依照作战概念的核心内容——作战样式进行作战，检验能否更高效地解决特定作战问题，演习演练是最好的方式。演习演练不但可以加深对作战概念的认识和理解，还是完善作战概念的最好途径。教育训练则直接作用于最重要的战斗力要素——人。

美军太平洋战区多域战特遣部队（MDTF）是美国陆军首支多域战特遣部队，兵力规模为2200人，曾参加2018年"环太平洋"军演，演练了使用高机动火箭炮击沉军舰科目。

6. 完善条令条例

依法作战，在很大程度上就是依照条令作战，条令是作战的依据。条令是以简明条文形式规定并以命令形式颁布的关于作战、行动、生活方面的法规，具有规范性和权威性的特征。作战概念进入条令得到固化，作战概念的指导作用在很大程度上通过条令体现。尽管条令更多是指导性而非强制性的，但应予以遵守。条令是对军队建设和军事斗争经验的总结和升华，反映了军事行动的客观规律。条令的作用是做更多对的事，而少做错的事。

美国陆军2017年版《野战手册3-0：作战》条令纳入"多域作战"概念，包含多域作战若干要素，更新与网络作战和野战炮兵作战相关条令，并计划为多域作战部队制定专用条令。

7. 践行军事战略

作战概念服从服务于军事战略。军事战略是关于军事全局性、长期性的方略。作战概念通过解决特定作战问题和消除特定军事威胁，成为践行军事战略的重要抓手。作战概念和军事战略，都需要说明面临的军事威胁和潜在作战对手，并描述未来的战争目标、地理区域和作战样式。两者的区别在于，作战概念是军事战略的践行，表现为：军事威胁和作战目的更清晰、作战对手和作战区域更明确，并提出新的作战样式作为解决方案。

多域作战是特朗普政府为应对2017年美国《国家安全战略》中指定的战略对手，将军事战略重点由反恐转向大国竞争的体现，意图通过扩军保证安全。

1.1.5 作战概念研发方法论

作战概念研发与生产活动中的产品研发具有一定相似性，如图 1.1 所示。产品研发的源头是生产活动问题，输入是市场需求，研发目标和输出是形成商品以满足市场需求，在此过程中，产品研发活动居于生产活动中的枢纽地位。而作战概念的源头是作战/军事活动，输入是作战/军事需求，研发目标和输出是形成作战能力以满足作战/军事需求，在此过程中，作战概念研发居于作战/军事活动中的枢纽地位。

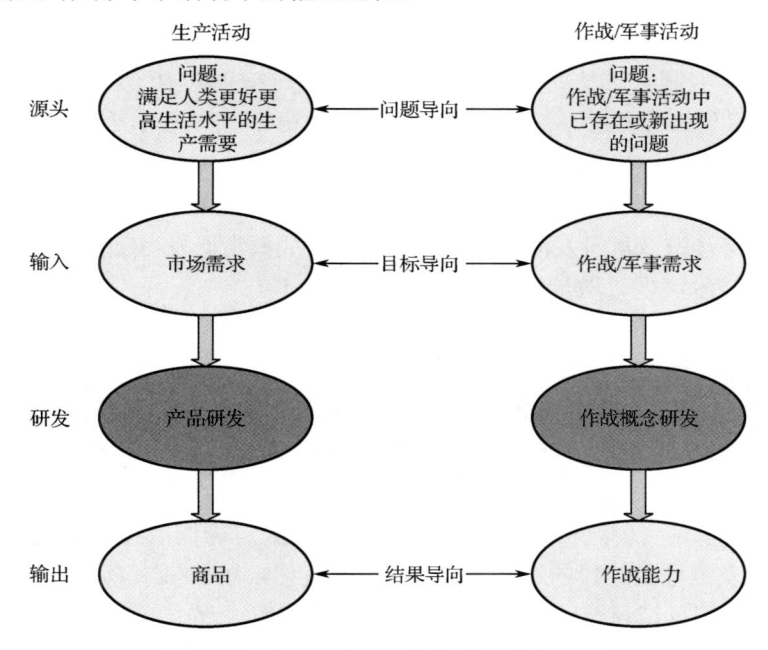

图 1.1 作战概念研发与产品研发对应关系

作战概念研发的具体内容包括：

1. 要素齐全

要素是事物构成的重要元素，要素齐全是对技术工作的基本要求。只要做到作战概念的要素齐全，至少在最低程度上，可保证作战概念能够得到清楚表达，并且非常有助于对其理解和后续研发。

作战概念要素大体可分为三大类：作战问题描述类要素；作战问题解决类要素；作战能力需求类要素。具体而言，作战概念的要素包括：战略背景、主要威胁、作战环境、作战对手、战略目标、作战目的、时间设定、冲突想定、能力要求、作战领域、指导思想、作战原则、概念内容、能力需求及建设措施等。

2. 流程完整

流程完整是作战概念研发工作规范性的可靠保证。作战概念研发流程可定义为：有目的、有组织、有计划实施的与作战概念研发相关的活动的总和。流程体现了作战概念研发活动的科学性。流程完整通过保证作战概念研发活动的规范性来保证作战概念研发活动的成功。作战概念研发是兼具很强的科学性和艺术性、思想性和实践性、技术性和工程性的工作，对流程的完整性要求很高。流程完整属于规范性要求，它不但可以保证作战概念研发活动有组织、高质量、高效率且有秩序，对于研发工作的可完善、可深化、可管理、可持续也大有裨益。流程完整的好处，在作战概念研发的中后期将逐步释放出来，研发人员会有越发深刻的体会。作战概念研发流程同样应要素齐全。一般意义上的流程要素包括：资源、过程、过程中的相互作用（结构）、结果、对象和价值。流程要素遵循固定的顺序串联：流程的输入资源、流程中的若干活动、流程中的相互作用（表现为流程的结构）、输出结果、作用对象、流程创造价值。

衔接合理是作战概念研发工作科学性的可靠保证。作战概念研发工作中的活动或行动即为环节，环节的关键在于衔接。流程环节衔接表现为相邻环节之间应存在密切的因果和条件关系，衔接合理可更好地实现作战概念的研发目标。其中，找准作战问题是最重要的流程环节，是作战概念研发成功的基础。从生命周期构成角度看，作战概念研发可划分为萌芽、发展、成熟及衰亡等环节。从研发活动性质角度看，作战概念研发可划分为战略分析、逻辑推导、系统集成、技术实现、增量描述及推演检验等环节。

作战概念研发流程环节具有共性特点。一是目标性。流程有明确的输出，主要表现为解决某一作战问题的作战样式及相应的作战能力需求。二是一致性。作战概念研发同样遵循"提出问题→解决问题→结果评估"的多次迭代过程。三是完整性。作战概念研发流程的完整性要求至少包括提出作战问题、解决作战问题和作战能力需求三个环节。四是动态性。作战概念研发流程按照顺序展开，且是不断完善的过程。五是层次性。主要体现在：作战概念研发流程的组成环节自身也可以是一个流程。例如，作战问题描述，同样需要经过反复迭代才能确定。

作战概念研发流程是迭代的过程。提出的作战概念必然存在缺陷和不确定性，需要经推演评估、演习演练等反馈环节的验证，且在作战概念研发过程中外部环境和内部条件均发生变化，因此一般需要进行多次迭代。事实上，作战概念的迭代过程伴随作战概念的整个生命周期，这一过程可长达几年至十几年，同时也是作战概念的完善过程。

3. 命名科学

命名原则——高度准确、高度凝练、朗朗上口。"高度准确、高度凝练"是作战概念名称作为军事术语的基本要求。如果提出的作战概念能够正式成立，如被写入条令条例或作为战术战法，则该作战概念名称也必然地、自然地、正式地进入军事术语体系，而军事术语对准确性、凝练性一直都有较高要求，这是传统。

评价标准——望名知义、不生歧义。"望名知义"，即通过名称就可对作战概念的内涵做到基本掌握。优秀的作战概念命名完全可以充分体现作战概念的基本内涵，且"不生歧义"。即仅凭名称对作战概念的理解不会产生较大偏差。内涵差距较大的作战概念不应使用同一、相近或相似名称，如"敏捷作战"、"闪电战"、"外科手术式打击"、"全球快速打击"、"基于效果作战"、"穿透型制空"及"混合战争"等。

4. 遵循条令

条令是作战概念研发的指导。研发作战概念，必须充分考虑、参照或遵循现有条令的客观约束。条令是指导性而非强制性的，遵循条令更多地是为了避免犯错，条令是"由血汗写成的"，不犯错未必会成功，但可保证更大的成功概率。

条令自身也在不断完善，以更好地适应新的战场条件和作战要求。条令是对军队建设和军事斗争经验的总结和升华，反映了军事行动的客观规律，体现了军队在某一历史时期的使命任务、军事战略、军事思想、建设方针及作战原则等，有较强的时效性，这决定了其普遍的指导作用只能更好地适应某一历史时期的作战行动。

和平时期，作战概念研发是完善条令条例的主要方式。一般而言，作战概念都要经历萌芽、产生、发展、成熟、过时的生命周期。作战概念要发展成熟，需要经过多次的演习演练进行验证。验证作战概念的过程是对未来战争的研究和探索的过程，同时也是宝贵的军事实践，完全可以用于完善已有条令或制定新的条令。

1.2 美军作战概念体系结构

有的观点认为"作战概念"这一术语源自美军。美军认为："概念是思想的表达，作战概念是未来作战的可视化表达""通过开发作战概念，一体化作战思想可得到详细说明，然后通过试验和其他评估手段对作战概念进行进一步的探索""作战概念用来探索组织和使用联合部队的新方式"。在军兵种层面上，作战概念几乎等同于作战样式。美国空军在《空军作战概念开发》条令中指出："空军作战概念是空军最高层面的概念描述，是指通过对作战能力和作战任务的有序组织，实现既定的作战构想和意图。"可以说，美军作战概念集中体现了其作战理念在具体作战问题上的应用，具有鲜明的特征：一是强调作战思想的体现，是"思想的表达"；二是强调运用新作战样式，是"组织和使用联合部队的新方式"；三是强调研发过程的开放性，需要"通过试验和其他评估手段对作战概念进行进一步的探索"。

此外，从美军近年来出台的相关文件可以看到，为遂行"全球一体化作战"，联合作战已成为美军建设和使用的基本指导，联合部队是美军作战编组的基本形式，因此，当前时期的美军作战概念以一体化联合作战为基本指导思想，立足于"组织和使用联合部队"。

1.2.1 美军作战理论体系

美军作战理论体系由联合作战理论体系和军种作战理论体系构成，是联合作战理论和军种作战理论互相联系而构成的组织和实施军事行动的知识整体。

美军联合作战理论体系包括联合作战构想、联合作战概念和联合作战条令，是覆盖战略级、战役级、战术级联合军事行动和联合人事、情报、作战、后勤、计划及 C4（Command，Control，Communication，Computer，即指挥、控制、通信、计算机）系统等各个领域、横向纵向相互联系的知识整体。从 1920 年颁布第一部联合作战条令《陆军和海军的联合行动》以来，美军联合作战理论走过了漫长的发展历程，已经形成了比较完善的联合军事行动知识体系。

军种作战理论体系是联合作战理论体系的基础，反过来又受联合作战理论体系的指导和制约。联合作战理论体系和军种作战理论体系相互形成依存关系。总体来看，无论是联合作战理论体系还是军种作战理论体系，都包括作战构想体系、作战概念体系和作战条令体系3个组成部分。这3个部分既相互独立自成体系，又相互影响构成有机整体，至上而下形成指导关系，至下而上形成依赖关系。也就是说，作战条令的更新与发展，有赖于作战概念的稳定与成熟；而作战概念的稳定与成熟，又有赖于作战构想对未来战争形态和作战样式的准确预见；而作战构想的准确预见，又有赖于国家安全战略、国防战略和军事战略的正确指引。

由此可见，联合作战构想、联合作战概念和联合作战条令与军种作战构想、作战概念和作战条令互相联系、互相影响、互为依存，共同构成完整的美军作战理论体系，如图1.2所示。

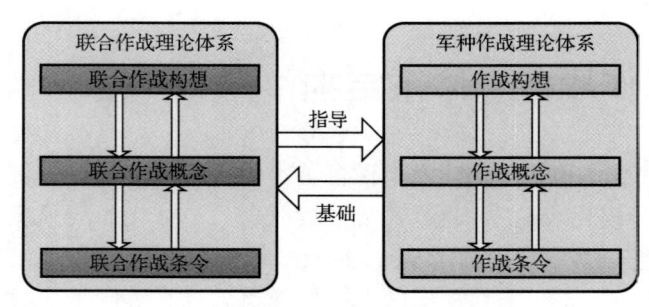

图 1.2 美军作战理论体系框架

1.2.2 联合作战概念体系

联合作战概念体系是美军作战理论体系的重要组成部分。美国参谋长联席会议（简称"美国参联会"）于 2003 年 10 月颁布的《联合作战概念》为开发具体的联合概念提供了最初的基础和框架。其中，联合行动概念（Joint Operating Concept，JOC）、联合职能概念（Joint Functional Concept，JOC）和赋能概念（Enabling Concept）是联合作战概念的从属概念。

2005 年 8 月，美国参联会主席签署颁布《联合作战顶层概念》（Capstone Concept for Joint Operations，CCJO）。这份文件是继美军颁布《联合作战概念》后，再次颁布的一份顶层联合概念文件，既是上一版顶层《联合作战概念》的修订版，也是联合作战概念体系中的具体概念。其中，从属概念调整为联合行动概念、联合职能概念和联合一体化概念，赋能概念被取代。

在此基础上，时任美国参联会主席迈克尔·马伦海军上将于 2009 年 1 月签署颁布了《联合作战顶层概念》3.0 版。相较上一版而言，该版概念内容更加丰富，在美军中的地位和作用也得到了大幅提升。

2012 年 9 月，美国参联会签署颁布了《联合作战顶层概念：联合部队 2020》，首次提出了"全球一体化作战"和"跨域协同"新概念，用于指导美军联合部队建设，并在支持性概念中加入了联合作战环境（Joint Operating Environment，JOE）。

2019 年，美国参联会发布了联合作战顶层概念文件《联合部队 2030：全球一体化作战》，使"全球一体化作战"和"跨域协同"等核心概念得到进一步丰富和发展，相关的支持性概念也有了进一步的拓展和延伸。新版 CCJO 的另一重要举措是将作战构想（CONOPS）和部队运用构想（CONEMP）的开发作为联合作战概念向军事能力快速延伸的"引桥"。

当前美军联合作战概念的体系框架如图1.3所示。在联合作战概念框架下，联合作战概念体系中的下属概念都要与该概念保持一致，并支持该概念。联合作战顶层概念还为军种概念及其他非联合作战概念体系中的联合概念提供广泛指导，所有概念都必须与该概念保持一致，并支持该概念。

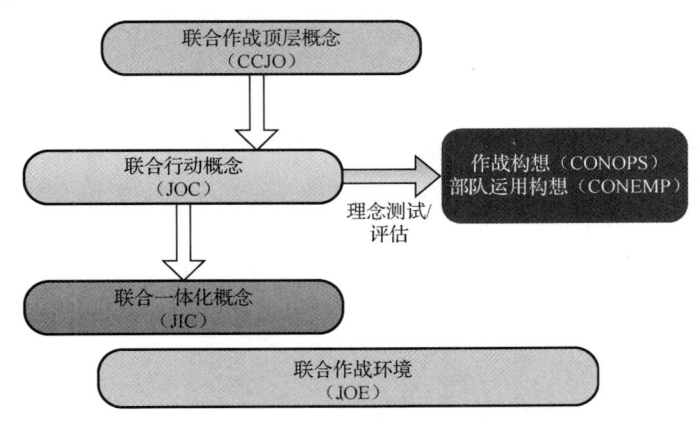

图 1.3　当前美军联合作战概念体系框架

在历经十余年发展后，联合作战概念对美军军事能力发展的引领作用正在逐步提升，特别是在2018版《国家军事战略》发布后，美军更是将联合作战顶层概念定位为《国家军事战略》的姊妹篇，并将"概念驱动"作为军事能力发展和设计的逻辑起点。回顾联合作战概念体系和联合作战顶层概念的演进过程，除相关概念文件的翻新再版、地位作用不断提升外，概念内容本身也在完善丰富，其中最显著的变化有两个：

第一，2019版CCJO对联合概念体系的总体结构进行了较大调整，重点将以往按军事行动类型来区分联合作战概念的模式调整为所谓"基于威胁"的规划模式，各版联合作战概念对比见表1.1。按新版CCJO的设计，美军需要新开发的JOC共有5份，即分别针对4个国家性威胁和一类非国家性威胁单独开发，这种针对某一特定威胁开发军事解决方案的方式，无疑是以提升军事能力发展的针对性和战略指向性为直接目的的，不仅符合美军2018版《国家军事战略》中确定的"2+3种军事战略方法"，同时也体现了联合部队发展与设计指导思想向"概念驱动"转变的总体要求。

表 1.1　各版联合作战概念对比

2003 版	2005 版	2009 版	2012 版	2019 版
① 大规模作战 ② 稳定行动 ③ 国土安全行动 ④ 战略威慑行动	① 大规模作战 ② 稳定行动 ③ 国土安全行动 ④ 战略威慑行动	① 大规模作战 ② 稳定行动 ③ 国土安全行动 ④ 战略威慑行动 ⑤ 非正规战 ⑥ 军队对合作安全的贡献	① 合作安全 ② 威慑作战 ③ 非正规作战 ④ 大规模作战 ⑤ 稳定、安全、过渡和重建行动 ⑥ 国土防御与民事支援	① 中国 ② 俄罗斯 ③ 朝鲜 ④ 伊朗 ⑤ 其他

第二，新版 CCJO 对美军未来作战的核心理念进行了丰富和发展。在 2012 版《联合作战顶层概念》中，美军将"全球一体化作战"作为作战的核心理念，提出"需打造一支全球性的联合部队，该部队可以迅速将自身能力与跨领域、跨梯队、跨地理边界和跨组织隶属关系的伙伴能力有机结合起来，并能在不同时间和空间维度上进行自适应的重建和演变，其灵活性将大大超过以往"，同时提出应"将'跨领域协同作战'作为未来美军所有联合作战行动的核心概念"。新版 CCJO 进一步将推动"全域机动作战"能力发展作为实现"全球一体化作战"的重要途径，并将其确定为 2030 年美军联合作战的核心理念。该理念倡导超越以往基于"观察-判断-决策-行动"（OODA）环路的"以快打慢"思想，并超越"跨领域"一加一大于二，所谓互补式的联合思想，强调应充分发挥美军对复杂军事问题长期积累的规划和管理优势，同时充分利用网络、太空领域对陆地、海洋、空中等传统领域的渗透性、超越性和驾驭性，在军兵种作战要素、作战力量日益重叠背景下，实现更低层级、更广领域和更为自主的深度联合。从"跨领域"到"全领域"的微调，体现出美军对其未来联合作战中各要素的融合程度有了更高的要求。

1.3 美军作战概念发展历程

回顾美军作战概念发展过程，可以发现美军作战概念的产生和演进与国际背景、国家战略、战争实践及科技发展等方面息息相关，处于不断调整和演变的过程中，刻有清晰的时代烙印。第二次世界大战（简称二战）后，以关键事件为节点，以军事需求为主线，美军作战概念的发展大体上可以分为四个阶段：初期探索期、创新发展期、成熟发展期和全新发展期。

（1）初期探索期（1945—1986 年）：二战结束后，由于国家利益和意识形态的对立和差异，美国与苏联迅速走向对峙，进行了长达半个世纪的"冷战"。在这一时期，美国的军事战略制定都是围绕"冷战"进行的，比较典型的军事理论或作战概念分别是 20 世纪 70 年代美国陆军采取的"主动防御"纲领和 20 世纪 70 年代末至 80 年代初美国陆军提出的"空地一体战"（Air Land Battle）理论，二者的目的均是服务于陆军作战的主要任务，即应对欧洲战场可能出现的大规模、高度机械化的核战争或常规战争。虽然"空地一体战"强调陆军和空军的协同作战，但在当时由于美军指挥体制和结构的弊端，陆军仍是战场的主角，各军种之间存在沟通低效、协同困难等问题。

（2）创新发展期（1986—2003 年）：为了解决联合作战指挥体制方面的困境，克服美军各军种之间斗争日益突出的问题，1986 年美国国防部颁布《戈德华特-尼科尔斯国防部重组法案》（Goldwater-Nichols Department of Defense Reorganization Act of 1986），旨在对美军的指挥系统进行重构。该法案的颁布为美军各军种的作战概念进一步发展创造了条件。同时随着军事变革的持续深入，特别是计算机、网络等信息技术的发展，美军也意识到传统的机械化战争形态已不能满足现代化战争的需求。在这期间，美国国防部和各军种先后提出了"非对称作战"（美国国防部于 1991 年提出）、"网络中心战"（美国海军于 1997 年提出）等作战概念。这些作战概念产生于 1991 年海湾战争之后，基本摒弃了机械化战争消耗战思想和线性平推的作战模式，更加注重非接触、非对称等作战理念。其中最具代表的就是"网络中心战"，它强调从机械化战争时期以平台为中心，比拼平台性能，转向以网络为中心，比拼网络聚合和

第1章 美军作战概念发展概述

信息共享能力,这表明美军战争优势的侧重点已从注重能量优势转变为注重信息优势。

(3)成熟发展期(2003—2016年):2003年,美国国防部正式颁布《联合作战概念》文件,随后相继颁布了联合行动概念、联合职能概念及赋能概念等支持性概念文件,逐渐形成了以联合作战概念为核心、以联合行动概念、联合职能概念和赋能概念系列为支撑的联合作战概念体系。在该体系框架下,美军各军种开始以联合作战概念体系为指导,分别制定了服务于各军种建设的联合作战概念和军种作战概念。在此期间,美军先后提出了"空海一体战"(美国国防部于2010年提出,后于2015年更名为"全球公域介入与机动联合")、"云作战"(美国空军于2013年提出)、"分布式杀伤"(美国海军于2014年提出)、"无人机集群作战"(美国国防部于2014年提出)及"敏捷作战"(美国空军于2015年提出)等作战概念。这一时期,以"空海一体战"为代表的美军作战概念更加聚焦多军兵种联合作战,网络化、信息化、一体化特征越发明显,并在2012版《联合作战顶层概念》中正式确定了"全球一体化作战"联合作战概念。

(4)全新发展期(2016年至今):2016年,为适应美国军事战略和美军顶层作战概念的作战理念,美国陆军正式提出"多域作战"作战概念,并写入作战条令,旨在推动陆军作战领域的拓展。"多域作战"由于创新意义重大,获得了美国国防部、海军和空军的支持,由此美军作战概念开始更多聚焦于多域与跨域作战,体现为各作战力量能够实现多域融合、跨域协同,如"多域作战"(美国陆军于2016年提出)、"马赛克战"(美国国防部于2017年提出)及"联合全域指挥控制"(美国国防部于2020年提出)等。这些作战概念在信息化特征的基础上,智能化特征逐渐显现。以"马赛克战"为例,强调将各种作战功能要素打散,利用自组织网络将其构建成一张高度分散、灵活机动、动态组合、自主协同的"杀伤网",进而取得体系对抗的优势。根据上述美军作战概念的发展阶段,结合美军提出的典型作战项目、作战概念和作战理论,可以得到图1.4所示的典型美军作战概念演进路线图和图1.5所示的典型美军作战概念主要内容。

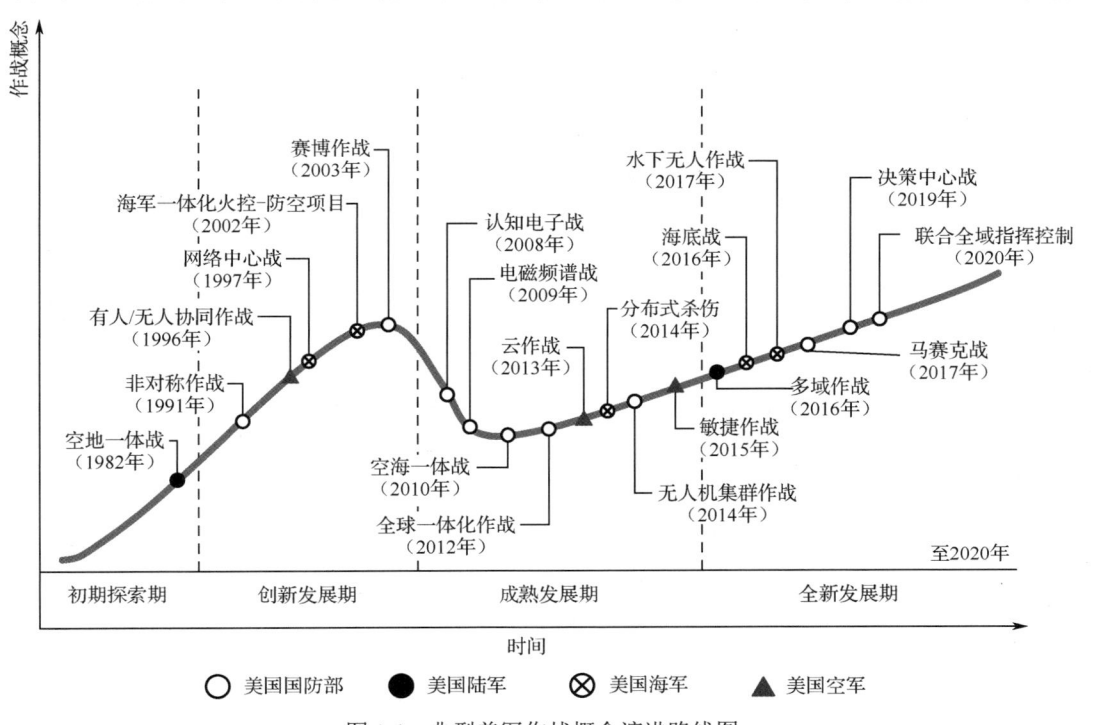

图1.4 典型美军作战概念演进路线图

美军作战概念演进及其逻辑

初期探索期

1945年

1982年 空地一体战
主张作战地区的战术航空兵与地面部队完全结成一体，遂行战斗任务。

1991年 非对称作战
灵活使用高技术优势，与对手进行"不平衡的较量"，以己之长击敌之短，以强击弱，避实击虚，争取主动，减少损失，在最短的时间内最大限度地获取战场上的优势，顺利实现战争目的。

创新发展期

1996年 有人/无人协同作战
试图提高作战单位复杂的任务组织和精确协同配合能力，以应对高对抗环境下现代武器系统的各类威胁。

1997年 网络中心战
海湾战争后，为解决美国海军作战指挥系统互联互通互操作性差、共享水平低下的问题而提出，之后逐渐被其他军种所应用。

2002年 海军一体化火控-防空项目
针对超低空突防的战机和反舰巡航导弹的防空拦截难题所建立的防空系统，能够更好实施区域防空。

2003年 赛博作战
掌握赛博空间作战主动权，获得战场信息强权。

2008年 认知电子战
为了应对威胁目标的智能发展、战场电磁环境的日益复杂和新波形的不断涌现而促使电子战朝着智能化方向发展的新方式和新思想。

2009年 电磁频谱战
以电子战和频谱管理为基础，在电磁作战环境中达成电磁频谱优势，涉及频谱管理行动、电磁频谱作战和电磁频谱管理行动等概念。

成熟发展期

2010年 空海一体战
应对敌方反介入/区域拒止（A2/AD）能力，获取在多个作战域的行动自由和控制能力。

2012年 全球一体化作战
随着信息化混合战争逐步成为战争形态发展的主流趋势，美军着力构建以"全球一体化作战"为核心统领、以"跨域协同"为关键支柱的联合作战概念体系。

2013年 云作战
克服现有作战力量体系对少数关键节点的依赖，建立一个拱形数据网络，扩展升级现有"全球信息栅格"，实现海上战舰、作战飞机、空间卫星的实时数据共享。

2014年 分布式杀伤
提升海军单舰、单机的中远程火力打击能力和信息作战能力，并以分散部署、融合一体的形式实施海上联合作战，目的是在增大作战范围和效能的同时，加大敌应对难度，并提高己方战场生存能力。

2014年 无人机集群作战
在外部威胁和第三次"抵消战略"背景下，希望通过数量优势和成本优势取胜，以廉价的无人系统对抗对手的先进军事技术。

拒止环境协同作战
增强无人平台在反介入/区域拒止（A2/AD）环境下的作战能力。

2015年 敏捷作战
为适应第三次"抵消战略"、深化"联合作战"框架及牵引未来装备发展与运用三个层面，美国空军提出的体现其核心理念的顶层作战概念。

全新发展期

2016年 多域作战
扩展陆军在空中、海洋、太空和网电空间的作战能力及与其他军种的联合作战能力及在联合作战中的生存空间。

2016年 海底战
通过海底环境，发展遏制对手使用UUV技术和海底测量设备快速找到并破坏海底电缆，从而阻止军方访问传感器信息和获取情报数据的能力。

2017年 水下无人作战
在反介入/区域拒止（A2/AD）环境下谋求水下作战的不对称优势。

应对导弹齐射作战
在第三次"抵消战略"背景下，构建能抵御强敌未来可能发起的大规模制导弹药齐射的能力。

马赛克战
利用信息网络、先进的处理能力及分散部署的功能，将小规模的力量要素重组，确保美国与实力相当对手冲突时能重获军事竞争力。

2019年 决策中心战
着眼大国对抗的作战需求，立足维持和巩固美国的海上优势，旨在推动美军从"掌控信息优势"进一步向"掌控决策优势"转变。

2020年 联合全域指挥控制
以功能为中心的组织机构、作战任务代理、松散耦合实现互操作、作战决策的人工智能、用于态势理解的显示，体现了以上概念的融合与发展。

图1.5　典型美军作战概念主要内容

1.4 对美军作战概念发展的认识

1. 美军作战概念研发是美国应对大国竞争、解决战争问题和牵引军队建设的重要举措

从表层来说，美军研发新的作战概念一是为了适应国际政治、社会和经济环境变化，满足利益需求和军事战略需要；二是针对现有的军事问题，结合新的技术手段，提出新的解决办法。但更深层次的原因是为了"应对威胁"，即应对大国竞争，将作战概念作为解决战争问题的方法，通过"概念驱动"引领军队建设发展，以期获得绝对的战争优势。

为应对主要威胁对手，迄今，美军共提出过三次"抵消战略"。第二次世界大战结束后，美国随即与苏联进入冷战时期，期间美国提出过两次"抵消战略"。20世纪50—70年代是第一次"抵消战略"时期，其核心思想是利用核力量抵消苏联常规部队力量，即"以核打常"。这期间美国把发展核武器和导弹武器作为军队建设的中心，对作战概念并没有更深入的认识。20世纪70—90年代初为第二次"抵消战略"时期，其核心思想是以常规精确制导武器打击和信息技术为核心应对苏联常规军力优势。这期间美国开始认清"战略现实"，更加注重打赢有限战争，因此开始寻求通过创新作战理论获得战争优势，包括"由海向陆""空地一体战"等作战概念在这一时期被提出。2014年，美国提出以"创新驱动"为核心，重点发展能够"改变未来战局"的颠覆性技术群优势的第三次"抵消战略"。它是在美国加速推进亚太"再平衡"战略背景下提出的，主要针对竞争对手日益提升的军事能力，特别是"反进入/区域拒止"能力。随着竞争对手综合国力的提升，特别是隐身能力、精确导航及网络化传感器等军事技术已经扩散到对手，美国在第二次"抵消战略"和第三次"抵消战略"之间提出的以"网络中心战"和"空海一体战"为代表的作战概念显然已不具备明显的优势。为了继续掌握战争优势，特别是有代差的绝对优势，美军更加注重"技术制胜"，开始重新设计作战力量编成和作战方式，改变传统以消耗为主的作战理念，依靠对抗环境下的信息和决策优势提升己方的作战能力。因此在第三次"抵消战略"推出后，美军先后提出了以"分布式杀伤"、"多域作战"和"马赛克战"为代表的作战概念。

除了应对大国竞争，解决战争问题，美军还将作战概念开发作为牵引军队建设的重要手段。"一流军队设计战争，二流军队应对战争，三流军队模仿战争"。特别是在2003年后，以《联合作战顶层概念》为代表的联合作战概念不断推进美军的建设发展以适应军事战略仿真和联合作战需要。美军通过主动设计作战概念，将作战概念创新作为军事斗争准备和力量建设的重要推动力，始终保持一流的战斗力。以装备发展为例，冷战期间，"空地一体战"概念的提出直接牵引了美军十字军火炮、科曼奇直升机、阿帕奇直升机及F-22战斗机等装备的建设，又如"网络中心战"加快了美军装备体系化建设的步伐，再如"马赛克战"加速了智能装备和无人装备的应用。长期以来，美军装备发展采用以"作战概念—能力需求—装备发展"为链路的"基于能力"的发展模式，并将作战概念作为关键的逻辑起点发挥顶层引领作用。总之，作战概念创新是美军争夺军事优势的"引擎"，不仅从底层提供强大的应对威胁手段，还从顶层为军队建设和技术创新提供牵引推动力，从两个方面引导美军向战斗力最大增值方向流动。

2. 制胜机理由"以平台、能量为中心"向"以信息、决策为中心"转变

美军作战概念的演进过程可以清晰反映出美军对战争制胜机理的认知变化。这种变化可以结合作战概念通过美军认为在作战适应性方面最为知名的 OODA（Observation-Orientation-Decision-Action，即观察-判断-决策-行动）作战环来描述，如图1.6所示。

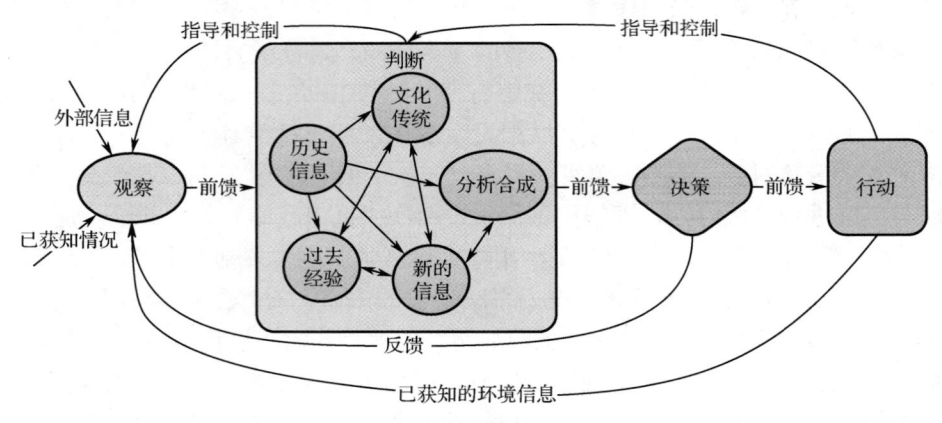

图1.6 OODA作战环

以"网络中心战"的提出为分水岭，在此之前美军的军事方针和相关的作战概念强调绝对的作战力量优势，即在观察节点通过先进的探测技术获得目标信息，再由行动节点的作战单元给予对手致命性打击。这种制胜机理符合美军在第二次"抵消战略"中针对对手的判断，在装备优势巨大的情况下，这种作战理念无可厚非。但正如上文提到的，随着对手装备力量、军事技术水平的提升，仅仅依靠装备或作战平台"能量"的作战模式已不能满足美军对战争优势的把控。因此随着"以平台、能量为中心"的战争制胜理念不再适用，类似"网络中心战"等概念的提出成为必然。

美军将"网络中心战"定义为一种能够获得信息优势的作战概念或作战形式，它通过战场各作战单元的网络化，把信息优势变为作战行动优势，使各分散配置的部队共同感知战场态势，从而协调行动，发挥最大作战效能。"网络中心战"表明，美军开始不再将装备技术优势作为提高战斗力的唯一手段，而是希望通过计算机、网络等信息技术将分散的部队进行聚合，提升整个体系的感知能力。对照 OODA 作战环来看，美军开始强调将整个作战环中各节点的作战单元形成作战网络以达到体系对抗优势。1991年海湾战争以后，以"网络中心战"为标志性节点，美军更加关注战场的信息优势，将夺取战场的制信息权作为制胜的关键。以综合电子信息系统为核心的信息化能力建设，使美军在体系和技术层面使作战力量形成了一个整体，实现各层次信息的快速连接，从而形成一体化联合、立体、精确的打击能力。

随着计算机、互联网、GPS、信息化装备等信息化作战能力的成熟，以及对手"反进入/区域拒止"能力的增强，网络聚合形成的体系能力已不能为美军带来作战优势。另外，"全球一体化作战"和"跨域协同"等新概念的提出进一步催生了美军"决策中心战"概念，这是美军推出"分布式杀伤"、"多域作战"和"马赛克战"后，对制胜机理的进一步研判和总结。"决策中心战"认为，即使拥有信息优势，如果不能正确决策，也将失去作战优势。因此，"决策中心战"的制胜机理是保持己方决策优势，同时使敌方处于决策劣势，即要求己

方的作战决策迅速而正确，同时想办法降低敌方决策速度和质量。可以认为，"以决策为中心"是为了加快 OODA 作战环的生成，压缩 OODA 回路时间，并阻碍对手作战环的生成，是对获得战场信息的提炼和再利用，所追求的是一种时间上的优势，从而达到先敌行动、以快制慢的目的。

3．战争形态由"单域、有人、有中心"向"跨域多域、有人/无人协同、模块化"转变

一是由单一作战域作战向跨作战域和多作战域作战转变。自"空地一体战"以来，美军针对多兵种联合作战，先后推出了"空海一体战""分布式杀伤""多域作战"等，期间美军又针对网络空间、电子空间推出了"赛博作战""认知电子战""云作战"等，这些作战概念表明美军已将作战空间从最初的空军和陆军的空、陆空间，演变为陆、海、空、天、电等多个空间，将最初强调空军和陆军的联合作战演变为强调各军种共同实施的跨域联合作战。随着计算机、通信和网络技术的发展，"多域作战"进一步表明，美军的目的是跨军种跨领域的联合作战能力，并且已将作战空间从物理域逐步拓展到信息域和网络空间，呈现出体系对抗、信息攻防和一体化联合对单域的能力优势。因此，美军现在所谓的"多域"，主要是指陆、海、空、天、电及网络六个作战空间。未来，随着网络与电磁、有线与无线、虚拟与物理、信息与认知等跨域融合技术的发展，以及其在军事领域的广泛深入应用，作战空间势必将进一步从物理域、信息域拓展到社会域、认知域、生物域，呈现出基于网络信息体系的多域融合、跨域攻防、虚实互动等方面的军事力量增长点。

二是有人向有人/无人协同转变。美军从 20 世纪 90 年代开始进行无人作战领域的探索和研究。特别是近年来，随着先进武器技术的扩散，主要对手"反介入/区域拒止"能力不断增强，美军意识到传统高性能武器面临对手综合防空系统、GPS 中断、通信受限、电磁干扰及定向能武器等一系列挑战，已很难满足作战需求。为此，美军高度重视无人自主系统及人工智能技术发展，试图提高复杂的任务组织和精确协同配合能力，以应对高对抗环境下的各类威胁。20 世纪以来，美国各军种及国防部开展了多项无人集群项目的研究，包括"小精灵"项目、"进攻集群使能战术项目"等。这些项目的开展为美军"拒止环境协同作战""无人机蜂群作战"等作战概念的提出提供了技术支持。然而，由于目前无人系统智能化水平有限，还不能实现完全的自适应、自学习、自对抗等能力，因此发展"有人/无人协同作战"来快速提高作战效率和协同能力仍然是当前的主要方式。未来战场有生力量的直接对抗会显著减少，无人化势必成为基本作战样式，并逐步形成有人为辅、无人为主的高级阶段，甚至由无人平台完全自主决策、自主行动。

三是"有中心"向"模块化"转变。从"网络中心战"开始，美军作战概念中对作战形态的认知逐渐呈现出网络化、分布式、扁平化、平行化的特点。以"马赛克战"为代表，美军将网络通信和分布式云作为作战的基本支撑，突出作战单元的分散和快速重组。其中，作战单元从"分布式杀伤"的以作战平台为主，逐步演变成作战系统和武器单元，不仅如此，当前美军正在加速构建作战平台之间、作战系统之间、武器单元之间及相互之间混合兼容的"模块化"组合能力。为了能够在强对抗的战场环境下快速生成"模块化"能力，必须具备更加自主的指挥控制和决策模式。因此，美军进一步构建了"任务驱动"的作战能力生成模式，根据作战任务对作战单元的重组进行分析决策，并辅以人工智能的支持，无人化、无中心的作用更加突出。

4. 揭示美军未来战争准备基点——智能化时代面向全域的一体化作战

20世纪90年代以来，美军先后进行了海湾战争、科索沃战争、阿富汗战争、伊拉克战争和叙利亚战争，这些战争充分体现了信息化战争的特点。新世纪新阶段，国际战略格局全面重塑，美国为应对来自主要对手的"反介入/区域拒止"能力，实现全球兵力投送和机动，构建了以"全球一体化作战"为核心统领、以"跨域协同"为关键支柱的联合作战顶层概念。当前，随着智能科技在军事领域的拓展和应用，美军呈现出将战争的准备基点推向智能化战争的态势。

美军在2012年《联合作战顶层概念：联合部队2020》中首次提出了"全球一体化作战"的新概念，力求依托信息技术优势，全面打破战区之间界限，将全球分散部署的作战人员、指控系统和武器装备有效整合为一个有机整体，更加注重发挥各作战要素、作战单元和作战系统"一体联动"的"耦合"效应，灵活应对复杂多元威胁。美军提出的核心目标就是要将其塑造成为具备尖端优势能力的"精干、灵活、机动、高效"的联合部队。为实现军队一体化建设，美军从多方面着手：一是推动现役部队与预备役部队和国民警卫队一体化；二是实现核武器和常规武器一体化；三是促成各军种之间的一体化；四是促成各军种所属兵种的一体化。美军在一体化建设中，先后形成了"网络中心战""空海一体战""分布式杀伤"等核心作战概念，并以此驱动军队技术发展创新，实现作战力量的灵活部署和应用。

近年来，美军认为对手"反介入/区域拒止"战略对其全球力量投送和自由行动能力构成了严峻挑战，因此在"空海一体战"等一系列全新联合作战概念的基础上，推出了"跨域协同"的新构想，其核心是把全球陆、海、空、天、网络各领域视为一个相互联系、相互作用的有机整体，利用特定领域的非对称优势在其他领域产生积极联动效应，从而实现整体聚优、互补增效的体系作战效果。"跨域协同"概念成为陆军"多域作战"、空军"敏捷作战"、海军"分布式杀伤"及"马赛克战"等概念创新的思想源头，对美军战法设计、装备研发、武器采办、训练教育和体制改革等产生了重大影响。

美军作战概念的提出促进了智能高新技术在军事领域的应用和创新发展，智能科技反过来引领了战争形态的发展和变革。美军近年来对提出的"分布式杀伤""多域作战""马赛克战"等作战概念不断拓展延伸，在"一体化"和"跨域协同"概念的基础上，进一步以物理域、信息域和认知域的多域融合为重点，呈现出分布式部署、网络化链接、扁平化结构、无人化集群、模块化组合和自适应重构等特点，突出"以决策为中心"的快速自主决策能力，颠覆了平台中心、网络中心的传统制胜机理，形成一种全新的作战形态——智能化时代面向全域的一体化作战。

第 2 章　非对称作战

2.1　产生背景

2.1.1　背景情况

"非对称作战"是近年来美军提出的一种新的作战理论。美军于 1991 年颁布的第 1 号联合出版物《美国武装部队的联合作战》中首次提出这一概念，当时被称为"不对等作战"。这是因为当时认为不对称作战是指"不同类型部队之间的交战"，如空军对海军、海军对陆军的作战。1993 年的第 3 号联合出版物《联合作战纲要》中又将"不对等作战"改为"非对称作战"，并有具体论述。此后，美军在《2010 年联合构想》（1996 年）、《四年防务审查报告》（1997 年）和新版《作战纲要》（1998 年）等条令和文件中，进一步发展了"非对称作战"思想，并在 1998 年年底的"沙漠之狐"军事行动和科索沃战争中进行了验证。由此，"非对称作战"正式成为美军重要的作战理论。本章统一按"非对称作战"进行论述。

2.1.2　发展情况

美军之所以在 20 世纪 90 年代初期正式提出"非对称作战"理论，主要是因为高技术兵器大量用于战场，为非对称作战提供了更加有利的条件。从战争史看，非对称作战随着科学技术的发展和武器装备的更新换代而不断变化，对抗的内容和形式也在不断扩展和延伸。17 世纪以前，军兵种单一交战，双方都使用冷兵器作战，以面对面的白刃格斗分胜负，因此都是对称作战，即使有骑兵对步兵的作战，也算不上真正的非对称作战。但是，之所以说那时有非对称作战，主要是指谋略和战法上的非对称，而不是指不同性质部队之间的交战。

第一次世界大战期间，军事技术得到了一定程度的发展，军队的武器装备有了重大变化，新的军兵种应运而生，但各军种无法跨越各自的空间，因而这个时期的非对称作战主要在军种内部的兵种部队之间进行。第二次世界大战期间，军事技术有了长足进步，指挥和协同技术也有了发展，军队既能组织和实施兵种之间的非对称作战，也能组织和实施军种之间的非对称作战，使非对称作战由兵种部队扩展到军种部队。

20 世纪 60 年代以来，特别是 80 年代以后，在高技术武器的推动下，非对称作战与过去相比，不仅能实施兵种和军种之间的非对称作战，还把"空、地、海、天、特"非对称作战融为一体，使非对称作战在多方向、多空间同时进行，这就是美军目前讲的"一体化"联合作战。非对称作战的演变过程，给作战方式方法注入了新的活力与内容，推动了军事学术的发展。

2.2 概念内涵

2.2.1 概念分析

"非对称作战"是美军针对"不对称威胁"提出的概念，本意不是指美军自己的战法，而是专指对手采用的作战方式。

美军在 20 世纪 90 年代初确实有过"不对称交战是不同类型部队之间的战争"的提法，然而美军真正着手对"非对称作战"进行研究是在海湾战争之后。在总结作战经验时，美军把一些与伊拉克军队相近的作战方法归类为"非对称作战"，并将针对这类"不对称威胁"的作战列为美军的战役战术训练科目。

到了 20 世纪 90 年代中后期，美国企图打破现有的核均势，发展战区导弹防御和国家导弹防御，于是在军事战略和国际关系层面上大量使用"不对称威胁"和"非对称作战"的提法，为其发展战区导弹防御和国家导弹防御辩护。这一时期"非对称作战"和"不对称威胁"的含义，是指美国面临的所谓来自"技术劣势国家"的威胁。科索沃战争后，美军在总结经验教训时提出"敌人现在可以经常使用简单的非对称作战技术，限制我们在加强目标定位和打击力度方面所产生的影响"，从而进一步提出加强对付"非对称作战"的训练，以确保在未来战争中拥有优势。

在 2000 年 5 月 31 日美国参联会公布的《2020 年联合构想》中，"非对称作战"被明确定义为"潜在对手越来越寻求诉诸非对称的手段和重点发展与其实力相适应的能力。通过发展使用可以避开美国强项的手段，并运用可以利用美国潜在弱点的完全不同的战法，潜在对手试图创造条件以有效迟滞、制止和对抗美国应用其军事能力。"这可以被认为是美军的权威性解释。由此可见，"非对称作战"是指美国的潜在对手由于无法直接与美国的强项对抗而采取利用美国弱点攻击美国的一种战法，或是创造条件减杀美国优势的一种手段。

2.2.2 特点优势

美军提出的"非对称作战"，通常不受传统战场空间的制约，作战在非线式战场空间进行，作战行动更加灵活和动态化，各种战役、战斗和支援职能同时进行、相互联系、纵横同步。"非对称作战"强调灵活地使用和发挥高技术优势，与对手进行"不平衡的较量"，以己之长击敌之短，以强击弱，避实击虚，争取主动，减少损失，在最短的时间内最大限度地获取战场上的优势，顺利实现战争目的，其特点主要体现在以下方面。

1. 充分发挥技术优势，突出打"技术差"

技术优势一向是美军赖以抵消对手兵力优势并减少自身伤亡的重要因素。"非对称作战"强调利用自己的军兵种优势、情报优势和电子战优势，对敌实施非对称打击，夺取战场主动权，实现作战意图。特别是经历了朝鲜战争之后，美军更加认为实施对称作战得不偿失，因此加速发展新技术兵器和高技术武器系统，企图利用"技术差"来制服对手，"非对称作战"正是利用"技术差"的必然结果。例如，以美国为首的北大西洋公约组织（简称北约）在对南斯拉夫联盟共和国（简称南联盟）的空袭行动中，发动了强大的电子战攻势，取得了明显的信息优势，并将这种信息优势转化为空中优势。南联盟尽管装备有15架先进的米格-29战斗机，但由于没有预警机，交战双方的机载预警和控制技术存在不小的差距，南联盟空军只能依靠地面指挥系统控制，因而始终处于被动地位，在空战开始就被击落了5架。

2．合理使用作战力量，发挥整体效能

"非对称作战"是多军兵种联合部队实施的作战。美军认为，联合作战的实质是"己方兵力的相互作用及同敌方兵力的相互作用"，"己方兵力的相互作用"表现为支援与被支援关系，"同敌方兵力的相互作用"表现为对称作战或非对称作战。因而，在作战过程中，指挥员必须将各种作战力量加以科学合理的运用，发挥各军兵种在不同时机、阶段、领域的独特的作战能力，运用非对称行动形成联合作战的合力，打击对手。从某种意义上说，"非对称作战"打的是"系统战"，充分运用"1+1>2"的原理，它克服了单一兵种部队作战的局限性，所有作战行动都必须从各军兵种部队的合理部署和正确使用去考虑与谋划，更加重视在战场上形成和创造出打击的整体态势，重视在多样化的作战行动中保持作战行动的同步与协调。

3．力求减少己方损失，注重"非接触作战"

美军重视"非对称作战"，还因为它能把风险和附带损伤减少到最低程度。美军通过朝鲜战争和越南战争认识到，在对称作战中，两支同类型部队之间的交战，胜利主要靠兵力对比的优势来获得，即使兵力占有很大的优势，也无法避免损失，因为作战双方都有先发制人或后发制人的机会。而在"非对称作战"中，哪方能获胜，更多地取决于如何运用军兵种的技术优势。在双方技术优势悬殊的"非对称作战"中，拥有优势的一方可以在不接触对方的情况下，给对手以致命的打击，使被攻占的一方无还手之力，更不能后发制人，从而减少了自身的伤亡。美军在海湾战争和科索沃战争中，都依靠"非接触作战"首占其利。"非接触作战"已成为"非对称作战"的主角。例如在科索沃战争中，B-2轰炸机是从万里之外的美国本土起飞的；潜射巡航导弹是在1600km之外发射的，就连北约联军司令的指挥所，也距战区3000km。

2.3 实现途径

美军认为，为在联合作战中获得对敌决定性优势，联合部队必须在时间和空间上巧妙用兵，发挥各军兵种在不同时机、阶段、领域中独特的能力，运用非对称行动打击对手弱点。

2.3.1 空军行动

1．战略空袭

使用航空兵直接攻击敌方战略目标是一种典型的"非对称作战"行动。在以往的几场高技术局部战争中，美军无一不是着眼于以航空兵直接攻击敌方战略目标来影响战争进程和结局的。地区冲突中的对手都不具备与美国空军相抗衡的空中力量，美国空军几乎不需要通过

对称作战即空战的方式来夺取制空权,而可以直接用航空兵攻击那些对战争结局有关键性影响的战略目标。例如,在1986年的"黄金峡谷"行动中,美军将空袭目标直接锁定为具体的6处要害目标;而在海湾战争"沙漠风暴"行动中,美国空军的非对称攻击行动打击的是伊拉克军队12类战略目标。

2. 空中遮断

空中遮断是空军独有的一种"非对称作战"行动。遮断是对敌实施全纵深同时打击、加速其丧失主动权并最终被歼灭的一种手段。按美国国防部的定义,空中遮断指的是在对手有效运用地面、水面军事潜力对付己方部队之前,用空军将其牵制、瓦解、迟滞或摧毁的行动。空中遮断可用于攻击敌方地面部队、交通线、指挥与控制通信网和战斗补给。空中遮断行动往往远离己方部队,因而不需要将每次行动与己方部队的火力及运动进行密切协同。

3. 近距离空中支援

近距离空中支援也是美军联合作战中广泛采用的一种以空军攻击地面部队的"不对称作战"行动,主要由美国战术空军中具有超低空性能的固定翼飞机实施,用于在攻防作战中"攻击靠近己方地面部队的敌方目标以支援地面作战"。支援的范围一般在己方前锋线 3~15km 之间。近距离空中支援能在决定性的时间和地点,使用多种空中武器,实施密集火力打击,为己方部队的机动创造机会,也可用于保护己方部队的翼侧、削弱敌方的攻势,以及加强己方次要方向的行动。在兵力投送行动的进入阶段,实施近距离空中支援这一非对称行动最为广泛。

2.3.2 海军及海军陆战队行动

1. 海军及海军陆战队航空兵对地攻击

美军在联合作战中广泛使用航母舰载机对陆上敌军目标实施攻击。例如海湾战争中,美军部署在波斯湾和红海的 7 艘航母共搭载 380 架战斗机和攻击机,每天出动 800~1100 架次攻击伊军陆上战略设施、空军基地和地面部队。

2. "战斧"巡航导弹和远程舰炮对地攻击

舰射"战斧"巡航导弹是美国海军特有的一种"非对称作战"手段。海军的远程舰炮由于作战平台移动方便、迅速,可灵活用于对陆上目标的攻击。例如海湾战争中,美军"密苏里"号和"威斯康星"号战列舰上搭载的 18 门 406mm 远程大口径火炮和 64 枚"战斧"巡航导弹,用于攻击伊军防空设施和地面部队等。

3. 海豹突击队特种袭击

美军认为,"特种作战可提高全维作战行动的威力和范围,而且更适用于非对称攻击"。特种作战行动能够直接和间接地攻击敌方重心,这是一般作战行动难以达到的。美国海军海豹突击队和特种舟艇小队对海岸、港口、内河及内陆的敌方陆军和空军目标可广泛实施特种袭击。

4．海军陆战队两栖突击

第二次世界大战之后，美国海军陆战队已实施 300 余次两栖作战，其中多数是非对称行动。美国海军陆战队的 7 个常设远征分队常年搭载在两栖舰船上，游弋在世界热点地区，一旦需要，使用新一代垂直登陆工具，可在 24h 内在距敌岸 400 海里的上千公里扇面上的任何地点实施"超地平线登陆"，直接攻击敌岸上及纵深的陆军、海军和空军目标。

2.3.3 陆军行动

1．以空降部队、空中突击部队和装甲机械化部队直接攻击敌方海军、空军基地和导弹基地

例如在第二次世界大战期间，美军地面部队沿欧洲大西洋海岸遂行了多次攻占德国空军、海军基地和导弹基地的行动。又如 1989 年 12 月入侵巴拿马作战行动中，美国陆军第 18 空降军组织了 5 支特遣队，首先以伞降突击队攻占了托里霍斯国际机场及其相连的巴拿马军用机场，随即空降大批部队，夺占战役要地，在 48h 内就基本控制了局面。

2．以陆军战术导弹攻击远程高价值目标

美国陆军已经拥有第三代战术导弹系统，可用于攻击远程火炮射程以外的固定和移动目标。新型增程陆军战术导弹系统的射程达到 200km，具有全天候、精度高、威力大的特点，可灵活用于打击敌方的海军、空军基地和导弹基地等非对称行动。

3．以陆军航空兵突击敌纵深目标

美国陆军拥有强大的攻击直升机部队，师级以上部队均编有战斗航空旅，可以单独实施纵深攻击，也可以和战术空军组成联合空中攻击群深入敌纵深实施非对称攻击。海湾战争就是由第 101 空中突击师的两个攻击直升机分队摧毁伊军两个防空雷达站而拉开序幕的。

4．以陆军特种部队攻击敌方海军、空军

例如 1987 年 9 月，美国陆军 160 特种部队根据美国总统的指示，在美国参联会的指挥下使用两架 MH-60 武装直升机，在波斯湾公海海域伏击并捕获了伊朗海军的"阿杰尔"号布雷舰，在海湾地区引起强烈反响。

2.3.4 空间作战力量行动

1991 年发布的第 1 号联合出版物《美国武装部队的联合作战》指出，"非对称作战"这一概念同样适用于航天部队（如天基系统对地面通信实施干扰，或在地面对敌方地面空间设施进行攻击）。美军一向将空中视为整个战斗空间的制高点，占领了外层空间"制高点"就可以对那些没有或仅有极少空间力量的国家实施"居高临下"的非对称作战。其主要形式包括：侦察和预警卫星对地面的情报战，引导地面行动尤其是引导精确制导武器攻击的导航战及打击敌方卫星的反卫星战。

2.4 发展趋势及面临挑战

2.4.1 发展趋势

非对称作战的具体形式是各种各样的。以往，美军实施非对称作战，主要是发挥自己的情报优势、电子战优势和空海军力量优势攻击对方的地面目标和海上目标，以达到战略目的。未来，美军的非对称作战可能较多采取以下形式：

1. 超视距远战

远战，是相对于近战而言的，是在尽可能远的距离上或至少在敌方多数直瞄火器的有效射程之外开火，在不与其接触的状态下攻击对手，也可称为"非接触性作战"。超视距远战，对于武器装备优势的一方来说更为有利，既安全又可取得良好作战效果；对于武器装备劣势的一方来说，与近战相比则更为不利。超视距远战非常符合美军以尽可能少的人员伤亡赢得战争胜利的作战思想，可能成为美军非对称作战的主要形式之一。

2. 非线式作战

随着战场空间变得更加非线式，战斗力的使用越来越呈现非对称化，以至于可以这样说，非线式作战就是"非对称作战"。非线式作战的主要特征是：战场结构不规则，没有前方与后方之分，没有明确划定的战线，作战行动不受战线制约，对敌全纵深实施打击，着眼于打击敌方重心。非线式作战的目的是使对手的作战效能瘫痪，使其在战术上、战役上，最终在战略上处于进退两难的局面。非线式作战已受到美军重视，有望成为未来非对称作战常见的一种形式。

3. 快速高能的机动战

机动战是美军十分看重的一种作战方法，既无固定方式，又无固定兵力、兵器和地点，而是以机动的方式与对方进行作战。由于技术的限制，以往的机动战主要是兵力机动与反机动。高技术条件下的机动战则不仅有兵力机动，还更强调火力机动。火力机动较之兵力机动反应速度快得多，可以在原地从不同方向、不同距离迅速转移，集中战斗力效能，隐蔽、出其不意地给对手以打击。快速高能的机动战将是美军非对称作战最重要的形式之一。

4. 信息与计算机病毒战

信息与计算机病毒战是在特殊领域运用特殊手段进行对抗的特殊军事行动。随着信息技术的发展和数字化部队的建立，未来战场上的信息量将不断增大，军队作战对信息的需求也会不断增加，信息在战争中应用的范围越来越广，以至于夺取信息控制权成为赢得战争胜利的关键因素之一。计算机是信息获取、处理、控制和使用的主要设备，未来完全可能把计算机病毒作为武器，在敌方武器及其他军事装备的计算机系统中植入计算机病毒或逻辑炸弹，迫使其信息网络完全瘫痪，产生毁灭性影响，从而达到"不战而胜"的目的。美军在这方面占有明显优势,可以预见,这种无形的、不流血的非"战斗"作战,将成为美军非对称作战的一种新形式。

5．特种作战

特种作战部队由精心挑选的人员组成,经过特殊训练,采用特别的编制装备,具有较强的灵活性和精确打击能力,可以执行战术、战役、战略范畴的广泛任务,包括特种侦察、警戒掩护、支援作战、直接行动(含兵力攻击、使用爆炸物、火力攻击、破坏活动、组织营救等)、心理战、欺骗行动、民事活动、平暴作战、反恐行动、维持和平行动及信息战等。美军一向认为,特种作战部队是进行非对称作战的理想工具,而特种作战将成为其非对称作战的有效形式之一。

2.4.2 面临挑战

非对称作战不仅受到美军的重视,在其他国家也得到极大关注。美军认为,一些国家有条件和能力对美国实施非对称作战。除战争本身产生的一系列代价外,美军面临的挑战还包括以下方面:

1．恐怖主义活动

冷战结束后,恐怖主义组织及其活动不仅没有退出历史舞台,反而在新形势下异常活跃。随着新科技革命的发展,恐怖主义活动采用的高科技手段也在不断增多,甚至可能涉及大规模毁伤武器。目前,美国正在成为国际恐怖活动袭击的重点目标,这与美国当下奉行的战略有关。现今,恐怖主义活动已被视为难以防范的新型低强度战争,对美国影响很大。

2．使用或威胁使用大规模毁伤武器

这是当今美国所面临的最大的潜在非对称挑战。美国国防部早期曾预测:"到 2000 年,至少有 15 个发展中国家将获得制造弹道导弹的能力,其中 8 个国家将拥有或即将拥有核能力,30 个国家将拥有化学武器,10 个国家将拥有生物武器。"由于大规模毁伤武器,尤其是化学武器和生物武器有不断扩散的趋势,美国潜在对手在大规模地区战争和较小规模应急行动中使用这类武器的可能性正逐步增加。

3．信息战

未来,信息武器将成为足以打破世界战略平衡的军事手段。信息技术属军民兼用技术,美国很难像防止核扩散那样防止信息技术的扩散,更无法垄断信息战的实施权。美国国防部科学委员会认为,世界上已有超过 100 个国家具备信息战能力,其中 50 余个国家以美国为对象。因此,信息防御将成为美军的迫切任务。

2.5 基本手段

未来战争中,立足现有装备是作战的根本出发点,在军事技术不占明显优势的情况下,

要想确保战略上的主动，就必须巧妙运用各种作战力量，灵活采取各种作战方法，通过发挥综合优势去创造非对称作战的胜势。既要谋求作战力量构成上的不对称，也要善于分析和利用对手不对称作战中的局限性，采用一些特殊手段和战法，限制、破坏和打击对手的优势。

（1）超常集中和使用各种电子战力量及手段于首波攻击和重点攻击，力求通过"非对称"信息攻击，致敌信息系统和主要制导兵器瘫痪失控。

以往的几场局部战争（如海湾战争、科索沃战争、阿富汗战争及伊拉克战争等）充分显示了信息优势的巨大作用，围绕夺取制信息权的行动将先于其他作战行动开始，从而成为非对称作战首要应用领域。在未来军事斗争中，必须灵活运用战法和手段，才有可能夺取局部信息优势，发挥一定的遏制作用。

一是最大限度集中各军种电子战力量，出其不意对敌实施电磁攻击。为满足对敌电子目标全面干扰压制的需要，必须统一集中使用电子进攻力量于首波攻击，对敌施以强有力的电子压制和干扰。须对电子战力量和行动实施统一集中指挥，力求以出其不意的战法和手段对敌重要电子系统和设备实施攻击，使敌雷达迷盲、通信中断、武器失控、指挥失灵，无法组织有效的反制作战，为己方远程突防创造有利条件。二是形成对敌主要方向、重要环节实施超强度压制和干扰的局部优势。即在战役的主要方向、重要战场上，集中干扰、压制和摧毁对敌战役行动有重大影响的重要电子目标，尤其要抓住预警制导系统、C4I（Command，Control，Communication，Computer，Intelligence，即指挥、控制、通信、计算机、情报）系统中牵一发而动全身的要害部位实施重点干扰和压制，造成其作战整体系统功能紊乱。采取网电一体攻击的方法，重点破坏、削弱敌指挥控制系统。利用电磁频谱技术，进入敌指挥控制信息系统，制造并发送各种虚假、无用信息，挤占敌信息通道，致敌信息"泛滥"干扰，延误其指挥决策。利用网络技术，侵入到以计算机为核心的敌指挥控制的各种信息系统中，"毁伤"敌信息链，致其指挥紊乱甚至瘫痪。

（2）超常集中和使用高技术远程精确打击力量，力求通过"非对称"先期打击彻底摧垮敌反制能力。

以往的局部战争（前文提过）实践反复证明，在高技术条件下，集中精兵利器，最大限度地形成首波打击的爆发力，力求首招制胜，使敌完全丧失还手机会，是控制、掌握战役主动权，一举取得战役胜利的关键。要想形成首波打击的爆发力，关键是要跳出长期形成的"按军种区分打击任务、按作战阶段划分打击目标"作战思想的束缚，创新战法、超常用兵。

一是形成先期打击的强大爆发力。最大限度集中各军兵种远程打击力量于首波打击，采取地面、水上、空中和水下发射相结合，单个突防、集中突防与密集突防相结合，远距离打击和超远距离打击相结合，摧毁和压制相结合等方法手段对敌实施联合打击，努力使各种打击力量结成一体，确保首波打击一举奏效。强调首波打击超常集中火力，既不采取规模式倾泻轰炸，也不能泛泛平分火力，而是要充分发挥主要打击兵器作战距离远、打击精度高、毁伤能力强的优势，按照"节点打击、精确摧毁"的原则，实施准确侦察预警、精确目标定位，对构成直接威胁的重要目标进行最大强度的密集打击。例如先以突然猛烈的导弹火力突击敌预警、防空系统，而后航空兵利用导弹突击效果，发挥数量优势，集中突击敌空军各类地面目标和电子战系统，彻底摧垮敌反制能力。

二是根据目标的具体类型和特性，灵活运用打击方式。以往的局部战争实践表明，灵活运用各种打击方式，不仅能使各种火力相互取长补短，而且能够产生连锁效应，增大火力打击的效果。在打击兵器的选择上，应使用弹道导弹重点打击敌反制能力较强的兵器和目标，选用机载精确制导武器打击重要点状目标；在打击方式的选择上，对浅近纵深目标，应选用航程较短的飞机突击，并根据其防卫能力的强弱，选用武装直升机或强击机；对深远纵深目标，主要使用弹道导弹或歼击轰炸机、轰炸机，以达成突击的整体和最佳效果。

（3）超常集中和使用空中机动力量夺控要害，力求通过"非对称"纵深攻击摧垮瓦解对手。

现代高技术战争表明，能否拥有并充分运用强大的立体打击和快速机动能力，直接决定地面战场的主动权所属。首先，超常集中使用空降兵力。以担任空降作战任务的空降部队为主，在其他军（兵）种的支援、配合下，按照联合作战的总体企图和计划，遂行对战役全局具有重大影响的空降作战行动，快速夺占对战争具有"决定性影响"的目标，控制要害。其次，集中直升机力量，形成一定规模机降兵力，在航空兵火力支援下，夺控战役要点或对敌进行割裂、堵截，打乱其部署，积极配合正面登陆。在决定性的时间和地点集中作战效能，直接打击和夺控对方的要害目标，不仅能为主力登陆创造有利条件，还可以起到先声夺人、有效控制战场主动权的特殊效果。

（4）超常集中和使用特种作战力量击敌要害，力求通过"非对称"特种打击以小搏大。

特种作战是特种部队或特殊编组部（分）队为配合战略战役行动，对敌重要目标或关键部位实施的小规模、非正规、秘密突然的军事打击行动。高技术条件下的特种作战，已发展成为战场监视、敌后侦察、敌后破袭、夺占要害目标、战场营救、秘密抓捕、目标引导及心理战等行动，并广泛用于各种战役战斗中。例如伊拉克战争中，美英联军组织数千人的侦察、袭扰、破坏、欺骗、佯动分队，深入伊拉克军队的后方进行特种作战，扰乱伊军部署，摧毁伊军防空预警系统，对伊军进行全方位侦察，弥补卫星侦察死角，为地面进攻部队和空袭部队提供了及时、准确的战场情报，对夺取战争胜利发挥了重大作用。在未来战争中，应充分发挥游击战、破袭战等特种作战，以辅助正面作战行动。

一是通过特种作战分队深入敌政治中心，重点控制敌首脑机构和重要人员等，保持对敌强大的心理压力，使其内部混乱，全面动摇、震慑、瓦解敌军。二是派出精干的空中、海上或地面特种分队，秘密渗透或强行摸入敌纵深处，对敌通信、雷达、供电、油库和后方仓库等既重要又防御薄弱的目标实施突然袭击。尤其是对己方远程打击兵器难以发挥作用的要害目标，要实施重点破袭。三是在先期作战阶段，组织特种作战分队预先夺占主要作战地段上起瞰制或支撑作用的关键地形，或秘密渗透至敌机场，在己方空降兵着陆前抢占机场等，配合、支援空降兵和登陆兵正面作战。四是组织特种分队深入敌后，对敌军重要目标进行精确定位，为己方远程打击兵器指示、引导目标和评估打击效果；对一些火力打击未能奏效的目标进行破袭，形成打击与破袭效果互补。

第 3 章 有人/无人协同作战

3.1 产生背景

3.1.1 背景情况

近年来，随着世界主要国家"反介入/区域拒止"（A2/AD）能力的发展，传统打击武器面临高性能综合防空系统、GPS（全球定位系统）中断、通信受限、电磁干扰及定向能武器等一系列挑战，已很难满足作战需求。因此，发达国家高度重视无人自主系统及人工智能技术发展，试图提高复杂的任务组织和精确协同配合能力，以应对高对抗环境下的各类威胁。由于目前无人系统智能化水平有限，还不能完全替代人的思维与判断，因此发展有人/无人机协同编队来快速提高作战效率和协同能力是现阶段的明智选择。美国空中有人/无人协同作战能力发展相关时间节点如图 3.1 所示。

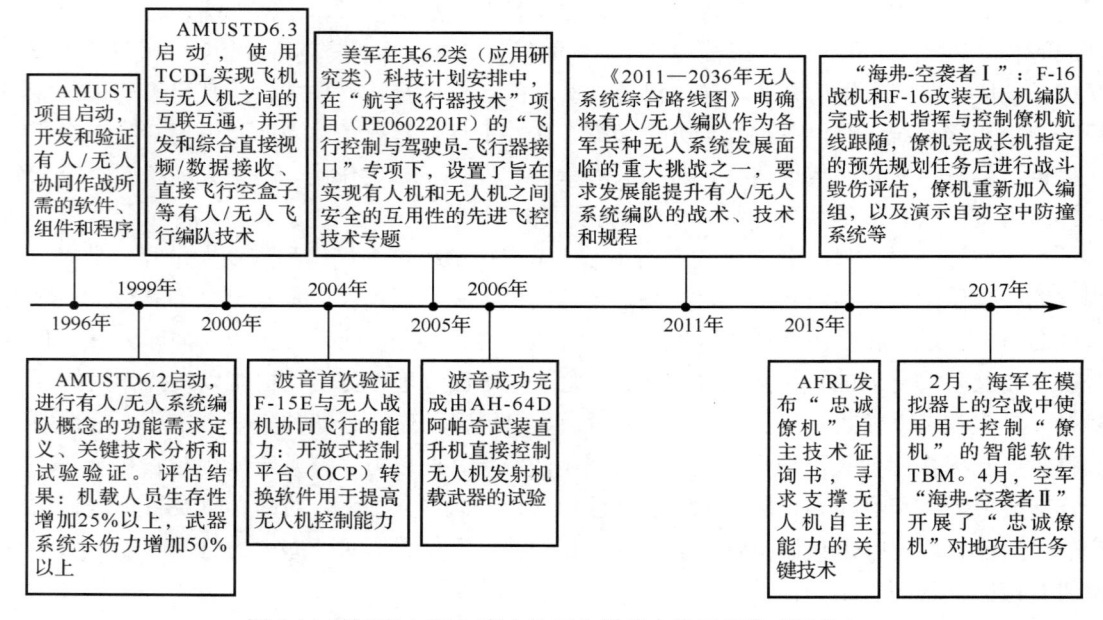

图 3.1 美国空中有人/无人协同作战能力发展相关时间节点

3.1.2 发展情况

有人/无人协同作战已成为无人机作战运用研究中的一大热点，引起了世界各军事大国的极大兴趣。近年来，美国、俄罗斯等军事强国围绕有人/无人协同等开展了大量概念研究与支撑技术研究，将人机协同在空中、陆航等领域的成功经验引入地面装备，推进新型军事力量的构建。

美国早在 1996 年就发布了"机载有人/无人系统技术"（AMUST）项目，目的是开发和验证有人/无人协同作战所需的软件、组件和程序，提高有人/无人机的综合作战效率。目前，美国空军已把无人机设想为在统筹指控、严密配合的整个综合大系统中与有人驾驶的战斗机/轰炸机和导弹武器并肩协同作战，充分利用 C4KISR（Command，Control，Communication，Computer，Kill，Intelligence，Surveillance，Reconnaissance，即指挥、控制、通信、计算机、杀伤、情报、监视、侦察）体系达到作战目标的攻击武器，并于 2018 年开展了 F-16 改装型无人机与 F-35 战斗机配对作战测试。

3.2 概念内涵

3.2.1 概念分析

有人/无人协同作战是指在信息化、网络化及体系对抗环境下，有人机与无人机联合编队实施协同攻击的作战方式。具备远距探测能力的高端有人机充当"主机"（巡弋在敌防空火力打击范围外），携带制导武器或各类 ISR（情报、监视和侦察）传感器的无人机作为攻击性"僚机"（前出进入敌防空火力打击圈），在数据链信息的支持下，有人"主机"和无人"僚机"通过密切协同来完成态势感知、战术决策、指挥引导、武器发射、武器制导及毁伤评估等过程，以完成作战任务。

有人/无人协同作战，可由指挥中心或预警机通过联合战术信息分发系统实现对有人/无人编队的指挥控制与引导，由有人机完成信息的综合处理、联合编队的战术决策、任务管理及对无人机的指挥控制，由无人机完成自主飞行控制、战场态势感知及对空/对地目标的最终打击。有人机充当体系中的通信节点，将有人/无人作战编队嵌入整个对抗体系，从而实现战场的信息共享、可用资源的统一调度及作战任务的综合管理。

3.2.2 特点优势

有人/无人协同作战具有平台无人、系统有人的优势，能够准确实现指挥人员的行动意图；无人装备具备自主或半自主完成战术行动的能力，可替代军事人员完成枯燥、机械化、高风险和难以到达的任务，人机编组可提高军事行动的灵活性、有效性和持续性；无人装备具有较强的恶劣环境和复杂任务适应能力，人机编组能够完成以军事行动为核心的多样化任务；无人装备具有目标特征小、抗冲击过载能力强、可静默行驶及战场隐身效果好等优点，人机编组能够有效拓展军事行动范围；无人装备对后装保障依赖低，人机编组能提升整体持续行动能力；无人装备的军事应用，可以将军事人员从繁重和危险的行动中解放出来，有效发挥人员指挥与筹划的优势，结合无人装备在感知、计算、机动、火力等方面的优势与多样化的功能用途，有机结合，拓展行动范围，有效提升战场态势感知、目标侦察、机动突击及火力打击等能力。

3.2.3 体系结构

在网络中心战背景下，遵循集中控制及严重依赖人在回路[①]的传统多机编队作战样式已不适用于网络化协同作战背景下指挥控制在力量构成、组织形态和协同结构等方面呈现出的新特征。有人/无人协同作战体系结构应具有较强的响应性、多能性、灵活性和适应性。

1. 系统构成

有人/无人协同作战系统包括指挥中心、有人机、无人机和通信链路4个子系统。其中，通信链路为指挥中心、有人机和无人机提供状态、态势和指挥控制3类信息的传输与共享通道；指挥中心对有人机和无人机、有人机对无人机分别进行指挥控制，实现战场协同。有人/无人协同作战系统构成如图3.2所示。

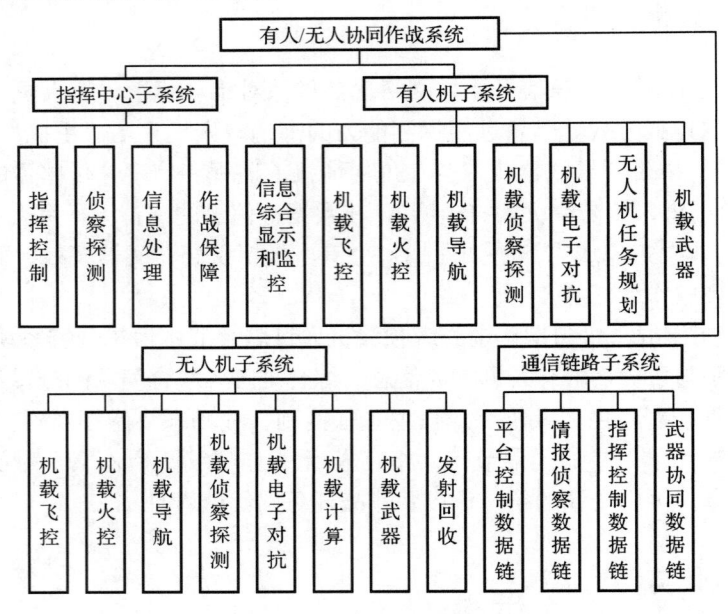

图 3.2 有人/无人协同作战系统构成

2. 功能划分

协同作战系统中的各子系统在功能划分方面各有不同，下面分别进行介绍。

（1）指挥中心：在作战保障分系统的保障下，利用侦察探测分系统收集初始战场态势信息，并经信息处理分系统进行信息处理，再通过指挥控制分系统生成相应决策指令，最后通过通信链路子系统向协同作战编队分发相关态势信息和决策指令，实现相应的态势信息支援和指挥引导。

（2）有人机：在指挥中心子系统的态势信息支援和指挥引导下，利用机载侦察探测和机载电子对抗分系统，为无人机提供实时态势信息支援和对敌电子干扰支援；有人机指挥员通

[①] "人在回路"是指武器操作人员在经过第一次指令输入后，仍有机会进行第二次或不间断的指令更正。而在本文中主要指人具体参与到指挥控制链路中的一种样式。

过信息综合显示和监控分系统，对无人机飞行状态和任务执行情况进行实时监控，并在特定指挥控制结构下，利用无人机任务规划分系统对无人机进行任务-航迹重规划；在无人机火力资源无法完成目标攻击的情况下，有人机利用机载武器和机载火控分系统，对无人机提供火力支援，必要时可对无人机发射武器进行他机制导。当有人机为预警机和运输机等大型飞机时，有人机可充当空中指挥中心，发挥指挥中心子系统的部分功能。

（3）无人机：利用机载飞控和机载导航分系统完成多无人机编队的任务集结和编队控制等；利用机载侦察探测、机载电子对抗、机载火控和机载武器分系统完成指定任务区域的侦察、跟踪、电子对抗和协同攻击等；利用机载计算分系统完成任务执行过程中需进行的自主导航、操控指令和攻击参数等解算任务。

（4）通信链路：利用配置的各种数据链分系统，完成状态、情报、指挥控制和攻击 4 类信息在协同作战系统内部的实时/准实时交互，从而将信息优势转化为决策优势，并最终转化为行动优势。

3．结构

1）通信拓扑结构

在有人/无人协同作战系统中，节点的高动态和多异构特性要求通信拓扑结构实现分布式网络控制、自组织网络组网和一体化网络感知，降低因节点发射功率和通信范围受限等情况造成通信能力下降对节点间信息交互带来的影响。

因此，采用基于分簇的空中自组网方式，有人机作为网关节点，与指挥中心进行信息交互，并作为网络管理节点，进行网络拓扑更新和无人机出入网管理等；无人机作为普通节点，仅在起降时保持与指挥中心通信，在空中组网后的通信业务均经网关节点转发。有人/无人协同作战通信拓扑结构如图 3.3 所示。

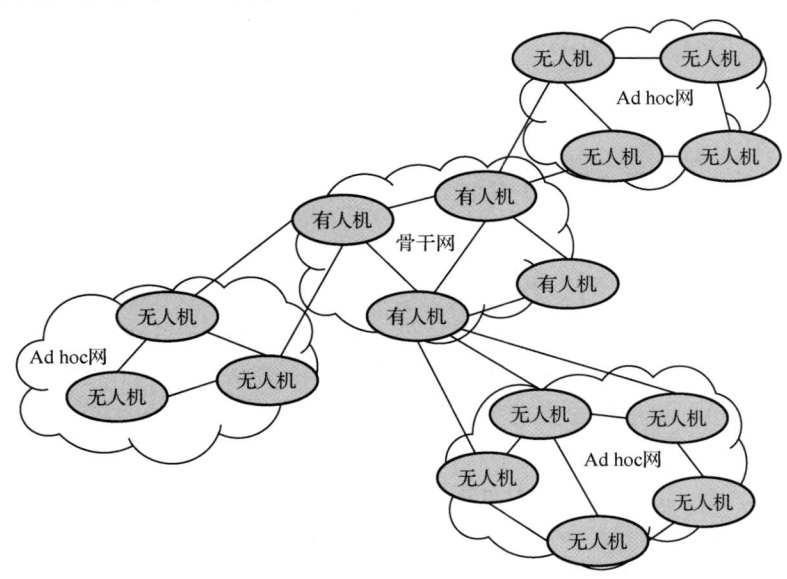

图 3.3 有人/无人协同作战通信拓扑结构

有人机间采用宽带骨干网连接，无人机采用扁平式自组网（Ad hoc）结构，实现机会通信。采用上述拓扑结构，有人机相对安全，且通信能力较强，建立稳定或近似稳定链路的条件成熟，采用骨干网结构，有利于形成空中移动信息环路；无人机深入战场前沿，平台出入网频繁，采用 Ad hoc 结构，有利于在动态环境下保持网络的自形成、自调整和自修复能力。

2）指挥控制结构

有人/无人协同作战指挥控制结构的确定取决于有人机指挥员、通信环境、无人机状态及作战任务环境等因素，根据代表性、独立性和精简性原则，选取指挥员工作负荷、通信链路状况、环境不确定程度、任务紧迫程度和指挥员信任度 5 个属性构成有人/无人协同作战指挥控制结构的属性域。在专家域中，专家建议决策矩阵经一致性检验后生成群体决策矩阵，与参考序列在权重域中进行集结生成关联度矩阵，最终确定指挥控制结构。有人/无人协同作战指挥控制结构的确定流程如图 3.4 所示。

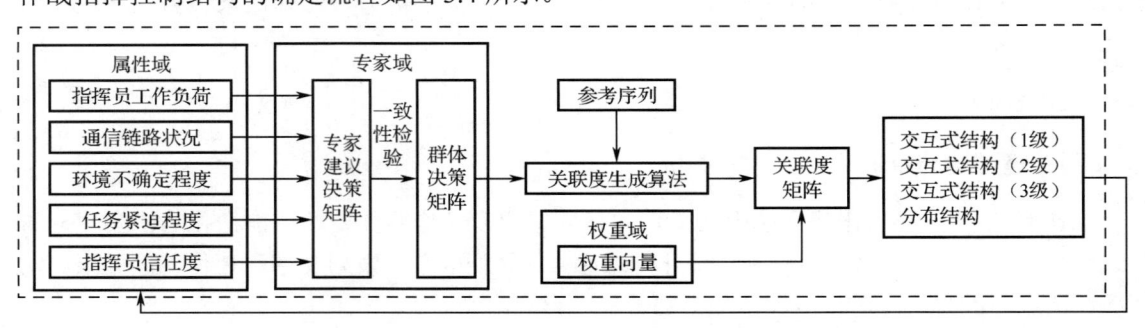

图 3.4　有人/无人协同作战指挥控制结构的确定流程

3.3　关键技术及应用设想

3.3.1　关键技术

重点围绕人机协同、多模式人机互操作集成和编组优化设计等关键技术研究，解决有人/无人力量有机结合、协同运用及优化编成等问题。

1. 协同态势感知研究

有人/无人编组扩大了战场侦察感知范围，通过协同态势感知与态势评估快速准确获取战场环境信息是编组协同行动非常重要的环节，是协同规划与协同执行的关键。基本流程如下：有人装备通过接收无人装备探测感知载荷传来的战场信息，结合上级提供的情报信息，对战场态势进行分析，对战场发展趋势做出估计预判，待评估完成后，有人装备进行决策，并将决策结果传送给无人装备。

有人/无人编组协同态势感知的主要问题是数据信息融合，单个有人/无人装备对战场环境的感知存在不完整、不准确、信息分散及数据冗余等问题，特别是单个平台多个探测感知载荷及多平台感知数据所产生的大量高维冗余问题，需要进行分布式多层次的数据融合，具体过程如下：首先，初步融合单无人装备的战场探测数据；然后，由多无人装备构成的单元，在纵向和横向维度融合不同无人装备的探测数据；最后，融合有人/无人装备数据及上级提供的其他情报信息，提高探测性能及探测信息的可信度、系统的容错能力和抗干扰能力，真正实现编组级战场态势融合。

基于有人/无人编组态势感知网络模型与多层次有人/无人数据融合算法，通过单点态势感知与数据融合、多无人装备层次数据融合及有人/无人装备层次态势融合，解决人机编组协同态势感知问题。

2．协同任务规划与任务分配研究

协同任务规划与任务分配是指人机编组中，有人指挥中心按照上级下达的任务，根据获取的有人/无人协同战场态势，综合考虑指标要求、有人/无人装备状态、战场态势与评估情况及行动目标情况等多项因素，合理运用有人/无人力量进行部署与任务分工，协同规划得到最优整体任务解决方案，并将任务分配至各有人/无人装备。

有人/无人协同任务规划与任务分配的目的是寻求最优任务规划解，为组合优化问题，属于多参数、多约束的多项式复杂程度的非确定性（Nondeterministic Polynomial，NP）问题。NP 问题的求解有两种思路，分别是采用穷举法的精确搜索和在搜索过程中加入一定启发因子的启发式搜索。

协同任务规划与任务分配研究重点解决动态场景下，有人/无人多平台多任务优化分配与动态环境下编队整体分配优化调整问题，提高预先任务分配和执行过程中动态任务分配能力；针对多约束、多目标、动态战场环境下的有人/无人混合编组，基于代数图论和分布式思想进行网络化任务规划系统的建模与设计，通过各个网络节点局部优化问题的求解得到全局优化目标。

3．编组优化设计技术研究

未来战争场景复杂，任务与威胁因素动态多样，需要开展人机编组优化设计技术研究。基于数学理论与相关工具支持，设计优化编组设计范式与通用数学方法，最佳组合有人/无人力量，实现高度灵活的人机混合编组的最优化设计，将从无人装备简单替代有人装备的模式向有人/无人装备协同合作、构建有机整体模式转变。

针对典型想定，从攻击力、信息力、机动力、保障力及生存力 5 个方面构建编组优化指标体系模型，形成基于多目标决策的编成模式模型与编成模式空间集，设计编组模糊优选模型，实现单目标决策问题转化与编成模式最优解生成，解决任意应用场景与行动任务下的最优编组编成问题，形成优化编组设计范式与通用数学方法，支持高度灵活的人机混合编组的最优化设计。

4．多模式人机互操作集成技术研究

人机互操作是指多个有人/无人装备平台通过协同操作完成给定任务的能力，人机互操作是实现有人/无人装备之间互连互通、信息共享、协同控制及构建有机编成整体的基础。

有人/无人编组执行任务时，如果互操作级别较高，协同控制无人装备的军事人员不仅要处理来自指挥中心的指挥控制命令，还要对无人装备的载荷及行动进行控制，工作量大，需要建立高效、灵活、新型的交互控制方式，实现有人/无人协同控制。

人机互操作方式分为接触式操作与非接触式操作两种。接触式操作主要通过终端操作设

备实现对无人平台的操控,具体包括键盘操作、触摸屏操作及手柄操作。非接触式操作主要包括手势、动作姿势、表情、语音、眼动及脑电/肌电等基于生理特征、自然交互的方式。针对非接触式人机互操作,依据各种互操作方式的原理与特点,结合典型应用场景,需对各种互操作方式进行运用可行性分析,同步开展多模式人机交互集成技术研究,实现复杂战场环境下高效的多无人平台多任务人机互操作。

3.3.2 应用设想

在己方雷达系统没有首先发现敌方战斗机,而敌方首先发现己方并发起进攻的情况下,己方机群对敌方导弹进行拦截。以各作战单元信息传递为分析对象,对有人/无人协同空对空的作战应用进行构想:

(1)预警机发现敌方机群,指挥引导己方机群完成编队飞行,到达集合区。预警机发现目标机群,向指挥控制中心发送预警信息。指挥控制中心根据预警信息分别向有人机基地和无人机基地下达起飞命令。指挥控制中心按多机协同航路规划设计飞行航路,引导己方机群到达集合区。己方机群在集合区自动组网,有人机(长机)进行作战编队控制。有人机作为空中指挥控制中心,综合目标指示信息、载机信息和武器信息,制订作战计划(如火力分配方案、攻击模式、制导方式),向各作战单元下达作战指令。

(2)敌方首先发现己方机群并进行攻击。敌方机群的探测雷达性能优于己方机群的探测雷达,敌方首先发现己方无人机编队,锁定己方无人机为攻击目标。在己方无人机进入敌方攻击区后,敌机发射导弹进行攻击。

(3)己方机群发现敌方导弹并发射导弹拦截。己方机群发现敌方导弹,敌方导弹被己方作战单元 2(某一作战无人机)的探测雷达截获。己方有人机指挥引导作战单元 3 发射导弹拦截敌方导弹。

(4)己方机群发现、锁定敌方机群,并指挥引导无人机攻击目标机群。

根据作战指令,作战单元 2 的制导雷达对目标进行精确跟踪,并传递目标信息给作战单元 3,然后进行火控解算、瞄准引导目标机进入作战单元 3 的攻击区并发射导弹。导弹发射后,作战单元 4 对导弹进行他机制导直到导弹命中目标,在制导过程中制导雷达对目标进行持续跟踪,一方面适时向导弹发送飞行控制指令,另一方面向有人机传送导弹飞行数据和目标跟踪数据。有人机综合目标跟踪数据、导弹飞行数据及作战单元状态参数等,必要时调整作战方案。

(5)导弹命中目标后,有人机根据战场各来源数据进行毁伤效果评估,并制订新的作战计划,下达作战指令。

3.4 相关项目

3.4.1 "忠诚僚机"项目

"忠诚僚机"(Loyal Wingman)项目由美国空军研究实验室(AFRL)于 2015 年中旬发起,旨在使第五代战机(长机)的驾驶员可以对无人机(僚机)进行控制,大幅提升美国空军的有人/无人协同作战能力。该项目的具体目标包括:提供高效人机编队中灵活的自主系统；实现多种机器协同编队执行任务目标；确保可在复杂、对抗环境下作战；确保系统在未知、动态环境下的安全、高效。2016 年 3 月，AFRL 发起"忠诚僚机自主性测试"征询书，针对自主系统中的机载联网问题，寻求网络通信技术。2017 年 1 月，AFRL 发布"自主网络"征询书（RFI），旨在为"忠诚僚机"项目的自主系统寻求网络通信技术，以期解决有人/无人作战编队的机载联网问题。项目计划在 2020 年到 2022 年期间开展两种演示验证：对地攻击和对敌防空压制。

1. 对地攻击演示验证

2020 年，对地攻击演示验证聚焦于无人飞行器作为有人战机的空地武器发射平台或目标指示器。作战想定是 GPS 或定位通信能力受限，但不受动能武器及定向能武器威胁的作战环境。作为空对地攻击平台，无人飞行器扮演武器库的角色，对当前航线/目标的变化调整及新航线/目标的识别具备反应能力，同时具备目标的毁伤评估能力。

2. 对敌防空压制演示验证

2022 年，对敌防空压制演示验证将聚焦于有人战机/无人飞行器联合执行对敌防空压制任务。作战想定环境将包括一定程度的 GPS 干扰、电子欺骗、敌军防空能力和电子战、有限的敌人威胁及卫星通信暂时中断。作为对敌防空压制平台，无人系统在作战区域内需能感知、识别和定位特定的辐射源。另外，它还需要具备单独或协同执行近距离或远距离电子攻击（信号干扰或欺骗技术）的能力。无人飞行器（单独/编队）可搭载反辐射武器，同有人战机执行协同战术、技术和规程。在无人机编队中，飞行器须可相互配合执行最优决策。无人飞行器的角色及功能包括：有人战机的武库机、目标指示、充当防空武器的诱饵、执行远距离电磁干扰及充当数据融合节点等。除提高作战能力外，通过听取有人战机飞行员任务执行情况汇报或演习回顾（任务执行后）来探索自主技术在任务执行过程中的角色，进而直接提高后续执行同类任务的能力，也是 2022 年演示概念的一部分。

无论上述哪种演示验证，其涉及的技术包括但不限于：分散编队的动态、适应性任务规划技术；传感器融合技术，包括来自无人系统的数据及其他飞行器的数据资源；作战目标识别、优先级和分散部署能力；环境约束下的通信及适应性；飞行作战；面向动态作战环境、工作负荷、通信的适应性，飞行员交互界面及工作负荷管理技术；飞行员评估任务执行情况以应用于未来作战的能力。

3.4.2 "灰鲭鲨"与"女战神"项目

2017 年巴黎航展（巴黎-布尔歇国际航空航天展览会）期间，美国克瑞拓斯（Kratos）公司展示了其最新研制的 UTAP-22 "灰鲭鲨"（Mako）和 XQ-222 "女战神"（Valkyrie）两款无人机，作为下一代有人战斗机的僚机，其具有高机动性、隐身性特征，并可携带武器弹药及相关传感器。

1. UTAP-22 "灰鲭鲨"

2016 年 10 月，美国国防部战略能力办公室（SCO）授予 Kratos 公司价值 1260 万美元的合同，旨在探索使用高速无人机在完全自主或半自主情况下为第四代和第五代战斗机提供支持。为降低技术风险、压缩项目成本，UTAP-22 无人机在 BQM-167A 靶机基础上改装，并搭载了多种先进传感器。

UTAP-22 不但可以作为有人战斗机的"忠诚僚机"伴随作战，还可完全自主或半自主地合作执行集群战术。该机目前已知的可用载荷包括翼尖电子战吊舱、AN/ALE-47 机载先进诱饵撒布系统等。据悉除使用美军现行的 Link16 数据链对其实施控制外，还为其配备了更加先进的"战术目标瞄准网络技术"（TTNT）数据链。

2. XQ-222"女战神"

XQ-222 项目于 2016 年 7 月启动，为 AFRL 的低成本可耗损式打击展示计划（Low-Cost Attritable Strike Demonstration，LCASD）而开发。XQ-222 类似第五代战机的机身，能够远距离为战斗机提供侦察和预警信息，并可对敌方空中和地面目标实施打击，有效降低有人战机损伤的风险。

XQ-222 无人机采用 V 形尾翼、低雷达截面积设计，具备隐身能力，配备节能高效的 WJ-33 发动机，可以在机腹或两翼部署武器。XQ-222 单价为 200 万～300 万美元，据悉平台成熟后，将可换装民用涡轮风扇发动机 J33，从而降低成本。

3.4.3　战术作战管理项目

战术作战管理系统（TBM）是一种采用人工智能技术的软件系统，用以在模拟的超视距空战任务中引导有人机/无人机编组的无人"僚机"。该软件的发展是在美国国防部长办公厅发起的"用于空战任务的自主性"专项框架内进行的，该专项是美国海军研究实验室（NRL）的研究人员参与的美军 5 个跨军种自主性技术研究之一。

TBM 基于当前的导航和博弈技术，可提供非常直观的交互界面，为作战人员提供动态移动环境下的即时战术信息；通过控制机载传感器获得了侦察、监视、目标捕获和智能整合能力，并可快速报告及挖掘可用信息；TBM 可部署在一系列触屏式计算机上，并致力于在 3 次触屏操作内完成各类指控命令；操作人员通过 TBM 触屏界面可控制传感器，包括光电传感器、GPS 及激光测距仪等。

TBM 理顺了有人/无人空战编组内的跨平台协同关系，以提高强对抗环境中的可操作性；它允许操作人员通过协调任务分目标/总目标来管理编组中的多架无人机。TBM 具备以下功能：定位和导航工具、通用作战图像显示、包括 2D 和 3D 地图界面、战术网络航图、快速指令和战术草图叠加工具、地理参考传感信息和作战特征、机载传感器局部定位感知、预警和警报、标准符号体系、远距离目标定位能力、火力规划和呼叫火力支援及同飞行器各子系统的高度整合（如远距离武器库、传感器和电子设备）。

在 2017 年模拟超视距空战任务中，一名专业飞行员通过人机接口控制长机，并与战术战场管理器控制的自主无人机进行通信交互。专业飞行员肯定了 TBM 在其指挥下控制一架无人机的能力。NRL 的团队已将 TBM 集成到 AFRL 的"用于仿真、集成和建模的分析框架"（AFSIM）和 NA-VAIR 的"下一代威胁系统"（NGTS）中。AFSIM 和 NGTS 都是高保真的超视距任务模拟器，对空中、陆地和海面平台（包括武器和子系统）进行了建模，供飞行员在虚拟训练和试验系统中使用。

3.5 经验启示

随着无人机平台及新技术的不断发展与应用,未来有人/无人机组队协同作战的战略意义和重要性将日益凸显。从国外有人/无人机组队协同技术总体发展来看,正在逐步从关键技术和演示验证进入实用化阶段,而国内目前该领域尚处于概念深化阶段,离装备应用尚有距离,如何强化顶层设计,找准突破点,谋划落实技术路径,缩短与国外先进水平的差距,切实推动有人/无人机组队协同技术的长足发展,将是后续重点关注和研究的方向。

3.5.1 有关问题

(1)有人/无人机组队协同技术体系尚未建立。无人机系统与指挥控制、情报、武器控制和地面基础网络等有人系统融合不够深入,有人/无人协同体系作战能力尚未形成。

(2)国内无人机信息系统体制不完善,标准化发展相对滞后,造成无人机组网能力弱,尚不具备有人/无人机组队协同能力,有人机对无人机的互操作水平较低。急需改变有人/无人机组队协同技术研究分散的现状,从系统总体角度梳理需解决的关键问题,推进技术发展。

(3)有人/无人机组队协同数据链有待发展。现有协同数据链(包括定向和全向模式)在时延、带宽和组网等方面基本满足要求,但应用于有人/无人机组队协同时,在抗干扰和反控制等方面有待提高,同时需针对有人/无人机组队协同特点,在功能设计、消息标准和接口流程方面开展进一步研究,以满足有人/无人机组队协同作战任务、载荷性能和生存性等对数据链的要求。

(4)前期对空中交通管理能力考虑较少,难以有效实施有人机对无人机的空中交通管理。军机、民机和航管等之间协同能力较弱,存在安全隐患,也限制了有人/无人机组队协同应用范围。

3.5.2 措施建议

(1)进一步开展无人作战飞机作战应用及协同模式研究,增强有人/无人机组队协同联网能力,推进有人/无人机组队协同系统标准化工作,完善有人/无人机组队协同装备型谱建设。

(2)先期重点发展预警机控制无人侦察机、武装直升机控制无人侦察机两类有人/无人机组队协同技术,构建原型演示验证系统,在此基础上发展战斗机与无人战斗机协同技术。

(3)后续将通过建立起地基网络、空基骨干网络和空基通信枢纽为支撑的多层次和立体化无人机通信体系,将无人机完整纳入有人作战体系,满足有人协同条件下无人机远程作战通信保障需求。

第 4 章 网络中心战

随着军事变革的继续深入，巨大的变革不仅体现在武器装备上，更体现在作战方式上，以计算机、通信和网络技术的发展为牵引，现代化战争已经成为以信息为主导的战争，如何获取战场瞬息万变的信息，如何处理这些信息，如何分发及更好地利用这些信息成为亟待解决的问题。传统的机械化战争形态已不能满足现代化战争的需求，而"网络中心战"（Network-centric Warfare，NCW）这一概念应运而生。

4.1 产生背景

4.1.1 背景情况

网络中心战最初是由美国海军提出的。海湾战争后，美国海军认真检查了战争中其作战指挥系统互联互通互操作性差、共享水平低下的问题，致力于研究探索通过提高信息的共同感知能力来提高海军作战能力的途径。美国海军于 20 世纪 90 年代中后期提出了"网络中心战"这一概念和理论，并逐步得到美国国防部和其他军种的认同。1997 年 4 月，时任美国海军作战部长杰伊·约翰逊上将最早提出了"网络中心战"的概念。1998 年 1 月，美国海军军事学院院长阿瑟·塞布罗斯基中将在《海军学院》杂志上发表了题为《网络中心战：起源与未来》的文章，在美国军界产生较大影响。1999 年 6 月，美国军事理论家大卫·艾伯茨、约翰·加斯特卡和弗雷德里克·斯坦合著出版了《网络中心战：发展和利用信息优势》一书，引起美国国防部上层的高度重视。2001 年，美国国防部将"网络中心战"正式列为美军未来主要作战模式，并于第二年将其视为美军转型的重点和未来联合作战的核心。

4.1.2 发展情况

美军以"网络中心战"这种全新的战争需求为牵引，全面推行信息化、网络化建设，设想利用 30 余年的时间，在世界上率先建成信息时代的信息化军队。

美国国防部的"网络中心战"提倡：提供安全、高性能和可行的全球化网络系统；以高质量的信息和情报来充实网络系统，从而取得对全球情况的掌握，并支持"网络中心战"。各军种都在以"网络中心战"理念进行试验。以陆军为例，其转型将以"网络中心战"为牵引，用来试验和准备部队。陆军部长认为：陆军转型将追求高技术，这些技术将引发前所未有的情报、监视和侦察（ISR）能力。ISR 能力与地面、空中和太空传感器网络构成一幅战场图。士兵和指挥员将通过网络化系统来利用信息，从而保证战场主动权，迅速定下作战决心。他还指出，美国陆军第 4 机械化步兵师的试验和部署已让陆军尝到数字化能力的甜头，陆军还将从转型后部队所具备的"网络中心战"能力中得到好处。未来美国国防部的主要工作包括：①建立遍布全球的网络体系，并在这一网络中充斥丰富的作战信息，供各作战单位使用。②建立网络化部队。平时，各军种部队以网络化的模式进行编组和训练；战时，通过网络系统把各参战部队有机结合到一起。③建立网络化组织机构，确保网络化部队的训练和作战行动的实施。

随着信息技术的进一步发展，信息化战争形态还将继续推进，"网络中心战"的发展大体分为以下3个阶段：

（1）第一阶段，以联网和传感器组网为主要任务。目前正处于从平台中心战向网络中心战的转变阶段，"网络中心战"的焦点是网络化作战空间的实体。通信网络实质上是提供信息基础设施的网络，为了达到实体间协同工作的效果，信息基础设施是最基本的条件，同时还须加强采办信息化装备，加快武器、平台和指挥中心的传感器网络化建设，提高传感器网络提供高度作战空间感知的能力。通过通信网络和传感器网络协作，进行有效的信息共享和传送，提高实时精确打击的能力。

（2）第二阶段，将以提高信息能力为重心，也可称为"信息中心战"，发生在信息域和认知域。网络战、情报战和心理战等信息战将转为战争的重要手段。

（3）第三阶段，将是完全发生在认知域内的以知识为中心的较量，也可以称为"知识中心战"。在新一代的战争中，作战可能发生在政治、经济、社会和军事领域，通过网络和多种媒体进行通信，因此战争将不会有清晰的轮廓，而是变得相当复杂。这就需要军事指挥员（或称指挥官）不仅了解军事形势，还应熟悉其职责范围内的社会、政治和经济领域的形势。为了有效指挥作战，指挥员不仅要具备应对当前情况的"知识"基础，还须具备预知对手下一步行动的能力。

4.2 概念内涵

4.2.1 概念分析

国内外军事专家对"网络中心战"的定义有着不同的描述。美国著名军事专家David S. Alberts，我国军事专家王保存、王正德都在自己的专著中就"网络中心战"的定义提出了自己的看法。总体来说，"网络中心战"是一种能够获得信息优势的作战概念或作战形式，它通过战场各作战单元的网络化，把信息优势变为作战行动优势，使各分散配置的部队共同感知战场态势，从而协调行动，发挥最大作战效能。

网络中心战可以定义为一种获取制信息权的军事行动的概念。这种作战概念，通过传感器、决策制定者和打击环节的网络化，获取共享感知、提高指挥速度、加快作战节奏、增大杀伤力、增强生存能力、提高自同步能力，从而形成新增的战斗力。

网络中心战强调地理分散的部队联网以提高共享感知能力和战斗力。它不是一个狭义的技术问题，而是整个军事领域在思考方式、机构组织和战场管理等方面对信息时代做出的全面反映。

4.2.2 特点优势

网络中心战的本质，是利用计算机信息网络对地理上分散的部队实施一体化的指挥和控制。利用网络把各种探测器、武器系统及指挥控制系统联系在一起，实现信息共享，实时掌握战场态势，缩短决策时间，提高指挥速度和协同作战能力。各级指挥员可利用网络交换大量的图文信息，掌握整个战场态势，并通过网络和电视电话会议及时、迅速地交换意图，制订作战计划，解决各种问题，以便对对手实施快速、精确、连续的打击。网络中心战具有制敌机动、精确打击、聚焦后勤、全维防护及全维优势等特点。

（1）制敌机动。它是指通过信息、欺骗、打击、机动和反机动能力的应用，广泛联合分散的陆军、海军、空军、海军陆战队、特种兵和空间部队，调整、集结部队和火力，以决定性的速度和压倒性的作战节奏获取位置优势的能力。

（2）精确打击。它是指联合部队在整个军事行动中具备的定位、监视、识别和跟踪目标的能力，选择、组织和利用优势装备的能力，产生预期效果的能力，以及在必要时以决定性的速度和压倒性的作战节奏实施再次打击的能力。

（3）聚焦后勤。它是指整个军事行动中，在正确的时间，以正确的数量，将正确的人员、装备和供给，运输到正确的地点，从而支援联合部队实现作战目标的能力。

（4）全维防护。它是指联合部队在陆、海、空、天、网整个作战领域，以可接受的风险等级，通过多级主动和被动措施保护执行指定任务所需的人员和装备的能力。

（5）全维优势。它是指整个军事行动中，军队单独行动或与多国军队联合行动时，挫败任何对手，控制任何形势的能力。

4.2.3 体系结构

网络中心战以计算机技术、通信技术和网络技术组成的信息系统为基础，把分散在战场各处的各种情报侦察（传感器）系统、指挥控制系统和武器打击系统联成网络，完成战场情报搜集、处理、传输及目标打击等过程的网络化、一体化和实时化建设，实现战场各作战单元的信息共享。网络中心战体系结构如图 4.1 所示。

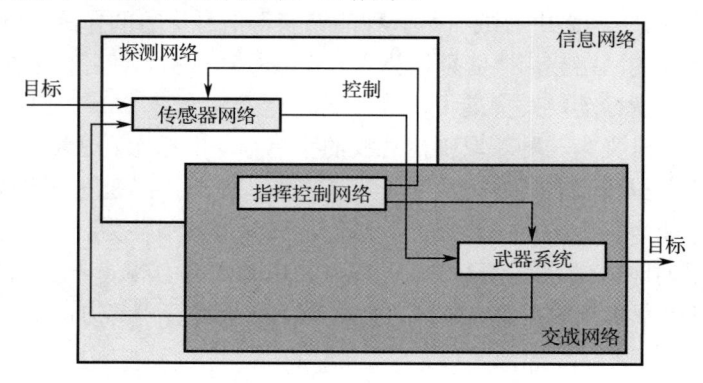

图 4.1 网络中心战体系结构

传感器网络中，由各个传感器收集信息并迅速生成战场感知，它能把所有战略、战役和战术级探测器材联为一体的探测网络，从而迅速提供"战场空间态势图"；交战网络又称打击网络，用于连接各个作战单元的主要武器系统；信息网络对前两者起支撑作用，是它们的神经中枢。

4.3 实现途径

4.3.1 军种举措

作为网络中心战的雏形，美国海军以网络为中心的作战体系主要由联合监视跟踪网络、联合战术网络和联合计划网络组成，如图4.2所示。

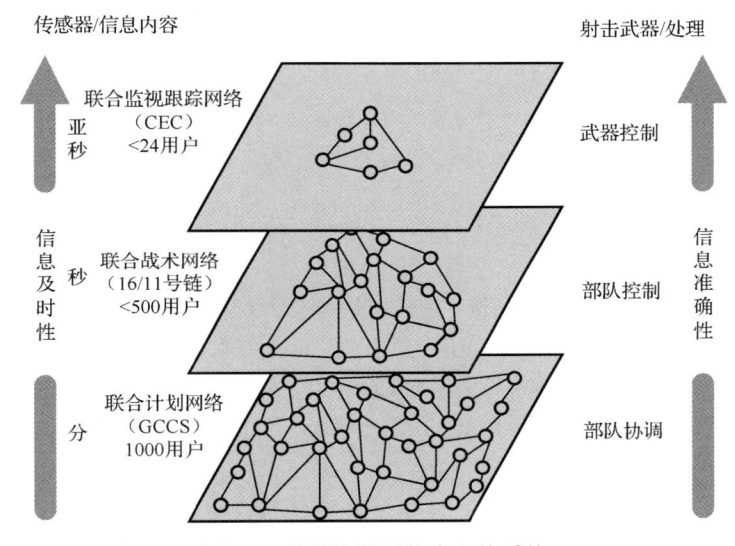

图 4.2 美国海军网络中心战系统

联合监视跟踪网络使用"协同作战能力（CEC）系统"。CEC系统是美国海军在原C3I系统的基础上为加强海上防空作战能力所研制的作战指挥控制通信系统。该系统于1987年开始研制，并于1997年开始装备。它利用计算机、通信和网络等技术，将舰队内各作战平台上的防空传感器、作战指挥系统和防空武器系统综合成一个舰队防空作战系统，实现作战信息共享，统一协调战斗行动。美国海军的CEC系统是世界上第1套网络中心战系统，它将不同平台上的多种传感器通过高速、抗干扰的数据链路联网并融在一起，向处于该网络中的作战人员提供完整的战术态势图。

联合战术网络使用"联合战术信息分发系统"（JTIDS），它是一种集通信、导航、识别功能于一体的综合战术通信系统。该系统能提供保密、抗干扰和实时数字通信功能。在单一军种内，JTIDS可使指挥员近乎实时地了解其部队的位置和行动；在联合应用中，JTIDS可使某一军种随时了解其他军种的具体行动，从而使各军种完成过去不可能实现的许多工作，大大促进各军种间的协作。因此JTIDS尤其适用于指挥和控制，包括空中交通管制和协同电子战，并能完全满足美军三军大规模联合作战的需求。

联合计划网络由舰队海上内部网（IT-12）、海军部的陆上内部网（NMCI）和全球指挥控制系统（GCCS）组成。IT-12 是美国海军太平洋舰队原司令克莱明斯将军于 1997 年 1 月建议规划的，目的是发展和部署网络环境下的基于商业现成技术的指挥控制系统，主要包括保密的和非保密的局域网、专家系统路由器、超高频中数据率系统和国际海事卫星高速数据系统。"企业"号航空母舰战斗群是第 1 个装备 IT-12 的战斗群，此后"林肯"号、"小鹰"号、"斯坦尼斯"号航空母舰战斗群和"好人理查德"号两栖戒备大队等陆续装备了 IT-12。NMCI 将美国海军和海军陆战队这两个军种的所有基地、司令部及支援机构用单一的大容量信息网络连接起来，共计 300 个司令部、基地，以及 45 万个工作站。NMCI 能够通过舰船上的远程端口与舰队的 IT-12 沟通。NMCI 和 IT-12 的结合，使美国海军有能力在未来作战中实现高水平的协同，大幅提高部队行政管理和后勤支援的效率。NMCI 还将通过国防信息服务网络与美国国防部的其他机构及各战区总部联网，使海军部系统与整个国防部系统更加紧密地联系在一起。GCCS 是美军一个新型的对分布在全球的海军、海军陆战队、陆军和空军进行指挥控制的系统，投入运行后将成为美军 C4ISR 系统和国防基础信息设施（DII）的重要组成部分。

4.3.2 关键技术

1. 网络技术

"网络中心战"高度依赖通信设备、数据和软件的互操作性，使人员、传感器和平台网络化。目前"网络中心战"可使用的通信方式包括：利用微波、红外或激光技术进行海上无线信息传输；通过光缆、微波塔或卫星组建成更大的主干网进行信息传输。

2. 卫星通信

卫星对远程移动通信、图像传输、导航、天气预报、导弹预警能力和"达到-返回"能力来说都是很重要的。美国的全球定位系统（GPS）使用 28 颗导航卫星来定位美军部队的位置及其攻击目标的位置。美国为了获取情报、监视和侦察维护了 6 个轨道卫星，其中一个用于早期预警，两个用于空间摄像，另外 3 个负责提供信号情报。

3. 无线带宽

在"网络中心战"中，作战部队和指挥中心可能相距非常远，如果采用传统的光缆，施工困难，而且费用昂贵。在无线局域网技术已经成熟的今天，无线网络解决方案能够很好地满足各种特殊的要求，并且拥有传统网络所不能比拟的易扩容性和自由移动性。一些网络产业研发出的无线网络产品，如思科（Cisco）公司的 CiscoAironet 无线网桥，就是专为连接两个或多个网络而设计的，能够为传输大容量数据提供高速数据传输速率和优异的吞吐能力，并且安全可靠，可以达到与传统有线网络等效的数据安全性水平，其优点还包括不受恶劣天气的影响，也不需要无线频谱使用许可证。

4. 无人机

无人机最初用来提供监视功能，但现在其任务已扩展到作战领域。无人机可装配制导系统、机载雷达系统及传感器、摄像机等设备，用途广泛。在伊拉克"自由行动"中，大概有16个"捕食者"和1个"全球鹰"无人机参与作战行动，这些无人机通过卫星由美国本土的指挥中心控制。

4.3.3 作战应用

海湾战争是网络中心战的雏形。在这场战争中，美军投入了一支包括F-117A隐身攻击机在内的强大的精确打击力量。首次使用"战斧"巡航导弹和AGM-86C空射巡航导弹等远程武器系统，开创了防区外精确打击的先河。首次投入使用E-8A地面监视飞机，使打击诸如"飞毛腿"导弹发射架等移动目标成为可能。空间卫星开始为精确打击、拦截"飞毛腿"导弹和轰炸机远程奔袭等提供有力的信息保障，形成了空天一体化的作战态势。

科索沃战争处在网络中心战的初期阶段。这场战争与海湾战争相比，精确打击手段有了一定的发展，E-3、E-8和F-15E等少数飞机改装了数据链，信息传输开始形成数字化和网络化结构，大大缩短了从发现目标到实施打击的时间，由海湾战争的数小时或数天缩短为20min，精确制导武器的使用量增多，占总投弹量的35%。开始使用由GPS制导的GBU-31"联合直接攻击弹药"和"战斧"巡航导弹，具备全天候精确打击能力。同时，空间导航卫星的作用更加突出。

阿富汗战争是网络中心战的发展阶段。首先，数据链得到了一定的普及，除F-35战斗机外，部分F-16战斗机、AC-130攻击机和"捕食者"无人机也改装了数据链，目标打击周期的平均时间缩短为90min，最短可达10min左右。同时，"捕食者"无人机首次投入战争使用，该机可用所携反坦克导弹实时攻击目标。由于广泛使用"捕食者"和"全球鹰"高性能无人机，打击临时时敏目标的能力明显提高。其次，精确打击比重不断增大。精确制导武器弹药的使用率已超过常规武器弹药，上升到近60%，并大量使用卫星制导炸弹，GBU-31的使用量超过5000枚。再次，精确打击的范围更为广泛。最后，指挥控制信息传输率大幅跃升。阿富汗战争的参战人数仅为1万人，但拥有的卫星通信容量已高达500Mb/s。阿富汗战争中，在美国本土能够通过卫星通信近乎实时地看到战场传来的视频图像。

伊拉克战争是迄今信息化程度最高的一场战争。首先，在战争中使用了战前改造完毕的两个一体化空中作战指挥控制中心。这两个中心的网络化程度已达到67%，能有效与海军、陆军、陆战队等军种的空中力量实施一体化的联合作战。其次，空中作战平台的信息化程度比以往任何战争都高。参战的作战飞机都具有发射精确制导武器的能力。再次，"捕食者"无人攻击机全面投入使用。从次，卫星通信能力明显加强。自年1991年海湾战争以来，美军卫星通信信道宽度增至783Mb。最后，使用了高效能的无人侦察机RQ-4A"全球鹰"。

4.4 存在问题

1. 网络中心战面临理论难题

网络中心战的信奉者认为未来作战行动在时间、空间和强度上将是非线性的，战术级、战役级和战略级的不同作战层次界限趋于模糊。但以美国海军军事学院战役学教授米兰·维戈教授为代表的军事专家则认为，网络中心战走向了极端，它将导致战略的完全战术化，战略和战术之间的战役层次被完全忽视了，进而导致领导艺术在战争的所有层次中的重要作用被疏忽了。

2．网络化作战与现行编制固化的矛盾

网络中心战主要集中在海军和其他联合部队的 C4ISR 能力上。网络中心战改变了军队的作战手段、技术结构和作战结构，进而要求军队的编制有相应的变革。

3．过于依赖数据行为所面临的风险

经验表明信息优势并不能保证正确的决策和最终的胜利。尽管信息日益重要，但它也只不过是战斗中取胜的诸多因素之一。信息不仅在于控制和拥有，更重要的是充分利用。信息并非越多越好，信息超载是未来作战中的一个大问题，尤其在战役级和更高级的指挥层次上。对信息能力极强的美军来说，信息饱和是一个永远的现实问题。

4．网络复杂性与可靠性难题

网络中心战依赖一个遍布全球各地（包括海洋和陆地）且功能强劲的网络为所有节点提供近实时的数据流。对于这样一个巨大的、动态的网络，其中必然存在大量的结构和安全问题，致使其复杂性和可靠性问题突出。

4.5　经验启示

1．更新观念，开展的"网络中心战"理论研究

组建专门机构，进行系统的"网络中心战"理论研究，形成成熟的作战思想和作战框架，指导"网络中心战"的实际应用，是美国网络中心战的成功关键，也是适应新时代特点、进行军事变革及提高作战能力的必由之路。

2．加大投入，建设"网络中心战"基础设施

建设基础设施是"网络中心战"的前提和保障。目前有包括美国、印度在内的多个国家在建设"网络中心战"基础设施。在构建"网络中心战"基础设施时，应当采用当前一些先进技术，如使用纳米技术制造各种传感器，建立移动通信和卫星系统，集监视、指挥与控制、卫星通信为一体，实现数据到各作战单元的分发。

3．展开试验，促进"网络中心战"的实际应用

美军在科索沃、阿富汗、伊拉克等一系列的军事行动表明，实战和试验是检验网络中心战、提高联合作战能力的有效方法。在军事演习时注重检验各作战单元之间的连通能力、各设备或装备之间的互操作能力、信息共享获取信息优势的能力、一体化防护能力及内在的安全保密能力等，经过反复试验，不断提高，经验证后形成全新的"网络中心战"作战能力。

4．加强武器研制与采办，提升火力打击能力

武器的研制与采办，直接关系到武器装备的质量和部队战斗力的生成。尽可能获得更多性能先进、质量优良的武器装备，使火力打击实现网络化，使得陆基、海基、空基远程火力与太空侦察系统、电子战系统融合成一个紧密联结、互为补充的完整一体化火力体系，从而提高陆、海、空、天、电磁等多维空间内综合火力打击的能力。

第 5 章 海军一体化火控-防空

5.1 产生背景

5.1.1 背景情况

为应对不断增强的来自空中的威胁,更好地实施区域防空,美军提出新的作战概念——海军一体化火控-防空(Naval Integrated Fire Control-Counter Air,NIFC-CA),该概念主要针对超低空突防的战机和反舰巡航导弹的防空拦截难题,提出宙斯盾舰与预警机协同,采用多种手段完成对来袭目标的超视距拦截。海军一体化火控-防空是基于动态分布式作战模式提出的概念性、探索性研究项目之一,旨在支持分布式作战模式和基础能力的发展,重点发展协同探测、协同定位、协同攻击和支撑网络等技术,实现动态分布的闭环杀伤链功能。其核心思想是通过增强各武器平台之间的联系,构建完整的战场态势感知和目标协同定位,提升体系综合作战能力。NIFC-CA 的多次试验证实了多系统复杂集成技术的可行性,凸显了多级多样武器系统协同作战的优势。

5.1.2 发展情况

NIFC-CA 于 2002 年由时任美国海军作战部长冯·克拉克海军上将在"21 世纪海上力量"的演讲中诠释"海上盾牌"作战概念时正式提出,故又称为"海上盾牌"。其内涵是以"协同作战能力"(Cooperative Engagement Capability,CEC)为核心,将先进的传感器系统和新一代超视距空面武器系统集成为一体,提供基于先进网络的分布式远程防御性火力,使美国海军具备对飞机和巡航导弹的超视距对空防御能力,构建能覆盖内陆纵深的海上对空防御体系。

2002—2006 年是 NIFC-CA 的系统定义和主要架构设计阶段。

2006—2009 年是 NIFC-CA 海上杀伤链工程化分析阶段,主要分析体系能力需求和条件、重要系统的性能和功能、重要性能参数及功能函数等。

2009 年 11 月,NIFC-CA 处于设计冻结阶段,主要强化每个关键系统的关键设计,结束了宙斯盾基线 9 的设计复查,开始关键系统研制。

2011 年 10 月,部分子系统已完成设计,并进行了集成测试,开始 NIFC-CA 大系统的集成与测试。

2013 年 8 月,NIFC-CA 在"钱斯勒维尔"号巡洋舰上首次进行了海上演示验证,以宙斯盾舰载火控系统、传感器网络、基线 9 作战系统和 SM-6 导弹联合作战,用 SM-6 拦截了一架靶机,首次实现了 SM-6 导弹的超视距目标拦截试验。2006—2013 年是 NIFC-CA 的联合开发阶段,完成了系统建模与仿真、系统集成测试和生存力测试等工作。

2014 年，美军在《2014—2025 年美国海军航空兵构想》中提出纳入 F-35、EA-18G 和无人机等前出节点，并与水面舰艇协同集成，首先形成航母编队的一体化火控-防空能力，最终形成海军一体化火控-防空能力。

2015 年 4 月，"罗斯福"号航母装备了 NIFC-CA 系统，并具备初始作战能力，正式加入美国海军第五舰队。

2015 年 6 月，当时的日本防卫大臣中谷元在众议院和平安全法制特别委员会上，明确提出为应对低空掠海巡航导弹攻击，日本将筹备引进美军的 NIFC-CA 系统。同期，在新墨西哥州的白沙导弹靶场的试验中，SM-6 导弹首次成功拦截超视距的超音速目标。

2016 年 9 月 12 日，F-35 战斗机和宙斯盾武器系统首次完成联合实弹演习。LLS-1 的陆上宙斯盾模拟基站首次利用 F-35B 飞机提供的空基信息，发射了一枚 SM-6 导弹，成功攻击并拦截了靶机，实现了分布式杀伤。NIFC-CA 系统扩展了目标探测、分析与拦截范围，对于美国海军具有颠覆性意义。

5.2 系统构型及节点能力

5.2.1 系统构型

NIFC-CA 从 2002 年提出至今，通过对现役和在研阶段技术与装备的结合，逐步实现了分布式、网络化的防空作战体系，其系统构型也在不断迭代更新，主要包括以下两种构型：

构型 1 是在发展初期提出的，如图 5.1 所示，主要用于防空。在"宙斯盾"系统和航母编队中加入了 E-2D 平台，利用 E-2D 的雷达探测能力来改善航母编队雷达面临的地球曲率造成的低空盲区和地形遮挡的空域盲区问题。该系统以基于 CEC 网络的传感器协同信息交互为主，具备火控级协同、低空掠海目标探测、超视距识别和摧毁目标的能力。通过该系统有效扩展了舰艇编队防空反导的作战范围，使美国海军具备"看不到但打得到"的超地平线攻击能力。

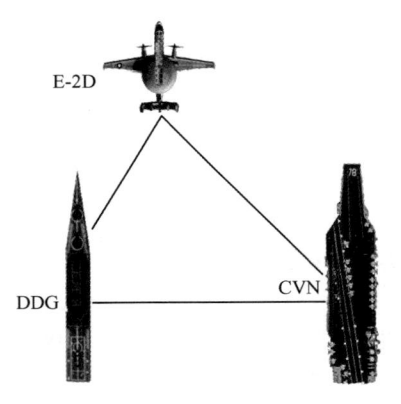

图 5.1 NIFC-CA 构型 1

DDG—导弹驱逐舰（搭载"宙斯盾"系统）；CVN—核动力航母。

构型 2 是构型 1 不断发展的最新状态，如图 5.2 所示，已经由最初的防空能力逐步发展为具备分布式、网络化的协同作战能力。该构型以获取高品质传感器数据、提升系统弹载量和远距作战为目的，将战机 F-35C、EA-18G、F/A-18E 和无人机等前出节点纳入系统，具备多平台协同作战、组网协同探测和多组网构型等特征。

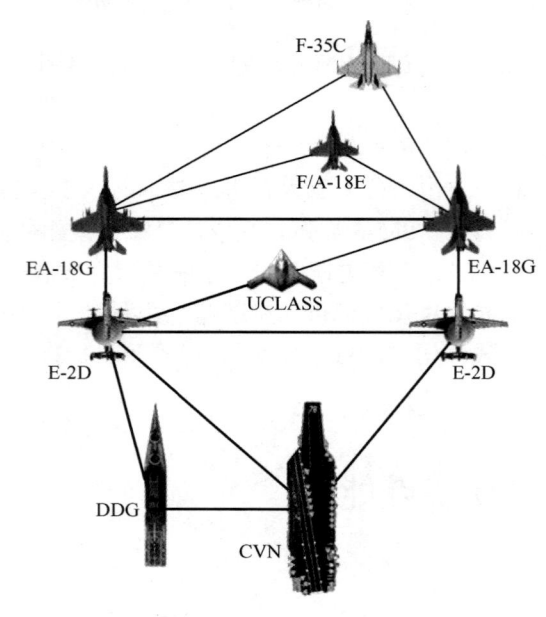

图 5.2 NIFC-CA 构型 2

在构型 2 中，美军主要看重 F-35C 战斗机的 ISR（情报、监视和侦察）能力。光学孔径系统可以让 F-35C 在雷达不开机的情况下，被动探测空中和地面目标，加上机体多处分布的热敏探测器让 F-35C 具备了"被动球形感知"能力，因而提高了防空武器威胁下的存活率；同时 F-35C 凭借其速度和隐身优势，可以在必要的情况下实施攻击任务，具备"反介入/区域拒止"环境下执行 ISR 任务的优势。

NIFC-CA 系统的新构型通过多种体制互联互通的协同数据链，实现传感器和射手的网络化协同，使美军具备隐身感知的跨平台协同作战能力，提升了美军舰队区域防控体系在"反介入/区域拒止"环境中的作战能力，同时，在高威胁环境下通过信息火力一体的协同作战，可抵消对手突防和移动时敏目标的威胁。

5.2.2 节点能力

E-2D 飞机：作为 NIFC-CA 的中心节点，可将本机雷达系统获得的高精度目标要素传递给宙斯盾舰，经 CEC 系统复合跟踪处理，为宙斯盾舰上装备的 SM-6 导弹提供满足火控精度的数据，使宙斯盾舰能在自身雷达未发现目标的情况下发射 SM-6 导弹，实施超视距防空作战。新构型中的 E-2D 主要担任后方制空和舰载机通信中继的功能。

DDG"宙斯盾"系统：作为 NIFC-CA 的重要节点，系统承担对空探测跟踪、复合跟踪与识别、协同打击指挥与控制及 SM 系列导弹发射与制导等任务。采用开放体系计算架构，融入 NIFC-CA 之后，"宙斯盾"系统能够利用空中平台传感器提供的满足火控精度的数据对 SM-6 导弹进行火控解算、装订诸元、导弹发射及中段指令修正制导，极大地扩展了水面舰艇的作战空间。

SM-6 导弹：作为 NIFC-CA 的主要武器，与 SM-2 导弹相比，其在射程、射高、制导方式等方面做出了巨大提升，着力加强低空、超低空巡航导弹的拦截能力，并具备有限的末端弹道导弹防御能力。

F-35C 战斗机：作为扩展的重要空中作战平台，同时也是 SM-6 导弹的新"手臂"，利用其隐身和强传感器能力，将 NIFC-CA 的体系感知范围向敌方前沿拓展。它可深入敌方空域中心收集 ISR 数据，对来袭目标进行跟踪，为 F/A-18E/F 或宙斯盾舰发射远程拦截导弹提前提供目标引导，面对高威胁时也可以对导弹进行末制导，提高 NIFC-CA 打击一系列复杂目标的能力。

EA-18G 战机：通过 F-35C 战斗机较早获知来袭目标的位置信息和攻击意图，可在来袭导弹导引头开机前通过发射箔条、红外假目标或者释放其余干扰源等进行远程压制干扰。

F/A-18E/F 战机：作为武器库和主要攻击平台。

CVN：作为舰载机的起飞降落载体，以及航母编队的控制和管理中心。

5.3 主要特征

NIFC-CA 系统的主要特征体现在系统架构、作战网络和作战管理三个方面。

5.3.1 系统架构

NIFC-CA 系统坚持开放式的作战体系架构思想，打破传统武器与专用火控系统"硬链接"的设计，采用 SoS 系统架构，由现有的数个基础系统构筑而成，每个子系统提供标准的界面让 NIFC-CA 存取，不会干涉下属每个相关系统各自的发展，实现传感器网、火控网、武器网的三网合一，是美军典型的网络中心战系统，设计了海上、空中和陆上三类杀伤链，并能够将防空反导作战的杀伤链路交迭，扩展整个作战空域，减少防御漏洞，提供最大限度的对目标再次拦截能力。NIFC-CA 这种先进的、后向兼容的 SoS 开放式系统架构，能够使各种作战节点尽快融入作战体系。

5.3.2 作战网络

NIFC-CA 系统本身是不断迭代更新和升级的，因此其网络设计原则应基于以下两点：前向兼容、后向扩展与分层设计、新旧体制交互。

早期 CEC 网络是 NIFC-CA 系统的"骨干"，通过 CEC 可以增加两艘宙斯盾舰之间目标数据共享的可能，将宙斯盾舰的火力控制系统与舰艇上方或远离舰艇的飞机连接起来，进一步拓宽目标数据的共享范围。作为基本的协同网络 CEC 完成指挥控制信息、传感器信息、目标信息和作战图像等的交互，是防空体系的信息保障。CEC 初始网络存在用户数量有限（不大于 24）和信息传输带宽较小等问题。

后续随着系统节点的增多，网络组成越来越复杂，前突作战及大容量数据对网络指标提出了新的需求，NIFC-CA 网络为了将来自同一平台而非通过 CEC 网络的数据上传到 NIFC-CA 网络中，融入了新体制的通信链路，让整个 NIFC-CA 网络具备分层、互联互通和稳健传输等能力。NIFC-CA 系统链路配置见表 5.1，主要特征如下：
① 多种数据链互联互通；
② 定向全向通信模式组合；
③ 宽带窄带共存；
④ 每个节点具备协同信息处理和交互能力；
⑤ 节点功能可扩展。

表 5.1 NIFC-CA 系统链路配置

节点	链路类型	备注
E-2D	CEC、TTNT、Link16/CMN-4	TTNT 采用 Link16 的 J 系列格式化消息集，可满足高带宽需求
F-35C	MADL、Link16	MADL 用于隐身通信
EA-18G	TTNT、Link16、CMN-4、MADL	CMN-4 相当于 4 通道并发的 Link16
DDG	CEC、Link16	CEC 组网 24 个节点内，带宽较小
UCLASS	TTNT、Link16	
CVN	CEC、TTNT、Link16	
F/A-18E	Link16	Link16 主要用于 C3 和战术信息交互

5.3.3 作战管理

NIFC-CA 系统基于"物理分离-功能连接"的设计理念，通过引入多种作战资源，进行动态重组来提高系统整体的生存能力。采用分布式作战管理将不同类型的节点组合起来，完成全局资源的动态管理与规划及任务的动态分配等。

5.4 工作流程

假设条件如下：

航母 CVN 和 DDG 编队正在其海域航渡，对方远程反舰武器发射平台锁定了 DDG，并连续发射了两发反舰巡航导弹。

具体流程如下：

（1）F-35C 战斗机前突侦查发现了目标，并将探测数据通过 MADL 传给战机 EA-18G，EA-18G 通过 Link16/CMN-4 将数据（超视距时发给 E-2D，E-2D 通过 CEC 进行中继）传给 CVN 和 DDG 编队。

（2）CVN 和 DDG 编队通过 CEC 完成信息融合，生成通用防空战术态势图像，协同武器控制模块进行威胁估算，确认对方发射的两发导弹为协同防空打击目标，将自动生成对来袭导弹进行拦截的协同交战方案。

（3）当来袭导弹处于 DDG 武器发射平台探测范围之外时，由 F-35C 战斗机对来袭导弹进行跟踪，由 DDG 提前发射 SM-6 导弹拦截；当进入 DDG 雷达探测区时，再进行制导控制，在第一次发射拦截失败后，可再发射第二甚至第三发导弹进行拦截。

（4）若 CVN 和 DDG 编队通过 F-35C 战斗机较早获知来袭导弹的位置信息和攻舰意图，可在来袭导弹导引头开机前通过 EA-18G 发射箔条、红外假目标或者释放其余干扰源进行干扰。另外，当来袭导弹采用被动雷达工作方式或者反辐射导引头时，被锁定的舰艇可在一段时间内保持雷达静默，改用其他舰艇平台提供的跟踪火控数据进行作战行动。

5.5 未来作战应用

1. 提高协同化、智能化的综合作战效应

近年来，随着美军提出多种协同作战概念，各国也都陆续开展海陆空全方位协同作战的研究与应用，俄罗斯研制的"花岗岩"超声速反舰导弹就首先采用了领弹与攻击弹相互协同的攻击方式，这是最初级的智能化方式。2004 年美国研制的网火战术导弹系统首次采用了巡逻攻击导弹与精确打击导弹结合的协同攻击方式，而目前美国的 NIFC-CA 系统则是对协同、智能化作战的一种探索与升华，除增强态势感知能力外，未来 NIFC-CA 网络中的每个作战单元的作战效能和态势感知能力都将得到进一步增强，相关作战要素的能力会在该系统的作用下进一步发挥，催生出更多的作战样式。

2. 实现超视距打击

舰载雷达系统受地球曲率的限制，对海平面目标的探测距离有限，随着 NIFC-CA 系统的出现，该局限有所突破。借助 CEC 网络，SM-6 导弹可以充分利用舰载或机载、天基和陆基等远程传感器的信息，通过编队内作战平台的制导交接，实现导弹在多平台间的制导接力、摧毁目标。这就消除了地球曲率对雷达探测距离的限制。另外，随着濒海作战要求的提出，低空飞行巡航导弹威胁越来越大，而 NIFC-CA 系统中大型系留浮空器的大量传感器平台的存在，也让舰载和陆基防空反导系统具备了实现超视距拦截的条件。SM-6 导弹接收舰船或陆/海/空基探测器提供的目标信息，为海军舰船提供更广阔的作战空域，克服障碍物并有效应对超视距威胁。

3. 进一步推进美国海军"分布式杀伤"概念发展

未来作战必然是体系化的战争，而美国提出的 NIFC-CA 系统概念，可提高平台之间的协同作战能力，体现了体系化作战的发展趋势。在 NIFC-CA 前端的是装备大量传感器的 F-35C 隐身战斗机，主要承担情报获取、监视、目标截获和侦察任务，并为编队内的其他飞机和舰船提供态势感知信息，同时也为发射的远程导弹提供末制导。F-35C 的作战半径可达 1185km，为其提供远程支援的是装备强大远距离干扰机的战机 EA-18G 和装备远程导弹的战机 F/A-18E/F。这两个非隐身平台将利用 F-35C 收到的信息在对手防空导弹射程外对目标实施干扰和打击。而 E-2D 则负责预警指挥、作战空间管理、战区防空和导弹防御及信息服务等任务，提高作战空间态势感知能力，特别是在附近地区的感知能力和探测低空巡航导弹等低雷达散射面积的目标能力。未来系统将会集成美国海军的隐身"舰载无人监视与打击"（UCLASS）平台，为战斗机提供空中加油及额外的监视与打击能力。另外，NIFC-CA 系统也将与空军、陆军的多种平台实现协同，以应对"反介入/区域拒止"威胁。

未来空中、水面、水下、陆上的作战单元都会通过 NIFC-CA 系统联系到一起，所有平

台获取的信息通过 CEC 汇总形成对战场态势的全面了解，原先单独的武器平台能够获得更多的态势信息，武器系统作用得到拓展，各武器平台系统协同智能化作战，形成体系化作战优势，进一步推进美国海军"分布式杀伤"概念发展。2015 年，美国海军的 NIFC-CA 系统试验成功。典型应用是，空中战机的传感器为舰船平台中的导弹武器提供目标瞄准的解决方案。这样使得分布式部队可以在广阔的区域上聚焦载荷，既不减弱杀伤力的聚焦程度，又增加了防御范围和灵活性。

5.6 启示建议

启示建议主要包括两个层面，一是协同作战层面；二是作战支撑技术层面。协同作战需要多学科交叉技术支撑，作战能力的提升不是一步到位的，而是循序渐进的迭代发展过程。应该基于开放式的作战体系架构，以未来装备为牵引，先从构建简单的协同作战样式入手，以提高局部作战效能为牵引，深入研究分布式网络化协同作战概念、作战样式、方法、作战流程和信息交互流程等。追求多功能、高性能的战机能力水平与分布式动态协同作战同步发展是未来的主要发展方向，应重点在以下 4 个方面加强研究。

1. 新的协同作战概念

加快多域、分布式、动态、不对称、集群作战概念的研究，提出适宜的协同作战模式和作战流程体系，形成对美军作战体系整个杀伤链的一体化综合对抗能力，形成对美军舰队区域防控体系的突防和打击能力。

2. 协同作战网络

针对高威胁环境下的时敏目标探测、理解、干扰和攻击杀伤链需求，构建以作战任务效能为驱动的面向"服务"的灵巧、敏捷、稳健的协同网络，根据 6 种基于任务域的协同模式，即协同隐身、协同控制、协同探测、协同判断、协同决策、协同攻击，抽象出一系列通用服务需求，即与任务解耦的"服务包"，从而将控制层和数据层解耦，为协同作战提供有效的信息支撑。

3. 分布式协同作战管理技术

未来装备联合作战将以分布式作战模式为主，这种作战概念颠覆了传统的作战理念、作战样式和作战资源的统筹组织及综合运用，需要结合未来装备的族群化特征和能力需求，构建灵活、自适应、可动态配置的多域智能作战管理系统构架，以适应复杂多变的作战环境及己方作战能力单元和对抗目标变化带来的影响。

4. 协同作战验证和仿真手段

除了技术发展情况，整个作战概念的可行性和成熟度也很重要，但是新的交战概念和武器装备建设思路仍缺少实证，尤其缺少势均力敌对抗的检验，其发展存在较多变数，需要加大验证和仿真的力度。

第 6 章 赛博作战

美国著名未来学家托夫勒在《权力的转移》一书中这样描述：未来世界已经离开了依靠暴力与金钱控制的时代，未来世界政治的魔方将控制在拥有信息强权的人手里。他们会使用手中掌握的网络控制权、信息发布权，达到暴力与金钱无法征服的目的。赛博空间正是这样一个让托夫勒预言逐渐成真的空间，可以说是一个未来战争的制高点，事关国家安全和利益。赛博空间蕴藏巨大利益，积极抢占将会给我国带来最大限度的国家利益。应对赛博空间作战的新情况，关注作战指挥体系、作战力量体系和武器装备体系建设，是夺取制胜先机的重要方面。

6.1 赛博空间概述

6.1.1 定义

赛博的英文词根是 Cyber，其词源为 19 世纪 80 年代出现的控制论（Cybernetics）。而赛博空间（Cyberspace）由科幻小说作家威廉·吉布森（Willian Gibson）于 1984 年完成的科幻小说《神经漫游者》中最早提出，意指计算机网络空间。赛博空间描述了基于认知的互联网结构和现象，包含社会生活和人际交往的新型虚拟环境。随着该作品影响力的提高、20 世纪 90 年代以来计算机网络的普及及美国军方对其的大量投入，中国开始逐步认识其重要性并出现了多种译名，如计算机空间、网络电磁空间、网电空间、网域空间、互联网空间、电子网络空间及赛博空间，在众多译法中，将 space 译为"空间"得到多数赞成，但对 Cyber 一词的理解则大相径庭。目前，"赛博空间"的音译得到了大多数人的认可。

随着研究的逐步深入，赛博空间的基本特征被逐步描述出来。赛博空间的物质基础为信息技术基础设施网络，而逻辑基础为数字化信息的存储、修改与交换，信息虚拟环境和虚拟实体是其不可缺少的组成部分。此外，赛博空间同社会域、物质世界存在重叠，与人类社会之间存在强交互。进入 21 世纪，美国政府和军方开始引入赛博空间概念，对其认识和理解经历了复杂的演进过程。

（1）2003 年，美国总统认识到赛博空间对于国家的重要性并在《确保赛博空间安全的国家策略》中给出它的定义：赛博空间由成千上万相互连接的计算机、服务器、路由器、交换机和光缆组成，以支持重要基础设施正常运行。尽管这是一个巨大的进步，但是该定义主要涉及的是这个领域的硬件方面。

（2）2006 年，在美国国防部《四年防务审查报告》中出现了一个重大的突破，将赛博空间声明为一个与陆、海、空、天并列的作战领域。在《四年防务审查报告》效果影响下，以及网络受外国侵扰事件的驱动下，美国很快成立了联合参谋部通信和信息委员会，在参谋长联席会议的指导下，致力于发展与赛博空间相关的策略。在第一个《赛博空间作战的国家军事战略》中给出了一个在美国国防部范围内普遍认可的定义，即赛博空间是一个通过网络系统和相关物理基础设施，利用电子器件和电磁频谱实现存储、修改和交换数据的领域。

（3）根据《赛博空间作战的国家军事战略》给出的定义，美国国防部长办公室人员进一步提炼并最终形成了《联合出版物 JP 1—02》[①]中的现有定义，也是美国国防部官方的赛博空间定义，即"赛博空间是处在信息环境中的一个全球领域，由相互依赖的信息技术基础网络组成，包括互联网、无线电通信网络、计算机系统、内置的处理器和控制器"。这是目前较为公认的定义。

6.1.2 内涵与本质

赛博空间是一种特殊的空间：从表现形式上看，它由很多不同的节点和网络组成；从物理特性讲，这些节点和网络依靠电磁频谱进行互连；从地理位置角度描述，这些节点和网络可以位于陆海空天所有域内；而从社会学来看，赛博空间对人类的影响又是无处不在的。

根据赛博空间的存在形式和特点，可以将其分为三个层次和五个组成部分，下面分别进行介绍。

1．三个层次

（1）物理层，包括地理位置部分和物理网络部分。地理位置部分指的是赛博空间节点的地理位置。尽管在赛博空间中能够很轻易地以光速跨越地理边界，但赛博空间与其他领域之间仍然存在物理问题。物理网络部分包括支持网络及物理连接器（电线、射频、路由器、服务器、计算机）的所有硬件和基础设施（有线、无线）。

（2）逻辑层，包括逻辑网络部分，其本质是技术的，包括赛博空间节点间的逻辑连接。赛博空间节点可以是连接到网络的任何设备，如计算机、PDA（掌上计算机）、手机或其他网络装置。若具体到 IP 网络，则节点指的是拥有 IP 地址的任意设备。

（3）社会层，指的是人类及其认知部分，包括赛博角色部分和人员部分。赛博角色部分包括人员的 ID（身份识别号）或网络标识（如电子邮箱地址、计算机 IP 地址及手机号等）。人员部分包括网络在线的真实的人。一个自然人可以拥有多个赛博角色（如多个邮箱账户），而一个赛博角色也可能被多个自然人使用（如多个用户使用同一个网络购物账户）。这一点对于在赛博空间作战中如何分配任务和对攻击目标进行定位非常重要。

2．五个组成部分

（1）地理组件：网络元素的地理位置。

（2）物理网络组件：包括支持网络的各种连接器及相关的处理设备，如电线、电缆、射频电路、路由器、服务器及计算机等；还包括所有硬件和基础设施，如有线、无线和光学基础设施。

（3）逻辑网络组件：主要指网络节点间的逻辑连接，网络节点可以是连接到网络的任何

---

① 该出版物于 2008 年修订出版。

设备，如计算机、电台及 PDA、手机等。

（4）赛博角色组件：包括网络中人员的身份和角色，如邮箱地址、计算机 IP 地址及手机号码等。

（5）人员组件：由网络中的实际人员组成。一个人可能担负多个赛博角色，而一个赛博角色也可能被多个人员使用。

6.1.3 主要特征

1．技术创新性

赛博空间是唯一能够动态配置基础设施和设备操作要求的领域，将随着技术的创新而发展，从而产生新的能力和操作概念，便于在赛博空间中实现预期的作战效果。

2．不稳定性

赛博空间是不断变化的，某些目标仅在短时间内存在，这对进攻和防御作战来说是一项挑战。对手可在毫无预兆的情况下，将先前易受攻击的目标进行替换或采取新的防御措施，这将降低己方的赛博空间作战效果。同时，对己方赛博空间基础设施的调整或改变也可能会暴露或带来新的薄弱环节。

3．特殊边界性

由于电磁频谱缺乏地理界限和自然界限，这使得赛博空间可以超越通常规定的组织和地理界限，可以跨越陆、海、空、天全领域。从这个概念来看，赛博空间是无界的。但是，基于其电磁和电子的特性，电磁是其存在的基础，从物理学角度讲，电磁边界就是其抽象边界。

4．高速性

信息在赛博空间内的移动速度接近光速。作战速度是战斗力的一种来源，充分利用这种近光速的高质量信息移动速度，就会使作战效力成倍增长。赛博空间能够提供快速决策、指导作战和实现预期作战效果的能力。此外，提高制定政策和决策的速度将有可能产生更大的赛博空间作战能力。

5．隐蔽性

传统的陆战、海战和空战在实施之前可能需要进行兵力调动，并准备大量的武器，容易被侦察到作战意图。而赛博空间作战是在赛博空间这个虚拟而又"真实"的空间里，随时都有可能发起攻击，攻击的规模可大可小，方式多种多样，难以察觉，具有很强的隐蔽性，防不胜防。

6．不对称性

赛博空间作战目标就是通过对战场非传统目标的攻击，实现破坏对方作战力量体系的效果，具有明显的不对称作战特点。具体包括：

（1）攻防不对称性。在赛博空间，一个人、一台计算机就有可能攻破一个国家的网络防护体系，打赢一场赛博空间战。

（2）结果不对称性。在赛博空间对抗中，国家越先进，网络化和信息化程度越高，受到的损害就越严重，这也是美国成立赛博司令部，不遗余力地开展赛博空间对抗技术研究的重要原因。

（3）胜负不对称性。赛博空间对抗的效果可以是信息的窃取、删除、修改和欺骗，也可以是网络系统性能降低和体系的瘫痪。由于赛博空间对抗不以物理损毁为主要目标，存在暂时失利一方迅速东山再起，抓住机会扭转战局的可能。

7. 战略威慑潜力巨大

传统领域内的战略威慑主要通过载有核武器的各种平台实现，而在赛博空间内要想实现战略威慑，则是通过使对方（尤其是高层领导）觉得自己国家的战略基础设施始终处于对手赛博攻击的阴影之下，因而不敢轻举妄动。

6.2 赛博作战概述

6.2.1 定义

赛博空间作战（简称赛博作战或赛博战）定义为：在赛博空间内或通过赛博空间，运用赛博能力而达成军事目的或军事效果的作战。此类作战包括计算机网络战及操作和防护全球信息栅格（GIG）的相关活动。赛博空间作战主要有电子战、网络战及心理战等作战手段。电子战，可以对电子目标实施干扰，进行反辐射攻击，利用电磁能摧毁对方电子系统。网络战，最主要的手段是释放计算机病毒和网络"黑客"攻击。心理战，通过赛博空间的虚拟作战演习，可以在心理上给对手造成威慑；利用赛博空间信息传播的全球性，可以了解军事人员、技术人员乃至普通民众的思想动态，这种作战手段不仅在战时，甚至在平时也能发挥不可忽视的作用。

6.2.2 内涵特征

赛博空间作战包括赛博攻击、赛博防御和赛博利用。赛博空间作战的实质是赛博空间从一种支撑和保障载体，质变成为新的作战领域。赛博空间作战具有以下明显特征：一是赛博作战目的具有排他性。赛博作战为传统域提供行动自由，同时防止对手拥有同样的自由。二是赛博作战行动具有快速性。很多作战行动可在几秒内完成，而传统域军事行动完全不可能达到这样的速度。三是赛博军事力量具有分布性。按照赛博作战理论，其力量可以部署在全球的任何位置。四是赛博攻击对象具有隐匿性。赛博空间作战有时很难确定攻击源，特别是当攻击者采用技术手段时，更是难上加难。

6.2.3 赛博作战与常规作战的区别

赛博空间作战具有不同于常规军事行动动能武器作战的明显特点，它与国家政策和军事战略、国家赛博空间利益紧密相关。在作战行动判断、指挥活动和战术应用等方面，赛博空间作战与常规军事行动有区别又有联系。一是发生作战行动的判断不同。赛博空间是人工建立的，判断赛博攻击是一次黑客恶意行为、间谍行为、破坏活动、潜在作战对手的行动，或是故意陷害行为，存在很大的困难。常规军事行动的间谍行为、动能武器攻击则容易判断。二是指挥活动准备的难度不同。例如在情报收集方面，赛博情报的准备难度大、要求高，若想成功地对某个计算机系统和网络实施攻击，则必须详细掌握操作系统安全配置、密码协议和算法等，甚至在某个信息产品进入研发以前就要设法获取资料信息，以寻求发现攻击弱点。在控制行动方面，赛博空间是动态变化的，很难对攻击的规模和精确度进行控制，有时可能出现完全相反的情况。攻击者可能位于赛博空间的任意位置，赛博系统脆弱性存在于赛博设施的各个地方，对技术的依赖性发生在软件开发生命周期的各个环节。三是作战效果的不确定性。赛博空间的复杂性导致了作战效果的不确定性。赛博武器攻击不像常规军事行动动能武器攻击那样看得见、摸得着，往往会产生难以预料的后果。例如，本来想使对方网络瘫痪，结果出现了某种意外情况使己方计算机系统同时受到影响；在破坏对方军用计算机系统或网络的同时，攻击产生了附带损失，破坏了民用计算机系统和网络。一个计算机专家发现的一个系统小漏洞，可能会决定整个赛博战场的胜负。

6.2.4　对未来战争的影响

赛博空间作为一种新的作战领域，在其战场上进行着激烈的对抗，同时又与传统陆、海、空、天等自然空间交织融合发生作用，甚至赛博人工域的胜负对其他自然域的作战具有决定性作用。赛博作战促进了联合作战的发展，对联合作战乃至未来作战将会产生巨大影响。

（1）赛博导致作战环境向人工域延伸，控制人工域成为作战胜负的焦点。

每一次作战空间的拓展，都带来了作战方式的重大变化，作战环境对作战方式有重大影响。赛博空间导致赛博空间作战的出现，就像空战的出现相对于陆战和海战，代表着新的作战制高点一样，如今赛博作战代表了作战发展的新制高点，即谁能控制赛博空间，谁就掌握了作战的主动权。赛博作战产生的意义在于，当战争机械力对于自然域的到达和控制已经不是关键因素时，控制赛博人工域成为作战胜负的焦点。无论是自然域还是人工域，人向来是决定战争结果的主要因素。未来作战不再只是陆、海、空、天等自然域的争夺，作战指挥员更应该通过控制赛博域，为其他自然域的作战自由夺得先机。

（2）赛博导致作战对象不确定性增大，作战任务边界的确定越来越困难。

赛博空间导致未来作战的不确定性增大，主要体现在以下方面：一是作战对象的不确定性，即赛博作战很难确定具体的作战对象。二是作战武器的虚拟性，即赛博武器可能是程序代码、口令密码，或一项智力措施。三是作战边界的不确定性，即在赛博空间里，很难对不同作战单位的作战任务边界明确区分。例如，对某一战区的攻击可能来自本战区的特定作战对象，也可能是来自千里之外的其他战区。四是指挥员对作战全局把握的不确定性。赛博空间指挥员需关注的问题更多，使得未来作战的不确定性整体增大，一个小漏洞即可导致一场战争的失利，作战指挥员把握作战全局的难度也相应增大。

（3）赛博导致作战指挥时效性更加突出，指挥方式的协调性要求越来越高。

赛博作战对作战指挥的时效性要求越发突出。一方面，作战双方都在寻求更高的指挥时效性。双方都是利用指挥信息系统来实施对抗，系统带来的效益差对双方都一样。另一方面，赛博对抗的隐蔽性、破坏性、快速性和技术性对指挥时效性提出了新挑战。由于赛博对抗难以知道攻击何时发起、何处发起，而且对抗是以光速或接近光速的速度进行，后果可能是破坏指挥中枢，使作战体系瘫痪，这些均要求指挥能在瞬间做出反应。赛博作战更加突出强调指挥方式的协调性。事实上，赛博威胁攻击可能在几分钟之内破坏整个作战网络，需要在以秒计的时间内发出指令协调赛博资源才能对抗攻击。显然，集中式指挥已无法满足要求，而委托式指挥又无法避免失误或误差事件的发生，必须建立某种机制或作战条令，以提高指挥方式的协调性。

6.3 赛博靶场

众所周知，各种武器装备都要有专用的试验训练靶场。随着赛博空间对抗技术和装备的发展，建设能对赛博技术进行演示验证、对赛博武器装备进行研制试验和作战试验、对作战效能进行定量定性评估，以及对赛博部队进行训练演练的赛博靶场就显得越发重要。

6.3.1 研发背景

美国政府近年来一直致力于全面推动赛博空间战略，并在政府、国防和民间各界取得广泛共识。2008年1月，当时的美国总统布什提出了"国家赛博安全综合倡议"（CNCI），旨在建立一个能够有效减少漏洞并阻止对手入侵的防御前沿，通过情报手段与加强供应链安全来防御各种威胁，通过加强研发与教育方面的投入来形成未来环境。下一任总统，奥巴马就职后，在前任政府既定政策的基础上，先后提出了"赛博空间安全法案"（773号）和"国家赛博空间安全顾问办公室法案"（778号），并成立了美国赛博司令部。在此背景下，美军对赛博作战技能的持续发展提出了新的需求和应对方案，并谋划新的赛博攻防演习（如"网络风暴3"），加紧部署新的赛博攻防技术设施，特别是加大了对新技术项目的投入。

鉴于美国尚无专门的场所来开展大规模的赛博安全试验，国防高级研究计划局（DARPA）提出了"国家赛博靶场"（NCR）计划。NCR是一个研究开发试验床，也是CNCI计划的重要组成部分。NCR将为CNCI提供一个创新的、安全的且可控的环境，为各种网络技术和构想的安全进行定量和定性的评估。NCR的目的是加快信息网络安全系统的应用，重点是改善大规模网络（比现有网络高几个数量级）的网络安全技术，并力争用5～10年的时间将其部署在任何需要的地方。

6.3.2 主要任务和预期能力

1. 主要任务

建立国家赛博靶场的目标是：通过建立一个永久性的赛博靶场，为美国赛博项目的设计、开发提供一个真实的试验环境，提升其赛博作战能力，推动赛博作战变革。该靶场将承担以下任务：

（1）能够在一个典型网络环境中对信息保障能力与生存工具进行无偏差的定性与定量评估。

（2）能够复制当前及未来国防部武器系统与作战中复杂的大规模异构网络及用户。

（3）能够在相同基础架构上进行多项独立的同步试验。

（4）能够实际检验国际互联网及全球信息栅格规模的研究成果。

（5）能够开发与部署创新性的赛博测试能力。

（6）能够使用科学方法进行严格的赛博试验。

2．预期能力

国家赛博靶场将为具有潜在革命性的赛博研究和开发技术提供一个真实的、定量与定性的评估环境，因此该靶场建成后，将具以下技术能力：

（1）试验先进的信息技术和安全系统，并能够修改或替换操作系统、内核、其他关键工作站与终端部件，以及对信息技术进行整体替换。

（2）试验局域网安全工具与组件，保证这些工具和组件可以修改或替换传统的网络操作系统、设备及体系结构。

（3）试验广域网系统，保证该系统能在特定带宽上工作，并可以修改或替换传统的网络操作系统、设备及体系结构。

（4）试验战术网络，包括移动自组织网络（Ad hoc）及海上网络等。

（5）试验新的协议，可以用来替换当前的部分或全部协议。

6.3.3　建设目标

国家赛博靶场将成为试验涉密与非涉密赛博项目的国家资源。获得授权进行赛博试验的政府及政府资助的测试组织可与国家赛博靶场的执行机构进行协调，安排靶场时间与资源。DARPA 是所有相关事件和冲突的最终裁定机构。国家赛博靶场将为特定试验分配资源，建立临时的、逻辑上的试验平台。测试组织将安排一名测试主任，负责其特定平台的测试设计、配置、分析及安全问题。根据需要，国家赛博靶场执行机构将提供现场支持及模拟复杂的敌对攻击与防御行为。国家赛博靶场执行机构还将提供观察与控制人员，协助测试主任对赛博技术进行评估。国家赛博靶场将支持多任务测试、同步测试及单元测试等。测试工作完成后，国家赛博靶场将清理、拆除测试平台，以便靶场回收所用资源。

为实现上述目标，赛博靶场将至少可以实现下列功能：

（1）能够提供所需的所有资源，包括（但不限于）测试设施、设备、后勤支持（水、电等）、物理安全及采暖、通风与空调。

（2）能够提供设计、操作、维护靶场所需的所有人员，包括（但不限于）管理人员、行政人员、系统管理人员及工程人员。

（3）能够提供所有所需的行政管理，包括资格认证/鉴定、作战概念开发、安全管理、测试调度及处理。

（4）能够复制大型军事及政府网络。

（5）能够复制商用系统、战术无线系统及控制系统。

（6）能够连接到分布式用户设备或实现特殊能力、效果及基础设施。

（7）能够提供交互式测试组件，以便设计、配置、监视、分析及公布测试结果。

（8）能够提供一套鲁棒的靶场管理组件。

（9）能够提供大量的异构系统节点，且能够快速集成新节点。

（10）能够快速生成并集成新机器的复制。

（11）能够集成新的研究用协议。

（12）能够提供一套测试工具箱以便实现配置及体系结构的重用。

（13）能够收集、分析及描述辩论质量数据。

（14）能够真实地复制人类行为及弱点。

（15）能够复制真实的、复杂的、国家级的敌对力量（进攻力量或防御力量）。

（16）能够对安装、故障排除及测试提供现场支持。

（17）能够增加或缩短相对测试时间。

（18）能够封装并隔离测试、数据存储器及网络。

（19）能够提供一个知识管理库，以便进行测试事件采样及存储测试经验，使之为未来的测试工作服务。

（20）能够提供一个恶意软件库。

6.3.4 技术挑战与关键技术分析

1．技术挑战

国家赛博靶场与传统的电子靶场、通信靶场之间存在较大区别，主要表现在靶场的试验规模、对象、环境、安全与复杂度等方面。与当前的靶场试验相比，NCR 将在安全性、靶场配置和管理等方面面临众多技术挑战，见表 6.1。

表 6.1 赛博靶场与传统靶场的区别

挑　　战	现　有　靶　场	国家赛博靶场
安全性	在单一安全等级下进行单项试验高安全系统的系统防护	在不同的安全等级下同时进行多项试验； 取证资源的处理； 为国家赛博研究机构测试信息系统的安全性提供一个安全的检测环境
靶场配置和管理	人工配置机器和试验	对多项同时进行的试验，动态、安全地分配数以千计的异构资源
试验配置和管理	人工配置和管理试验	使用图形用户接口配置试验； 为测试管理和资源分配提供高级语言
可用性	用户必须自带一切到靶场	自动加载技术和配置方案； 提供支持试验所需的攻击软件工具库； 作为一种服务，提供科学观察人员、攻击人员及防御人员
真实性	在真实性和仿真之间权衡有限的无线网络能力和移动自组织网络能力	现实、虚拟和仿真的大规模综合； 仿真商用和战术无线/控制系统； 新技术和外部靶场的可扩展性； 芯片级异构虚拟机； 集成新的协议或取代 TCP/IP[①] 协议

续表

挑　　战	现 有 靶 场	国家赛博靶场
测试时间	实时性受限	缩短测试时间，快速形成结论； 延长测试时间，分析研究可选择结论
科学测量	测试原始数据的收集	对赛博技术进行定性与定量的安全评估； 收集、分析和表述取证数据； 多个测试设备的时间实现同步化
流量生成	自动生成	流量发生器真实模仿人的行为和弱点

① TCP/IP（Transmission Control Protocol/Internet Protocol），即传输控制协议/网络协议。

2．关键技术分析

赛博靶场在建设中将面临许多关键技术和难点，主要包括大规模网络仿真环境构建技术、靶场试验时钟同步技术和靶场试验运行控制技术等。

（1）大规模网络仿真环境构建技术。赛博靶场要求能够逼真地复制出大规模军事网络、政府网络及商业与战术无线网络等各类网络。由于网络存在规模庞大、形态多样、广域覆盖及动态变化等特点，在靶场中难以利用有限资源真实复现出各类网络。采用仿真方法能有效提高网络仿真环境的规模，但会降低网络环境的逼真度，如何平衡这两者将是大规模网络仿真环境构建中的关键技术。同时网络环境要求能够根据不同的试验对象和内容按需重构，以满足靶场试验环境在结构、规模和节点要素等方面的需求。

（2）靶场试验时钟同步技术。在赛博试验过程中，为提高试验逼真度，通常需要将外部的实装设备与系统作为配试系统接入靶场试验。由于这些真实资源与试验环境中的虚拟资源在时钟同步方式、描述精度、业务能力与运行方式等方面存在差异，同时在大规模网络环境中存在不可预知的网络时延等一系列问题，导致虚拟与真实资源难以达到精准的时钟同步。

（3）靶场试验运行控制技术。赛博靶场试验运行控制技术主要包括试验进程控制与导调控制技术。其中，试验进程控制主要包括进程加减速、跳转、开始、冻结、恢复和结束等。在靶场试验运行过程中，采用不同粒度的时间片驱动试验运行，实现试验过程的缩短与延长。试验导调控制主要通过调整试验想定中的事件顺序来完成。

6.4　新赛博战

2021年5月，美军在"北方利刃2021"联合演习中验证了将电磁战与网络战融合的"新赛博战"。这是自2018年1月美军发布《TP525-8-6赛博空间与电子战作战概念2025—2040》以来，第一次将电磁战与信息网络空间联合起来的实战演练，其标志着美军的"新赛博战"正式进入实战领域。

6.4.1　内涵特征

1．融合网络电磁空间

根据美军2021年赛博战发展规化，美军对赛博战的最新定义是：利用电子和电磁频谱，通过信息通信技术构成的跨域异构网络,在全域全维下遂行泛网络空间作战。传统的赛博作战主要是在互联网领域实施虚拟空间作战,信号网络层面的电子对抗则属于电子战范畴。"新赛博战"整合虚拟空间的网络攻防与物理空间的电子对抗,从信号载体与信息流体两方面,统筹指导发展电磁、网络部队建设。

2. 发展分布式信号情报

美军新赛博战略制定的关键目标,是将军种网络打造为作战平台,通过发展分布式信号情报,进而在泛赛博空间开展进攻性行动。在现代战争的情报信息获取中,既需要物理层面的雷达探测、红外成像及频率监测,也需要逻辑层面的信息截获、传输加密及舆论法理攻防。分布式信号情报以美军新型作战概念"马赛克战"为牵引,依托分布式部署的空基预警平台、蜂群无人机及计算机终端等,进行全域全维空间的网络、电磁空间对抗,旨在扩大赛博态势感知能力,开启美军新赛博部队的全面建设。

3. 引入人工智能指导作战行动

网络空间作为"新赛博战"的主战场之一,算法程序、软件开发是其发展的重点领域。根据美军应对未来智能化战争战略指导,低端层面的作战行动将全面交由人工智能系统,指挥员则更多关注与上层的指挥控制和任务规划。"新赛博战"将业务层面的安全防护、态势支持、信息服务等任务指派给人工智能系统,通过人与系统的分工合作,遂行网电空间的作战任务。"新赛博战"描述了美军将如何全面整合赛博空间、电子战和电磁频谱行动,利用人工智能来应对未来复杂作战环境的挑战。

6.4.2 作战样式特点

1. 网络空间的"尔虞我诈"

随着军事智能化的快速发展,通信更加开放,信息高度共享,网络攻防的样式也随之改变。根据2018年新版《赛博空间作战条令》,美军实施网络空间攻击的手段主要包括间谍软件(Spyware)、拒绝服务数据包洪泛等。这是在继破网断链之后,利用误导信息进行网络攻防的主流样式。根据"新赛博战"应用要求,美军不再只是致力于信号的传输与数据的加密,而是充分考虑战场迷雾,通过多点多发的态势信息干扰,增加战场信息复杂度,模糊美军军事部署与军事意图,进而在决策层面获取战场主动权。

2. 电磁空间的"欺骗诱导"

2021年5月27日至6月5日,美国海军分别联合澳大利亚海军和日本海上自卫队举行了联合电子战演习,抗电磁干扰和遮蔽诱导是演习的重点。随着美军Rydberg量子传感器、N-Zero可部署传感器网络的快速部署,美军将构建一体化的信息通信网络与网电空间作战管理系统,并将联合电子频谱作战和电磁作战管理构成统一的作战结构,实现电磁频谱精确控制。在未来战场不断堵塞的电磁空间,更多的是诱导欺骗和精确对抗。美军"新赛博战"欲通过深度挖掘对方有意、无意的电磁辐射信息,实现对其电磁威胁的快速识别和定位,进而构建对抗强干扰、诱导式欺骗、探测隐身目标、对电磁频谱精准高效利用的雷达、通信及导航一体化电磁网络体系。

3. 舆情法理的"人文斗争"

在信息化与智能化并存的时代，网络舆情空间具有普遍感知、传播迅速、瞬时联动、涌现井喷等非线性突变效应，使得网络舆情法理斗争成为"新赛博战"的另一主战场。"新赛博战"通过大数据、深度学习、量子计算技术，针对军队内部及其他重要组织的作战网络、即时通信和文化背景进行信息收集、整合分析，利用常用的社交软件、搜索引擎等多种渠道，对目标群体进行心理干预，为夺取舆论法理高地提供有力支撑。"新赛博战"除了在技术层面创新平台系统、丰富信息数据的内容与应用，在人与社会层面强化泛赛博空间的人文领域也成为当下美军发展的重点方向。

6.4.3 面临的关键难题

1. 跨域异构平台实时数据共享难度大

目前美军针对跨域异构平台协同作战开展了"马赛克通信""SoSITE"等多个项目，但要真正做到数据的无缝实时共享还存在以下问题：一是不同用途的电子战飞机、电磁干扰吊舱、安全防护终端仍采用不同的信号处理与系统组合技术，且存在系统之间不兼容的问题；二是庞大互联网下数量众多、分布广泛的安防节点间还没有达到联合攻防要求。

2. 分布式信息情报全域支持针对性弱

不同分布式网电空间作战平台所需的态势产品、信息粒度及服务功能各不相同，针对不同信息粒度、不同指挥层级的"赛博战单元"需求，分析对方电磁作战手段或者作战对手的网电体系弱点。目前美军的"新赛博战"体系难以根据任务进度，自动推送不同的信息情报和攻防策略，无法实现面向任务情境的伴随式信息情报精准保障。

3. 人工智能系统融入现有系统进度慢

美军现有的电子战、网络战平台与系统集成度较高，不易进行系统的整体升级。在引入人工智能系统过程中，先进算法与原有程序软件不匹配、现有系统和新系统的组合与过渡问题，成为制约美军"新赛博战"体系建设的重要原因。目前人工智能只支持预设算法下的自主行动和初级任务规划，还没有达到"新赛博战"利用人工智能整合全域电磁空间与网络空间作战行动的要求。

第 7 章　认知电子战

7.1　产生背景

7.1.1　背景情况

随着科技不断进步，面对当前日益复杂多变的战场电磁环境，常规电子战手段所取得的作战效能正在逐步下降，面临诸多亟待解决的问题：一是战场上新体制雷达、未知信号、复杂波形层出不穷，加之频谱拥堵及海量数据的影响，使得目标信号的情报获取与分析面临巨大挑战；二是就电子战装备中干扰与抗干扰的攻防关系而言，当前装备的抗干扰能力飞速提升，这就要求必须加快推进干扰技术的发展；三是随着作战对象智能化水平不断提升，其自适应侦察能力与灵巧应变能力也不断增强，这就对电子战装备的智能化程度提出了新的要求；四是面对各种电子战装备组网协同作战的发展，如何能够迅速、准确、有效地对组网系统实施打击，将是电子战研究人员面对的一道难题。因此迫切需要开辟一条新的思路来突破瓶颈，推动电子战作战方式的变革，认知电子战技术正是在这种背景下应运而生的。

7.1.2　发展现状

为了在未来高技术战争中获得"制电磁权"的主动优势，世界各军事强国都着力提高自身的电子战作战能力，其中美军对电子战技术的研究走在世界前列，已经着手开发了一系列认知电子战项目，具备一定的代表性。

1. 自适应雷达对抗（Adaptive Radar Countermeasures，ARC）项目

该项目是国防高级研究计划局（DARPA）于 2012 年启动的一项为期五年的研究项目。其目的是开发在短时间内（美军称为"战术相关的时间段内"）对抗对手新型雷达的能力，使得电子战系统能够近乎实时地自动生成有效对策来对抗新的、未知的或不明确的雷达信号，并能够针对对方雷达不同的工作模式和信号特征，随时调整干扰策略，以达到最佳干扰效果。

2. 自适应电子战行为学习（Behavioral Learning for Adaptive Electronic Warfare，BLADE）项目

该项目着重发展新的算法和技术，使电子战系统能够在战场上自主学习干扰新的通信威胁。其目的是实时对抗对手的自适应无线通信系统所带来的威胁，即敌方使用的无线设备和网络指挥、控制和通信及遥控简易爆炸装置等所带来的无线通信威胁。

3. 极端射频频谱条件下的通信（Communications in Extreme RF Spectrum Conditions，COMMEX）项目

该项目主要针对遭受严重干扰压制的情况，开发一种具备高度自适应能力和灵活性的通信系统。

4. 美空军认知干扰机（Cognitive Jammer，CJ）项目

该项目旨在以软件无线电技术为核心，通过研究软件算法和样机系统构架，开发一套功能多样、干扰样式灵活多变的认知干扰机系统，以期达到干扰灵巧、迅速和有效的目的。

5. 美国空军先进电子战组件（Advanced Components for Electronic warfare，ACE）项目

该项目主要通过设计制造低成本高产量的先进电子战光电元件，推进构建适应未来先进电子战的基础设施和能力。

6. 美国海军认知通信电子战（Cognitive Communication Electronic warfare，CCE）项目

该项目旨在针对具备强大抗干扰能力的智能手机和认知无线电台，开发一种认知通信干扰机。项目要求所开发的认知通信干扰机能够利用机器学习算法来学习、预测作战对象的行为。

7. 美国海军下一代电子战技术项目

该项目主要从电磁频谱方面着手，通过抑制敌方、保障己方，加强海军电磁频谱的掌控和利用能力，以望通过将自适应、机器学习等算法应用于电子战，提高电子战的整体效能。

7.2 概念内涵

7.2.1 概念分析

认知电子战是美军为了应对威胁目标的智能发展、战场电磁环境的日益复杂，以及新波形的不断涌现而产生的电子战新方式和新思想，可将其定义是：能够满足在恶劣防御环境下，在任何时间、任何地点自主预测、发现、识别、对抗并评估任何威胁的需求，其对应的认知电子战系统应具有实时战场环境的感知与学习、最佳干扰措施的智能选取，以及干扰措施有效性实时评估反馈的能力，是一个智能的、动态的、人能够参与的大闭环、全自适应系统。认知电子战系统从环境感知、干扰措施合成到干扰有效性评估都应具备较高的实时性和可靠性。

认知电子战系统的实质是：首先对目标对象和周边环境进行自适应侦察感知，从侦收到的海量数据中快速准确地分析出可用知识，进而智能地选取或合成最佳的电子攻击措施，然后通过进一步的感知来对攻击效能进行评估，最后根据评估优劣指导系统下一次的电子进攻。可以将认知电子战系统构建为一个大闭环系统，分为 3 个功能模块：认知侦察模块、对抗措施合成模块和对抗效果评估模块。认知电子战系统的组成框图如图 7.1 所示。

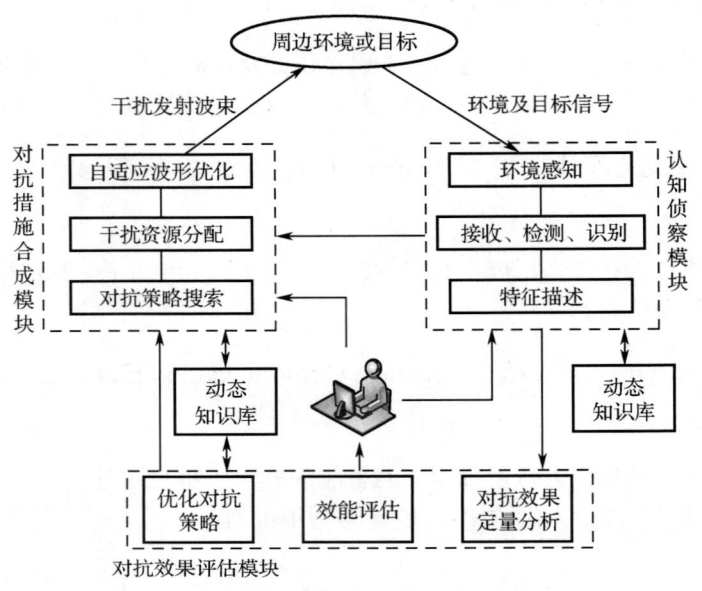

图 7.1 认知电子战系统的组成框图

认知侦察模块通过对战场电磁环境的感知，在侦收到目标及其周边环境信号后，进行测量、分类、特征提取和识别等信号处理分析过程，进而提取描述当前环境的核心参数特征，形成特征描述数据，并传送至对抗措施合成和对抗效果评估两个模块。

对抗措施合成模块通过分析信号特征，并结合知识库中的学习信息，搜索最佳的干扰策略，同时进行干扰资源分配和干扰波形最优化，进而对目标实施干扰。

对抗效果评估模块根据实施干扰前后目标信号特征的变化来定量分析对抗效果，从而得到当前干扰措施的效能评估结果，优化对抗策略，进而促进下一轮对抗措施的合成。

认知电子战系统虽然具备一定的智能化能力，能够根据目标状态的不同自主调整最佳对抗措施，但战场环境错综复杂，需要依据战局的实际情况或者设定的战术策略来操控系统，这就需要通过人机交互来实现操作人员对认知电子战系统的总体掌控。例如，可以在系统中构建一个人机交互接口，通过该接口，操作人员可以第一时间获取认知侦察和效果评估的最终信息，进而操控或者干预系统的工作流程，拥有实施干扰的最高权限。

另外，知识库的构建也是认知电子战系统中不可或缺的一项，并且 3 个功能模块都必须具备与之相对应的能够实时更新知识的动态数据库，以便系统在工作过程中利用这些知识库来快速获取信息，并利用反馈和新捕获的信息进行认知学习，动态更新知识库。

7.2.2 特点优势

作为电子战研究领域的前沿思想，认知电子战具备极其广阔的应用前景，相较于常规电子战作战手段，它具备以下显著优势。

1. 具备适应复杂电磁环境，实时精确的态势感知能力

随着电子战装备的不断发展，如何在日趋复杂多变的战场电磁环境中，准确快速地对周边环境及目标进行态势感知，已经成为制约传统电子战发展的瓶颈问题之一，而这恰恰是认知电子战发展成熟后所必须具备的能力。尤其当针对存在跳频通信、捷变频雷达及新型未知信号等复杂电磁环境时，认知电子战系统能够近实时地截获目标信号，并对其进行分析识别，获得目标信息，明确目标意图。

2. 具备动态学习和经验累积能力

认知电子战除具备自主感知战场态势的能力外，还具备近实时、动态的学习和经验积累能力。例如，在现有知识库的基础上，近实时、动态地识别新出现的未知信号，对其进行详细分析，并将分析结果用于知识库的更新。这样，在面临新的复杂电磁环境时，认知电子战系统可快速适应该环境，并自主生成适用于该环境的决策。

3. 具备智能决策和效能评估能力

与传统电子战技术相比，认知电子战能够通过分析目标信号来推断其当前所处的状态，进而通过智能决策来实施最优的策略。策略实施后，继续观察目标信号，通过分析对比施加策略前后信号的变化，或者目标状态的变化来进行效能评估。这样，通过评估来判断施加策略的好坏，进而反馈到智能决策模块，进一步对策略的合成进行优化，以达到最佳作战效能。

4. 具备有效对抗认知系统或网络的能力

在认知无线电理论技术的基础上，借助其核心"认知"理念，在电子战领域，迅速出现了认知无线电台、认知无线网和认知雷达等系统。这些认知系统或网络能够根据周边环境的变化，自主转变工作方式、调整参数及改变信号波形，在力求取得最佳作战效能的同时，大大提高了系统自身的抗干扰能力。面对这种"智能化"的对抗目标，传统电子战系统的效能必然大打折扣，然而认知电子战的技术核心就是"认知能力"，可谓同根同源，具备优越的"智能化"对抗能力，在实施对抗的过程中，利用"智能化"对抗"智能化"，可以大大提高对抗认知系统或网络的能力。

5. 具备增强同赛博战相互使能的能力

电子战与赛博战作为高技术条件下的新兴作战样式，在效能发挥方面具有极其紧密的相互使能关系。然而受传统电子战在侦察分析、决策生成、对抗实施及效能检测等方面技术水平的限制，同时又由于赛博战注重逻辑层、应用层等高层次的信息对抗，缺乏物理层、链路层等低层次的对抗手段和技术，导致两者之间的使能作用并未充分发挥。但认知电子战在多个关键环节带来了重大的技术变革，将显著缩小电子战同赛博战之间的距离，进而增强两者之间的相互使能作用。与此同时，这种使能作用也必将促进某些瓶颈问题的突破，进一步推动电子战与赛博战的发展。

6．具备优良的隐蔽性和抗毁性

在当前复杂多变的战场环境下，传统电子战系统对作战对象的态势感知不充分，深度、精度不到位，为了对目标实施有效对抗，就必须依靠大功率压制手段来实现。尽管这种对抗手段很有效，但同时带来了很多问题，核心的就是干扰信号非常容易暴露，从而招致对手的反辐射打击。而认知电子战系统能够在复杂多变的电磁环境中，深入、精确地进行自主态势感知，并在此基础上实现对目标的精确干扰，而无须依靠大功率压制手段，从而可以大大提高干扰系统的隐蔽性和抗毁性。

7.3 认知电子战的关键技术

在研究认知电子战概念和现有自适应、智能化算法的基础上，可以将认知电子战所涉及的主要关键技术总结为下述 4 个方面。

7.3.1 认知侦察技术

在电子战领域，首要且关键的就是对目标的侦察技术，如果侦察感知不充分，后续的一切工作都是无的放矢。因此只有快速、准确、全面地从战场周边环境中捕获有用信息，才能为后续智能决策、对抗生成及效能评估等过程提供必要的信息支撑。例如，可以借助机器学习领域的神经网络、支持向量机等方法开展对认知侦察技术的研究，主要包括高密度复杂信号环境下的威胁信号分选、识别和特征提取算法，这些算法的设计必须充分考虑实时性和准确度。自适应机器学习算法需要一定的先验知识作为训练的基础，并且在工作过程中不断积累所捕获的新威胁信号，通过对动态数据库中积累的信号知识持续进行学习，从而达到提高认知能力的目的。

7.3.2 认知建模技术

为提高认知电子战系统的感知效率，充分发挥系统的作战效能，需要研究认知建模技术。认知电子战系统在工作时，要求能够实时感知目标及周边战场的环境信息，然而在当前高密度复杂电磁环境中，辐射源数目巨大且不同辐射源的信号存在较大差异，因此，为了能够快速、准确、全面地实施认知侦察，就必须对系统周边的电磁环境进行动态认知建模，通过统一的模型架构来描述不同类型的信息，并且可以将描述的信息分为静态参数信息和动态参数信息两大方面，所涉及的内容有频率、重频、到达方向、带宽、波形特征、协议、电子防护模式及功能意图等。

7.3.3 电子干扰技术

随着科技飞速发展,电子战装备的复杂度和灵活性有了较大提升,抗干扰能力日趋增强。以雷达为例,数字阵列雷达、认知雷达等新体制雷达层出不穷,这些雷达可以实现超低副瓣的发射和接收,具备灵活多样的工作模式和复杂多变的信号样式,同时可以利用极少的脉冲个数对目标实施探测。由于上述多种技术的采用,使得侦察接收机对这些雷达信号的捕获、处理及分析困难重重,直接导致整个系统抗干扰性能的提升。

面对这些抗干扰性能优异的新型电子战装备,倘若依旧利用常规电子战手段进行攻击,则很难达到所需的干扰效果。因此为了应对战场上出现的未知复杂威胁目标,探索新的高度自适应电子干扰技术刻不容缓。

在电子干扰技术中,干扰措施合成技术是对目标对象实施电子进攻的关键环节,该技术突破的关键在于软件算法的设计,即必须引入智能化的思想,开发针对干扰措施合成的智能优化算法。在算法设计过程中,必须着重考虑目标威胁等级与对抗措施合成之间的关系、不同类型对抗目标的干扰参数设置及智能生成或选择干扰策略等问题。遗传算法(GA)、粒子群算法(PSO)等当前主流的优化方法,在时效性和最优策略选取等方面难以满足认知电子战系统中干扰措施合成技术的需求,因而需要探索开发更为先进的、实时性和最优解选取都表现优异的智能优化算法。

7.3.4 效能评估技术

在认知电子战技术中需要发展一个新的效能评估手段,即根据目标受到干扰前后信号特征工作状态的变化来评估干扰有效性的技术。该技术的研究需要对多种目标的各个工作状态,以及不同工作状态下的特征参数进行详细分析和总结,从而形成智能推理机制,以便推测目标当前所处状态,甚至目标的意图,进而指导优化干扰措施合成,取得最佳干扰效果。这种推理机制不仅能够处理有先验知识的目标,而且针对未来战场上不具备先验知识的复杂目标也同样有效。

7.4 经验启示

综合考虑国外发展历程和国内研究现状,以军事需求为牵引,深入开展认知电子战概念、新技术/新方法、认知电子战系统体制架构及工程实现等方面的研究工作,快速推进认知电子战系统向实战化水平迈进,从而满足当前和未来电子对抗装备的需要。

1. 采用数字化、软件化、可扩展、可重构、可升级的体系架构

认知电子战需要灵活的认知能力和快速的资源管理调度能力,其认知对抗能力主要体现在新威胁快速检测、干扰策略智能优化、干扰信号快速生成、干扰效能评估及动态知识库管理等相关软件算法上,需要基于软件无线电的设计思想,采用标准化、开放式的软件架构和支持功能软件化的数字化、可扩展、可重构、可升级的硬件架构,以保证系统的灵活性和可升级能力。

数字化、软件化、可扩展、可重构、可升级的体系架构可有效支撑认知需要的灵活学习能力,为系统积累学习经验,进而可以利用认知能力降低系统对实时性处理的要求。

实时处理能力一直都是电子战面临的主要难题之一,而这一难题的产生不仅是软件层面的,还涉及硬件层面,如天线前端的数据采集能力、高速采样能力等。软件层面的问题可以通过不断提升运算速度等途径改善,但硬件层面的问题则没有捷径可走,只能寄希望于新材料、新技术、新元器件,甚至是新理论的发展。

BLADE 系统从认知层面为部分解决实时性问题提供了另一种途径,即通过使用机器学习算法及人在环路中的干预来积累一定的"经验",而建立在这些经验基础上的处理时间要求就可以降低。例如,若已经积累了一定的目标模型,则可以将更多的时间用在干扰波形优化方面,而无须花费大量时间进行信号采集,进而节省处理时间。这种途径对算法的要求更加苛刻,但对硬件的依赖性有所降低。

2. 发展多功能、网络化、多源融合的认知电子战对抗能力

认知射频通用架构使得雷达、通信及导航等领域可以共用射频平台,因此认知电子战系统需要采取宽带架构,具备多种射频系统对抗能力,实现将体系对抗转化为单装对抗,进而实现有效遏制或削弱对方使用电磁频谱的能力。

随着通信电子战系统的智能化、灵巧化程度不断提升,传统的大功率压制干扰方式已不能满足各方面需求,如功率、成本、隐蔽性及高效性等,这也是 DARPA 屡次强调 BLADE 系统应具备多节点分布式运作能力的原因。对这种分布式、网络化运作方式的重视,充分体现了美军的网络中心战理念。此前美国已经拥有了这种分布式组网运作的通信电子战系统(如"狼群")。与此同时,雷达的协同化、网络化进程也在快速推进,体系对抗已成为未来电子对抗发展的必然趋势,各种自适应雷达和认知雷达将会成为组网雷达中的关键节点。因此,电子战系统的智能化水平应能和对抗目标的智能化水平对等甚至更高,需要充分利用认知技术,采取协同、分布式、开放的网络架构,发展多功能、网络化认知电子战对抗能力,以实现多种射频对抗系统的协同工作。

3. 重点开展认知侦察技术和智能干扰技术研究

未来的认知雷达系统对环境的认识是通过与环境不断交互获得的,即持续学习环境,再利用学习的信息提高接收系统的性能,积累经验;发射系统依据侦察结果和积累的知识智能地调整对目标的跟踪,并能根据目标的尺寸、距离等重要因素,以高效、鲁棒的方式调整发射波形参数;最终形成一个动态而封闭的"发射系统-环境-接收系统"反馈环来提升雷达系统的整体效能。

由于认知雷达的智能化工作模式及战时工作模式的使用,在未来的战场中将会出现众多的未知雷达信号。因此,认知电子战需要加强认知侦察技术的研究,利用智能学习方法实现对环境信息的学习和积累,并对新型未知雷达信号进行快速截获,采用威胁学习技术和特征学习技术将信号分类,通过模糊聚类、神经网络等自适应信号处理算法分析信号特征,进而实现对目标的确认和工作模式的识别,确定目标的功能和意图,并在动态数据库中更新特征信息,辅助完成智能干扰。

新型雷达波形的出现将会导致雷达信号处理系统的差异，在认知侦察和知识辅助的基础上，认知电子战需要开展自适应干扰决策和快速干扰样式生成技术研究，实现对不同雷达信号处理系统的智能化干扰，并且需要根据雷达波形的特点、威胁等级及实时干扰评估等，自适应生成干扰策略，优化干扰波形，可采用蚁群优化等仿生计算方法，解决非线性、非高斯干扰资源分配问题，实现高效、稳健的多目标干扰，使整个系统的性能达到最优。

第 8 章 电磁频谱战

8.1 产生背景

电磁频谱控制由来已久。20 世纪 70 年代初，当时的美参联会主席托马斯宣称第三次世界大战的胜利者将是能高度控制和管理电磁频谱的一方。美国"老乌鸦"协会（AOC）最早提出将电磁控制（EMC）作为电子战概念的第四组成部分。2009 年，美国战略司令部推出电磁频谱作战（EMSO）早期概念，在电子战基础上增加电磁频谱管理（EMSM）、电磁频谱控制（EMSC）及电磁战斗控制（EMBC）等任务内容。2012 年，战略司令部建立联合电磁频谱控制中心（JEMSCC），旨在实现电子战和电磁频谱管理全面集成，各部队也分别建立相应的组织协调机构和分队。美国海军同年提出电磁机动战（EMMW）概念，并于 2015 年 3 月发布《21 世纪海上力量合作战略》，概要阐述了电磁机动战的目标、构成、技术项目和实现路径。2015 年 12 月，美国国防部首席信息官 Terry 指出，电磁频谱有望被视作继陆、海、空、天、赛博空间之后的第六作战域；同月，战略与预算评估中心在《决胜电磁波：重拾美国电磁频谱领域主宰地位》报告中提出"低−零功率"电磁频谱战概念，阐述了概念思想、趋势特点、能力和技术需求及当前障碍并提出视图、概念、采办、技术及验证等方面的建议。2016 年 11 月底，美国"老乌鸦"协会第 53 届国际研讨会以"电磁频谱作战全球视野"为主题，展示电子战、频谱感知与冲突消除的新概念及技术成果，探讨电磁频谱作战环境、政策条令、装备采办、联合训练及作战能力等。2017 年 1 月，当时的美国国防部长阿什顿签署首部《电子战战略》文件，正式确立电磁频谱为独立作战域并阐述如何实施作战。2020 年 5 月 22 日，美军正式发布 JP3-85《联合电磁频谱作战》条令。

8.2 概念内涵

8.2.1 基本概念

电磁频谱作战（EMSO）是美军电磁频谱战理论的概念基点。它以电子战和频谱管理为基础，以联合电磁频谱作战为实现方式，目标是在电磁作战环境（EMOE）中达成电磁频谱优势，涉及频谱管理行动、联合电磁频谱作战（JEMSO）和电磁频谱管理行动等概念。根据美军条令《国防部军事术语词典》、《联合电磁频谱管理行动》、《联合电磁频谱作战》和《电磁频谱管理作战行动技能》界定，联合电磁频谱作战是由两个或两个以上部队开展的用于利用、攻击、防护和管理电磁作战环境的协同军事行动。电磁频谱管理行动是指在军事行动全阶段共同促成计划、管理和实施电磁作战环境内作战行动的频谱管理、频率分配、东道国协调、政策遵循及冲突消除等相互联系的功能。电磁频谱作战相关概念的关系与范畴如图 8.1 所示。

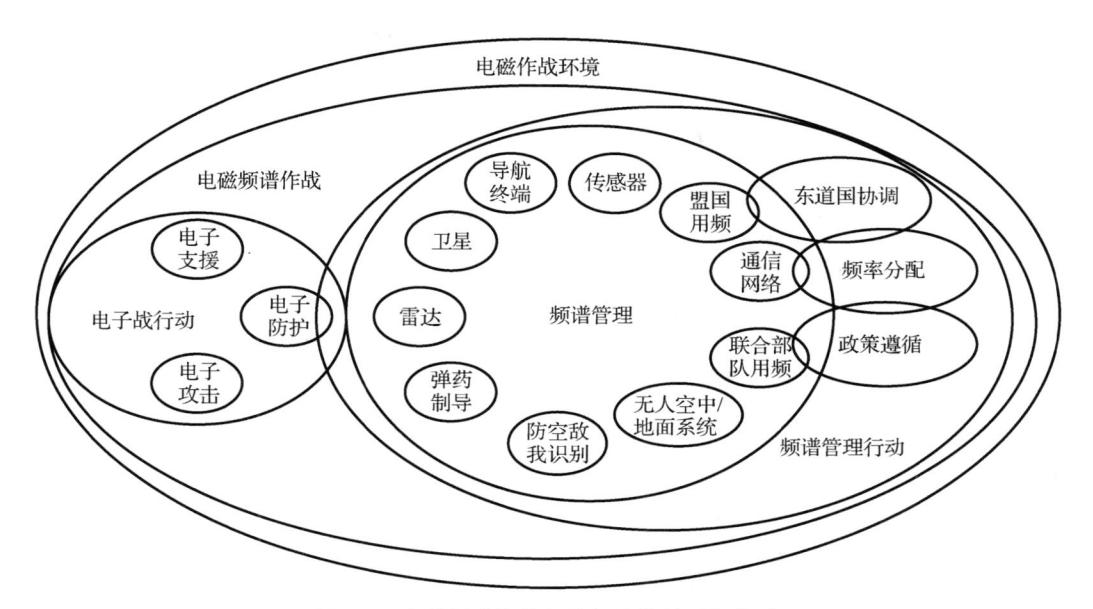

图 8.1　电磁频谱作战相关概念的关系与范畴

8.2.2　任务定位

美军认为，电磁频谱作战任务域由电磁频谱利用、管理、攻击和防护四维度任务构成。其中，利用任务包括信号情报搜集分发和电子战支援，管理任务包括电磁频谱管理和电磁作战管理，攻击任务包括电子攻击和导航战，防护任务包括电子防护和联合频谱干扰消除。该作战概念旨在对电磁作战环境中的联合部队电磁频谱行动进行作战集成、确立重点优先事项、组织行动协同和冲突消除，通过充分集成电磁机动方案、力量和行动强化协调统一，实现战场电磁频谱控制。它在各作战域的联合作战行动能力形成中扮演关键角色，对联合部队的指挥控制、情报、火力打击、调整与机动、防护及行动能力维持等职能作用发挥产生深刻影响。

8.2.3　作战实施

电磁频谱作战实施过程是一个计划、实施和评估的连续循环周期。电磁频谱作战单元完成电磁频谱控制计划和电磁频谱控制序列的制定，确立作战行动的战斗周期，经电磁频谱控制负责人批准，向各分部作战单元和分队发布并组织实施。电磁频谱作战单元全周期完整参与联合部队关键战斗流程，并根据作战时段内各分部所属分队的用户需求和战场电磁频谱态势及时调整更新计划与序列，确保每个电磁频谱控制序列有效生成、高效下达和执行。其基本过程是：制订与发布控制计划、更新各分部控制计划、准备作战计划、生成和分发控制序列、执行和调整作战实施计划与控制序列、监测和指导作战进程，联合电磁频谱作战实施周期如图 8.2 所示。

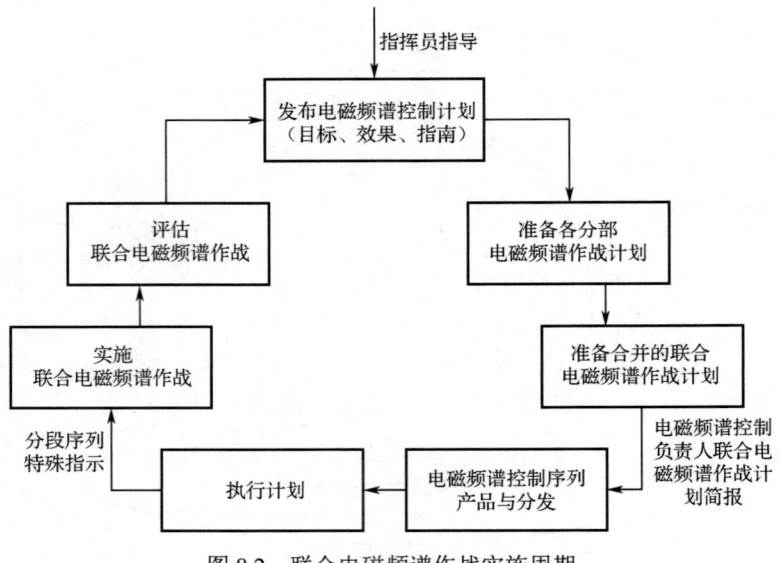

图 8.2　联合电磁频谱作战实施周期

8.3　发展特点

军事新能力离不开新体系的支撑。作为应对信息网络、大数据和人工智能时代军事新挑战的作战理念，电磁频谱战一经提出就成为美军战斗力发展新方向。为力求深化认识且高效实用，美军从政策条令建设、组织机构与部队调整及装备系统与新技术研发等多个维度将新概念推向战场。

1. 强化基本概念与理论认知，推动作战理念向执行操作落地

思想引领行动。美军擅长创新作战理念，电磁频谱战概念也不例外。一是注重厘清概念核心，统一理念认知。电磁频谱战发展的早期，始终在论证面向新作战域的新概念。军方主导"老乌鸦"等专业性军地高层论坛，分析概念所涉及的相关理论，交流技术发展和应用方式，推动认识深化。同时，在战略性文件和顶层条令中，逐步梳理相关新旧概念间的联系与区别，剖析其范畴与任务域，以此日益促成概念的清晰界定和理论体系成型。二是面向战场运用操作，逐层细化条令。美军历来重视将作战概念向执行层的技战术措施细化落地。电磁频谱战从概念提出到进入条令和从联合条令到军兵种配套行动手册及技战术规程（TTP）仅用时三年左右，美国陆军甚至在联合参谋部之前就建立了战场运用概念蓝图，形成从联合层面到分队层面层层衔接、逐项落地的系统性作战运用与操作指南。

2. 建立高效集成的部队架构，力求战场运用全周期协调有序

部队是行动载体。美军非常重视新概念作战力量与现有能力的优化集成。一是注重能力体系整体规划。美军电磁频谱战与网络空间作战的能力发展轨迹相似。从联合参谋部、联合作战司令部到军兵种部队，设置作战席位和相应实施分队，建立作战计划、指控、实施和评估的全流程运行机制，形成高效流畅的能力集成体系。二是重视现有机构与新力量协调互融。

通过及时明确新能力所涉及机构与力量的职责和相互关系，制定面向作战的行动流程和实施程序，甚至规定有关协调活动中的制式模板，促成电磁频谱战与其他任务域的全体系全程行动协同有序。三是依托实战演练及时验证能力。基于新作战概念和能力目标迅速推进，电磁频谱战概念和技术通过攻防演习实践和作战试验实现边探索边修正。例如，美国陆军成立了战场网电战小组，作为电磁频谱战独立分队参加某一地域战斗司令部组织的演习；美国空军在"战斗护盾"演习中为响应"频谱干扰消除项目"实施了雷达电子战系统测评。

3. 推进新概念装备系统预研，将高新技术向战斗力优势转化

强军必需利器。高新技术装备是催生新生作战能力的重要途径。一是善于发掘战场新变化并评估新需求。美国国防部于 2014 年发布的《电磁频谱战略》中指出，要量化频谱需求、发展电磁环境所需装备和技术，增强实时频谱操作和电磁频谱系统实时识别、预测及干扰消除等能力。美军由底至顶建立了面向装备系统研建与作战部署应用的需求采集与集成机构，在定期搜集梳理的同时借助政府审计署、兰德公司和院所专题小组进行专项调研论证，分析结果可直接为国防部和参联会提供决策支持，形成了畅通有力的需求管理评估体系，为研建电磁频谱战装备和开发新型战斗力注入激活剂。二是注重预研技术向装备系统集成应用。美军装备系统研建都是基于国防信息体系结构标准展开的，具备仿真建模、预先研究、技术集成及应用验证等系统流程和完善能力，注重同步进行原有型号改进和新研智能技术装备系统开发。《决胜电磁波》一书指出，新阶段电磁频谱战的重要特征是无源传感器应用和采用"低-零功率"能力对敌进行反电磁对抗，智能化技术和装备是未来主导。电磁频谱战技术装备的预研与集成也将会以更优方式实现军事问题向技术能力升级、前沿技术与成熟方法互融，以及专用系统向综合平台集成，进而完成战斗力优势无缝跃升。

8.4 实现途径

8.4.1 政策条令

战略政策与军事条令集中体现美军作战理论发展。美国国防部从 2006 年到 2014 年多次更新《电磁频谱战略》，聚焦推进频谱装备发展、频谱行动灵活性、频谱管理和政策响应能力提升等战略目标；战略司令部于 2010 年 8 月发布《赢得 21 世纪经济与安全优势：电磁频谱控制战略框架》，从目标、需求及战略开发等多角度构建电磁频谱控制体系架构；参联会先后于 2012 年 3 月发布 JP6-01《联合电磁频谱管理行动》联合出版物，2012 年 12 月签颁《电磁作战环境中联合电磁频谱管理行动》主席手册，2013 年 1 月签发《联合电磁频谱作战》指示和《电子战支援联合电磁频谱作战》手册，2015 年 3 月签署《电磁频谱作战联合概念》文件，系统阐明联合部队开展电磁频谱作战行动的战略愿景、组织机构与职能、指挥与管理关系、计划制订与作战实施及作战集成与行动协同等内容，并逐步向电磁控制、干扰消除、频谱管理和电子战重编程等操作层的战术、技术与程序（TTP）细化。美国陆军先后于 2007 年 12 月发布《美国陆军未来模块化部队概念能力计划 2015—2024——电磁频谱作战》手册，2010 年 5 月颁布野战条令《陆军电磁频谱作战》，2014 年 1 月颁布野战手册《网络电磁行动》，

2015年12月发布出版物《电磁频谱管理作战行动技能》，2016年2月更新《网络电磁行动软件重编程》规定；美国空军于2017年更新《电子战集成重编程》指示，在联合条令指导下界定电磁频谱作战概念范畴，深度阐述机构与职责、作战架构、计划制订与协调控制、任务清单与决策流程，以及行动分队与管理工具等问题，并促进电磁频谱战、电子战与网络空间战的融合。此外，时任美军联合部队开发部主管Kevin于2016年10月签署《联合电磁频谱作战》条令纪要，规范了术语和作战框架标准，对职能角色、组织机构、计划制订及作战实施和评估做出程序性描述。该纪要以参联会于2013年1月和3月签颁的《联合频谱干扰消除程序》《联合频谱干扰消除》和2014年2月签颁的《联合频谱干扰消除程序保密增本》三大条令为重要操作支撑，成为美军电磁频谱战指导依据。

美国国防部于2020年发布新版《电磁频谱优势战略》，旨在协调国防部全部电磁频谱资源、能力和行动，以支持美国核心国家安全目标，同时保持对美国经济繁荣的重视。此外，这一战略为强大的电磁频谱体系奠定了基础，为电磁频谱（EMS）专业人员利用新技术做好准备，并着重强调加强联盟，以实现国防部在电磁频谱中行动自由的愿景。

该战略建立在现有条令和作战概念之上，指导原则具体包括：

（1）《国防战略》中关于杀伤力、伙伴关系，以及改革和扩大竞争空间的战略方针，以在任何大国竞争中获得战略优势。

（2）美国国防部的长期成功需要将电磁频谱管理和电磁战结合成电磁频谱作战，作为电磁频谱体系的一部分。

（3）经济增长，其中包括对商业EMS准入的需求，符合美国国家安全利益。

（4）美国决心"保持世界上最卓越的军事力量，并确保力量平衡对自己有利"。

（5）"美国不能指望用昨天的武器或装备在明天的冲突中获胜。为应对竞争对手的野心和能力，必须投资于关键能力的现代化"。

国防部实现电磁频谱行动自由的能力对于美国盟军和伙伴部队的全域优势至关重要。为了实现这一愿景，国防部致力于实现下述5个相互依存的目标。

（1）目标1：开发卓越的EMS能力。

目标1.1：改进技术以使系统能够在复杂的EMOE中进行感知、评估、共享、机动和生存。美国国防部须继续在学术和研究实验室及工业领域进行投资，以推动技术进步，从而提高在复杂EMOE中的作战能力。同时国防部应继续引领动态频谱共享技术的发展。此外，依赖EMS的系统和网络必须结合传感、评估、共享和机动技术，以实现与全球现有实体的共存。国防部的重点应集中于革命性的技术和能力上，当这些技术和能力充分成熟并集成到未来作战系统中时，将提高国防部在电子战系统、高度拥挤频谱和相关环境现象下生存和作战的能力。

目标1.2：采用综合方法获得适用于大国竞争的EMS能力。美国国防部将发展完全集成、以作战为中心、旨在进行大国竞争的EMS能力。国防部须通过典型环境中的建模、仿真和测试来评估战役级别和作战场景，并利用自适应采办框架提供的灵活性，加速向作战人员交付卓越的EMS能力，包括快速原型和快速部署路径。国防部还将利用系统工程和任务工程学科，实现跨职能、领域和各级战争的EMS能力开发的综合方法。系统工程将用于开发快速、实时的重新编程功能和系统架构标准，以向作战人员提供与作战相关的EMS功能并最大限度地利用资源。

目标 1.3：利用和调整商业技术。美国国防部将继续评估商用技术的任务适用性、灵活性和适应性，以便在适当时机采用。国防部还将与频谱创新相关的国际、国家和特定行业标准机构，就新兴技术及其采用进行合作。

目标 1.4：开发强大的电磁战管理（EMBM）能力。美国国防部须开发能够监测、识别、表征和适应作战环境的 EMBM 能力，同时通过机器-机器和人机协作对 EMS 中的实时作战进行动态控制。未来的 EMBM 将以数字现代化、人工智能（AI）、基于云的数据和工具，以及将 EMBM 需求集成至联合全域指挥和控制系统为特色。此外，EMBM 还须满足与行业和合作伙伴的信息共享要求，从而最大限度地利用频谱共享机会。

目标 1.5：部署破坏性 EMS 能力。开发具有破坏性的电子战能力和属性需要国防部能够采用最先进的技术，通过利用人工智能和光子学等先进技术，将自主、认知和不对称能力结合起来。为开展攻击性电磁战活动，国防部应部署电磁支援和分析能力，以实现全面的电磁战空间感知。电磁支援和分析能力需要快速探测、识别、定位和复制复杂的发射源/信号，以建立态势感知能力，并实现对动能和非动能火力的瞄准。

（2）目标 2：发展敏捷、完整一体化的 EMS 基础设施。

目标 2.1：加速将 EMS 信息整合到作战和规划中。美国国防部需要收集、分析并提供其部队、盟军、中立国和对手 EMS 系统的机器可读系统数据，以支持 EMBM。国防部应投资人工智能/机器学习自主/半自治系统，对不同来源和多个安全级别的信息存储和处理必须根据其对作战的实时影响的评估进行。国防部应具备快速评估 EMOE 的作战能力，并适应突发对手能力和环境挑战。除了接近实时的分析，准确的作战信息有助于在多个 EMOE 场景中进行建模，这些场景将在研发、能力开发、系统重新编程和作战规划的早期阶段推动频谱需求。

目标 2.2：收集可靠情报以保持 EMS 优势。EMS 的优势需要对以下关键领域进行可靠的情报收集、分析和验证：参数数据，包括所有 EMS 传感器、通信、数据链、雷达、干扰机、定向能、电光和红外系统；工程数据；作战数据顺序；作战支持数据；建模和仿真支持。军事部门和采办团体应整合其数据和处理能力，以便高速共享，从而使认知 EMS 系统的构建、近实时处理模式及数据挖掘和融合能力都受益。

目标 2.3：建立和管理可实现互操作性、高效率和信息共享的体系架构和标准。为了实现一体化的 EMS，美国国防部需要为与 EMS 连接的所有系统建立并实施体系结构和标准，以支持 EMSO，实现国际频谱共享、联盟和联合部队的互操作性。EMS 体系结构应遵循一种通用的方法，其产品和输出与更高层次的体系结构兼容。此外，国防部应按照当前国防部级数据指南管理 EMS 数据。人员和应用程序将能够以标准格式定位和访问可信频谱数据，并无缝集成到 EMSO 相关军事活动的所有级别。

目标 2.4：使 EMS 测试、培训和分析基础设施实现现代化。现代化的国防部测试和训练基础设施应是集实况-仿真-构造（LVC）能力于一体的优化组合，并将真实的对手、友军和环境模拟器/模拟器与实战平台相结合，同时提供实际作战的 EMOE。

（3）目标 3：寻求全面 EMS 战备。

目标 3.1：培训和维持 EMS 专长。美国国防部应确保 EMS 人员接受适当级别的 EMS 核心概念的教育和培训，了解 EMS 对其能力、作战和计划的影响。培训可根据部门结构各层次人员的需求进行调整。

目标 3.2：将 EMS 概念和条令纳入正规教育。美国国防部应培养 EMS 专业人员，使其具备 EMSO 概念、条令和战术的专业知识。国防部还将培养精通国内和国际频谱政策及法规的 EMS 专业人员。

目标 3.3：评估和跟踪 EMS 战备情况。对美国国防部各下属部门进行评估，以确保其为执行任务做好准备，并且应在真实或模拟的作战条件下进行定期的单兵和分队级别训练、联合部队演习、演练和兵棋推演，整合所有 EMS 能力和挑战。

（4）目标 4：为 EMS 优势建立持久的合作伙伴关系。

目标 4.1：加强国际论坛的领导地位。强大的国际联盟和合作伙伴关系是美国国防部执行其复杂的全球任务和在 EMS 中有效作战的基础。国防部应依靠强大的国际联盟和合作伙伴关系，从而确保 EMS 政策支持美军开展全球作战。

目标 4.2：加强与盟国和合作伙伴的可访问性和互操作性。美国的军事行动很少单方面进行，而是越来越依赖盟友和合作伙伴。国防部应确保 EMS 的互操作性，并消除协作受限的障碍。

目标 4.3：增强国防部对国内 EMS 管理规划的领导力。美国国防部继续将频谱共享视为实现国防部和国家目标的关键。因此，国防部将继续改革监管提案，积极参与监管和政策论坛，并采取积极主动的措施实施监管和政策改革。此外，国防部还将继续扩大参与范围，以促进共享技术的发展，从而满足日益增长的商业和国家频谱接入的安全要求。

（5）目标 5：建立有效的 EMS 管理体系。

目标 5.1：统一整个国防部的 EMS 活动。美国国防部将采用一种系统的方法来协调统一 EMS 资源和活动。为此，应对 EMS 力量开发和使用进行强力管理。要想实现 EMS 活动的有效管理，需要在早期阶段协调 EMS 相关政策和能力开发，这涉及其他部门，并且需要在整个国防部内确定 EMS 优先任务。

目标 5.2：构建持续流程改进（CPI）文化。美国国防部应协调和开发业务流程，并确定资源优先级以应对威胁。随着威胁的演变或新威胁的出现，必须调整 EMS 政策，以确保国防部做好准备，能有效应对新的挑战。

目标 5.3：促进 EMS 政策的制定。美国国防部应制定、倡导、协调和监督频谱政策，以尽量减少对国防部全球作战的限制。在美国国内，EMS 治理将确保政策允许国防部进行研发、测试、训练、演习和国土防御行动。随着部队在全球部署，国际频谱政策也成为一个优先事项。政策必须平衡美国重要的经济发展目标，同时保持军事能力。

8.4.2 部队组建

作战机构建设有效保障作战实施。为确保美军对战场电磁优势的有效掌控，美国国防部、各军兵种及相关研究机构推出了一系列涉及电磁频谱战的发展战略、作战条令及研究报告，用于指导装备发展、力量建设及作战运用。

在管理体制上，美国从国防部、参联会、各军种到一级司令部均建立相应级别的电磁频谱管理机构，赋予各级指挥人员相应的管理权力。近年来，随着现代化军事管理技术的不断发展，美军电磁频谱管理也从过去静态、机械的管理模式向动态、灵活的模式转变，一系列战场电磁频谱自动化管理系统投入使用，提升了美军在复杂电磁环境中的电磁频谱管理能力和作战效能。

在力量建设方面，美军非常重视电磁频谱作战力量与传统作战力量的优化集成，提出"联合电磁频谱作战"（JEMSO）概念，明确联合电磁频谱作战单元（JEMSOC）是联合部队的主要参谋部，由电磁频谱控制负责人委派一名主管统一指挥，各军种成立自己的"电磁频谱作战"部队，发展自身的电子战能力，探索并实施联合训练活动。

美军联合参谋部于 2017 年年底完成了《电磁作战管理初始能力文件》的评审，该文件指出：联合电磁频谱作战部队是全天候持续作战部队，可辅助作战指挥员使用电磁频谱遂行作战。目前，美国印度洋-太平洋司令部、中央司令部和欧洲司令部都在建设各自的联合电磁频谱作战部队。

此外，美国战略与预算评估中心（CSBA）近年来高度关注电磁频谱战，全面阐述了"电磁频谱战"的相关作战理念，并提出"低至零功率"电磁频谱战等新型作战理念，以期运用该作战概念全面超越竞争对手，确保美国在电磁频谱领域的主导地位。

8.4.3 装备技术

军事技术引领和支撑先进作战理念。为将电磁频谱战从概念转化为能力，美军极力开展技术创新和装备研发，发展具有网络化、灵巧化、多功能、小型化和自适应等特征的新系统。

在频谱管控系统上，美国国防部自 2005 年开发部署同盟国联合频谱管理规划工具（CJSMPT）与全球电磁频谱信息系统（GEMSIS）起，陆续开发或实施了频谱 XXI 与改进型频谱 XXIO、频谱感知管理与规划系统（SSC-SSMPS）、频谱态势感知系统（S2AS）、海上电磁频谱作战行动项目（AESOP）、联合自动通信电子行动指令系统（JACS），以及东道国全球在线频谱数据库等，具备实时频谱测量与在线分析、频谱筹划推演与频率分配、电磁干扰分析与冲突消除、电磁作战环境建模仿真、电磁态势共享与用频效能评估，以及频谱资源接入与数据库等功能与能力。

在作战装备与技术项目方面，2011 年，美国国防高级研究计划局（DARPA）开始启动行为学习自适应电子战（BLADE）、自适应雷达对抗（ARC）、极端射频频谱条件下通信、主动电子扫描阵列（AESA）技术，以及近零功耗射频和传感器运行（N-ZERO）等项目，通过对抗行为实时评估、措施自主生成及效果即时反馈等新技术开发针对未知波形和行为的电磁频谱威胁实时战术对抗新能力。2010 年，美国空军启动基于网络化软件定义架构（SDA）的认知干扰机与大功率高效射频数模转换器（HiPERDAC）项目，以及无源射频识别环境（PRIDE）、频谱战评估技术工程研究（SWEATER）和反电子高功率微波先进导弹（CHAMP）等项目，发展有源和无源目标威胁自动感知识别、实时评估和自适应对抗技术与能力；美国海军开展海上电子战改进（SEWIP-Block I/II/III）SLQ-32 舰载电子战系统、舰船信号探测装备（SSEE）、电磁指挥与控制（EMC2）、集成桅杆（InTop）舰载天线及下一代干扰机（NGJ）等项目，提升实时威胁评估与态势感知、任务方案建模仿真、电磁频谱自动分配，以及作战行动分析等能力；美国陆军启动于 2016 年 9 月投入使用的电子战规划与管理工具（EWPMT）和多功能电子战（MFEW）、防御性电子攻击（DEA）和"消音器"电子战等系统，增强射频信号感知的电子支援和发送干扰或欺骗信号的电子攻击能力。战略司令部联合电子战中心（JEWC）启动面向电磁频谱态势感知与指挥控制提供改进电磁战斗管理能力的新技术研究，计划实现基于策略的实时频谱管控、先进电磁战斗序列（EOB）表征和行动方案建模仿真分析等能力并达到 7~8 级技术成熟度。在认知电子战和人工智能技术推动下，DARPA 在 2017 年 8 月 11 日启动了射频机器学习系统（RFMLS）和频谱联合挑战项目，开发从大量复杂频谱信号中自动区分和表征目标信号的新技术。

8.5 经验启示

未来战争，敌对双方在战场上将大量使用各种信息化武器装备，信息系统产生的电磁信号构成了数量繁多、密集重叠、动态交错的复杂电磁环境。在战场的电子对抗中，谁能最大限度地聚集电磁多域性和力量多重性优势，实现电磁空间战斗力量、技术优化的整体融合效应，掌控绝对电磁优势，谁就能掌握战场主动权。

8.5.1 快速高效：聚时域之优

1. 快速电子闪击战对聚集时域优势具有根本意义

电磁频谱的时域价值是强调快速集中，实施快速的电子闪击战，以达成聚优的高时效性。实现快速电子闪击战优势意味着占先机之利，胜敌一筹，使对手处于措手不及的被动境地。在伊拉克战争中，美军用不到 20 天的时间就达成了作战目的，其中高速电子闪击战贯穿战争始终，成为影响战争进程与结局的关键性因素。这种聚优方式运用的要旨在于，必须在准确定位敌人要害目标的基础上，把电子干扰与实体摧毁有机结合起来，集中优势效能，迅速、精确、协调一致地集中释放到要害重点目标上；同时精确把握电子闪击战中可以利用的每一个瞬间，采取高速度的作战节奏，形成不对称电磁优势，从而快速达成作战目的。

2. 电磁攻击的突然性体现了时域聚优的必然性

近些年的局部战争实践表明，在实际电子对抗作战中，有些电磁信号持续时间短，开关机频繁，其时域的突变性特别明显，因而，聚集电磁优势是充满隐蔽突然的过程。达成电磁时域聚优的突然性，就是把时域价值作为一种决定性因素，在最短的时间内聚集优势，以先发制人的突然性夺取战争胜利。在中东战争中，以色列军队实施"闪电式"电子突袭，对埃及防空雷达和通信系统实施了强烈的电子干扰，并在密集的电子干扰中实行了"挖眼"战术。以军以电磁攻击作战的突然性实现电磁战场时域聚优，使埃及军队的指挥控制系统彻底瘫痪。可见，在任何聚时之优的突发电磁攻击中，必须巧于施计，出其不意，以突发优势迅速夺取战场主动权。

3. 达成聚优的快速突然要求预见突发的偶然因素

任何电磁时域聚优活动都是充满偶然性的过程，预见和利用电磁战场具有偶然性，主要体现在对手可能的主要突击方向和防御态势、使用电子战武器的规模和时机、采取的电子攻击手段，以及为钳制、迟滞对方采用的反制方式等。在科索沃战争中，北约部队虽然在电磁领域具有压倒性优势，却忽视了老式长波雷达对隐形飞机的探测能力，从而导致美军先进隐形战机 F-117 被击落。战争实践表明，聚时域之优必须密切关注电磁活动的偶然性，准备好应对意外事变的措施，同时有针对性地利用对方电子反击中的偶然因素，将其打击导向错误的方向，巧妙利用和创造电磁战场环境偶然因素，以达成时域聚优的快速和突然性。

8.5.2 科学统筹：聚空域之优

1. 科学配置力量是达成空间聚优的重中之重

在电磁频谱空域的布局结构中，合理配置兵力兵器体现了在空间上聚集优势的必然性，使电磁空域各种作战要素功能得到最大限度发挥。在科索沃战争中，北约部队依据空袭作战需求，调集足够的电子对抗兵力兵器，并把电子战精锐力量聚集在主要作战方向，使用多种软硬杀伤手段，在局部空间对南斯拉夫联盟共和国形成了绝对电磁优势。对聚空间之优的运用，通常根据电子对抗作战目标、作战持续时间来确定，使编配类型与战斗任务相适应，并随着战场变化及时调整变动。尤其是在信息化、智能化战场上，电子对抗武器装备精度高，毁伤力大，机动性强，要求构成集成型电磁专业力量结构，使之合成度更高，综合作战能力更强，以遂行不同强度、不同规模、不同样式的电子对抗作战任务。

2. 优化空间关系是达成空域聚优的重要基础

无论电子侦察与反侦察、干扰与反干扰、摧毁与反摧毁，还是各类电子对抗武器平台，以及从指挥机构到单兵的各级电子战力量，为了实现在空间上聚集优势，无不需要优化战场空间作战要素，加强相互间的配合与协同能力，使兵力部署空间结构要素统一到实现作战行动整体优化上来。在海湾战争中，为达成空间聚优的整体联动效果，多国部队充分发挥空中预警指挥机的作用，在空中及时对所有航空兵与电子战飞机进行随机指挥与控制；电子战飞机实施伴随干扰掩护，对伊拉克军队的雷达及防空配系释放强电子干扰，发射反辐射导弹实施硬压制，为攻击机群打开"空中走廊"，掩护突击机群精确打击等。多国部队投入强大电子战力量，在空间上集中各种电子战设备组成了一个严密的立体电子对抗系统。

3. 精确调控是达成聚集空间优势的重要内容

各种先进的电子对抗装备广泛应用于电磁战场，使得电磁空间形成交叉重叠的电磁辐射态势，而且在不同空域，电磁信号随空间的变化而变化，这在客观上要求聚集空域之优，必须实施动态精确的调控。在阿富汗战争中，美军围绕打击具体目标，摧毁其反击能力，在全纵深、多维度空间对电磁波频率实时进行精确协调控制，电子对抗各专业力量之间即时聚优，协调一致地展开电磁行动，以聚集绝对电磁优势。此举导致被打击的目标被迫采取传统信使方式传递许多重要信息。值得注意的是，精确协调电磁频谱空间作战行动，是从先期交战开始直到战争结束全过程不间断实施的。因此，必须强化全频空间的立体全覆盖，注重全部频域作战的协调性，在各频域协调一致地实施电子攻防行动。

8.5.3 能动融合：聚能域之优

1. 谋求能量聚释是电磁控制的根本出发点

电磁领域对抗实质上是电磁能量对抗，在频域、时域、空域上实施电子攻防作战都要通过电磁能量的聚集与释放表现出来。现代战场上，不仅要聚合制导系统的干扰与反干扰、摧毁与反摧毁所产生的能量，以及反辐射武器和强激光武器的效能来破坏、瘫痪对手作战体系，防护己方目标，更应注重电子对抗武器能量集侦察、识别、定位、压制和摧毁于一体，并更加注重突出硬摧毁能量聚释，摧毁和杀伤目标。在第二次车臣战争中，俄军高度重视在作战能量上聚优的原则，战争开始后无论是首轮电子干扰、电子佯动和欺骗，还是"猎狼行动"，都在重点预歼目标上实施了电磁波能量集中，达到对敌最大限度破网瘫体的作战效果。运用信息化、智能化手段来控制能量聚释，将是未来电磁能量聚释发展的必然趋势。

2. 有效融合是形成更强能域之优的根本途径

谋求电磁能域优势，突出强调有效聚集电磁资源和优势力量，形成效能融合，实现电子目标探测、跟踪识别、火力控制、作战指挥、电子打击、目标防护、电磁机动及毁伤评估的实时化和一体化，主要体现在以下方面：一是信息要素综合集成，以模块化方式编成的电子对抗力量单元之间实现无缝连接，整个作战行动能在信息的主导下灵活、精准、快速、高效地实施；二是电子对抗作战要素横向一体，形成有机作战体系，实现从发现目标到打击目标的实时整体作战；三是战斗要素功能全面多样化，具有遂行各种电磁行动的能力。在伊拉克战争中，美军依托多维立体、精确联动的综合电子战系统，发挥整体联动的电子攻防能力，展示了网络化支撑下的综合电子攻防的整体优势效能，表现出聚电磁能域之优的新特征。

3. 高度的能动性在聚集能域优势中起重要作用

能动性贯穿于聚集电磁频谱能量优势的全过程。电磁能量聚优中作战主体的信息意识、意志信念、知识能力、作战效率，对电磁效能优势转化为现实战斗力产生重要影响。在近些年的局部战争中，以精确制导武器实施"斩首行动"、破网断链、震慑打击、毁瘫要害、围剿作战及特种战行动等，无一不体现了对电磁能域的物质流、能量流和信息流所采取的一系列指挥控制活动的价值所在。由此可见，高度的能动性作用于电磁空间，可实现全频谱电子攻防的实时高速，形成作战要素最大合力，使整体作战优势倍增，从而在时域全程性、空域多维性和能域多重性上最大限度地发挥电子对抗的高速度、高强度及高能量作用。

第 9 章 空海一体战

9.1 产生背景

9.1.1 背景情况

"空海一体战"概念的思想源于"空地一体战"理论。20 世纪 80 年代初,为对抗苏联的大纵深立体作战,美军推出了"空地一体战"理论,强调运用空中和地面火力对敌实施全纵深打击,旨在欧洲战场打击庞大的苏联地面部队。进入 21 世纪后,美国战略东移,认为亚太地区实施的"反介入"战略对美国构成威胁。美国认为,1996 年后中国人民解放军的装备力量投送范围已可到达第二岛链。为应对中国的"反介入/区域封锁"能力,获取在西太平洋地区的军事优势,美军提出"空海一体战"概念。2010 年,美国智库——战略与预算评估中心(CSBA)先后向美国国会提交了两份关于"空海一体战"的研究报告,分别名为《为什么要运用空海一体战》和《空海一体战:初始作战概念》。这两份报告详细阐述了美军"空海一体战"概念的定义、必要性及具体的实现途径。2013 年 5 月,美军"空海一体战"办公室根据两份机密文件(2012 年 5 月更新的《空海一体战概念》与 2012 年 9 月更新的《空海一体战总体执行计划》)发布了公开版的《空海一体战:用于应对"反介入/区域拒止"挑战下的军种联合》,该文件公布了对空海一体战的定义及实施框架,但相关的具体实施细节仍处于保密状态。2015 年 1 月 8 日美国国防部签署备忘录,正式将"空海一体战"的作战概念更名为"全球公域介入与机动联合"。

9.1.2 发展情况

"空海一体战"的概念在制定初期仅由空军和海军两个军种负责研究,美国军方的报告也都围绕这两个军种进行作战构想。但随着概念的发展,"空海一体战"已由海、空两军种参与演变为由陆军、海军、空军及海军陆战队共同执行,在概念上也更强调跨域协同。美军于 2013 年 5 月公布的第 9 版《空海一体战概要》明确指出"空海一体战"的核心思想是:在陆、海、空、天、电五个领域实现跨域、网络化、一体化的纵深打击,从而干扰、摧毁、击败对手的"反介入/区域拒止"(A2/AD)能力。由此可见,"空海一体战"已由最初强调海军和空军的联合作战,演变为由四大军种共同实施、融合美军五个领域能力的作战概念。"空海一体战"这一名称本身已无法涵盖这一概念的全部内容,由此可见,"空海一体战"的更名并不代表该概念的消亡,而是其发展的必然结果。时任美军参谋长联席会议主席邓普西在《联合作战介入概念》中提出美军的目标是"联合作战力量必须保证完成指定任务的行动自由"。该文件将作战介入描述为"一种将军力投放到作战区域的能力,同时保证完成任务所需的充分的行动自由"。"空海一体战"在针对作战介入方面的发展是关注对作战力量集成的开发，保证美军作战力量在全球公域的行动便利。"空海一体战"办公室人员将"全球公域"定义为"没有国家控制，但为各方所依赖的领域或区域"。除构建跨域作战及作战机动外，行动自由包括获得并维持所在地的空中、海事、空间及网络上的优势及安全。美军四大军种负责人在重估"空海一体战"概念后，决定将此概念修改为一种联合概念，以支持《联合作战介入概念》并与其协调。此次概念调整反映了近年来已被美军接受的概念因素：①提升陆军的贡献度；②改变为联合指挥与控制；③创新陆基与海基的方法；④在拒止或降级的通信区域内作战。

美国于 2012 年发布的《国防战略指南》指出："美国寻求借助可实现互操作的军事力量确保对全球公域的介入和利用"。该指南为美国军事力量确定了十大军事任务，其中一个任务就是"在 A2/AD 环境下进行作战力量投放"。该指南包含几个联合作战概念，这些概念旨在帮助将美军作战力量从本土投送到美军所谓的海外争议区域，包括介入五大作战空间。美军参谋长联席会议主席签署的《联合作战顶层概念：联合部队 2020》提出了"全球一体化作战"的方法，目的是让联合作战元素与任务参与方快速结合，实现流畅的集成战力。《联合作战顶层概念：联合部队 2020》是美军军力投送在概念上的自然演进，并且成为美国国家安全战略的重要组成部分。《联合作战介入概念》从宏观上描述了美军联合作战力量应对 A2/AD 的策略。"空海一体战"是对《联合作战介入概念》的支撑，从作战层面描述了未来联合力量的作战方式，并保持美军在全球公域的介入行动。《进入作战的联合概念》也支撑了《联合作战介入概念》，它是对"空海一体战"的补充。该概念关注跨空间作战能力的集成，确保在外国作战区域内的机动作战能力。

时至今日，"空海一体战"的原则已经被整理成三个总体执行计划，这些计划尚未公开，但其对关键作战区域的战力开发事项提出了建议，美军舰队及作战力量将采用这些建议。美军通过这类探索性的活动取得了一些成果，也验证了"空海一体战"核心思想的价值（更加网络化、集成化的跨空间作战力量），但也暴露了这一概念有待提高的地方，因此，修订后的"空海一体战"将对未来美军如何在全球公域获得介入及行动能力给出作战层面的描述，其时间范围定为 2020—2025 年。美军认为其所谓的全球公域行动自由是其他作战形式的前提，包括威慑、战力投送及侵入作战。此次作战概念的演化以《联合作战介入概念》为愿景，汲取现有"空海一体战"中最具应用效果的思想，描述了在 A2/AD 环境中深度网络化、集成化的美军及其盟友的跨空间作战力量。

9.2 概念内涵

9.2.1 作战预想与实施

美军在"空海一体战"概念中对潜在对手运用 A2/AD 能力进行了作战预想。基于这些作战预想，美军采取相应措施来落实"空海一体战"的概念：①认为对手在无预警情况下会突然发动军事行动，美军要在短时间内准备好作战力量，按照例行的一体化作战展开部署。②美军前沿部队在战事伊始就处于 A2/AD 的打击环境中，需要在快节奏的作战环境中进行快速有效的回应。③认为对手将攻击美军及其盟友支撑作战的领域，除了攻击美军舰船、太空设备及网络，还会攻击美军基地。④认为对手将在全作战区域中展开对抗（太空、网络、空中、海上及陆地）。网络作战能力和太空作战能力对于美军而言至关重要，同时相关设施易受到电子网络攻击和电子干扰。⑤认为对手无法完全控制某个作战域。五大作战空间互相影响，"一域失则可致域域失"。

美军试图在所有作战域都获得行动自由，但其可能无法同时控制所有的作战域或对每个作战域都有同等的控制力。美军的《空海一体战总体执行计划》虽处于保密状态，但为美军提供咨询的CSBA起草的报告中概括了美军可能采取的行动，该报告描述的"空海一体战"包括下述两个阶段。

第一阶段的主要作战情境包括：
① 美军及其盟军、基地抵挡住了首轮攻击，遭受一定打击。
② 美军就对手的战场网络进行"致盲"行动。
③ 美军就对手的远距离ISR（情报、监视和侦察）及突袭系统进行压制打击。
④ 美军获得并维持了空中、海上、太空及网络作战域的主动权。

第二阶段的行动包括：
① 实行拖延战术，同时保持并利用多个作战域的主动权。
② 实行"远程阻击"作战。
③ 保证美军作战的后勤给养。
④ 提高工业产量（尤其是精确制导弹药）。

在CSBA所设想的作战场景中，第一与第二阶段的场景并没有明显分割，美军的一些跟进作战行动随战场而自然演进。

9.2.2 作战特点

1．网络化

"空海一体战"概念提出，网络化的作战行动应与作战部队实时协调，这些部队应按照作战任务进行预先组织，可以在全域中执行作战任务，而不必拘泥于特定军种的程序、战术及武器系统。同时，"空海一体战"概念中的网络化还要求作战部队接受执行任务型命令的训练，能够在网络无法持续连接的情况下作战，作战力量通过建立跨军种、跨要素及跨域的习惯性关系实现在通信降级的环境下作战。

2．一体化

"空海一体战"概念要求在一体化的基础上进一步实现"系统集成"和"力量融合"，并实现全域作战和跨域协同，将一体化渗透到部队建制的各个层级，强调联合部队"预先一体化"。

3．纵深打击

"空海一体战"概念考虑到A2/AD行动的特点，加之预警的时间可能很短，要求美军联合部队必须在冲突伊始就能实施有效的进攻性军事行动，同时为已部署的部队提供保护或改变其部署位置，保护陆上和海上基地，在风险可接受的范围内令其驻地的部队向前方机动。

9.2.3 "全球公域介入与机动联合"概念

"全球公域介入与机动联合"的一个关键原则是美军及其同盟作战力量能在只实现局部作战空间控制的条件下作战。美军所定义的局部控制包括窗口、通道及作战空间优势区域。在上述三种类型中,美军要求联合作战力量能完成作战目标,并支持其他形式的作战,同时阻止对手扰乱己方的作战行动。此原则表明,即使美军联合作战力量不能实现威胁级别的作战空间优势或长时间的作战优势,也能实现部分空间或时间有限控制下的作战目标。

基于上述评估,美军认为其当前的指挥控制方法不能完全应对 A2/AD 作战环境,其超视距通信及各单元之间的连接性有可能遭到对手的干扰或切断,因此,为能在高度干扰的电磁频谱环境中有效指挥和控制联合作战力量,美军希望能演化、调整其目前的指挥控制架构及协议。此外,美军要求必须利用联合力量各组成部分内部的跨空间作战专长和较低层次的作战中心来创造跨空间的效果,以支持美军指挥端的意图与机动模式。新的联合概念将倡导陆基和海基更为综合的方法,并调整后勤和给养的方法,同时认为在出现危机时建立远征陆基及海基基地、保持在争议地区的联合作战能力对于介入与机动作战也是至关重要的。新的联合概念还扩展了陆军及两栖作战力量在应对 A2/AD 行动中的作用,包括突袭、佯动、军力展示、情报侦察与监视任务,以及小规模非固定作战模式,这些作战由移动性和隐蔽性较好的作战力量执行。改进后的概念加大了对美国盟军的集成和互操作性的关注力度,从而获得了在全球公域的介入与机动作战能力。

基于上述原因,美军同意将"空海一体战"概念修订为"全球公域介入与机动联合"概念(Joint concept for Access and Maneuver in the Global Commons,JAM-GC)。这一新名称反映了联合作战力量应对 A2/AD 挑战的几个重要思想。最明显的是,美军为应对 A2/AD 挑战,要求将陆、海、空、天、电五大作战空间的战力集成,而不仅是空中和海上的战力。"全球公域"一词确认了新的联合作战概念的范围。"全球公域介入与机动联合"概念描述了美军应对 A2/AD 环境下未来作战力量所需的能力,具体包括:

① 将联合力量部署到战场某位置,该位置可有效利用,且风险可承受。
② 在高度干扰的电磁频谱环境中有效指挥和控制联合作战力量。
③ 通过展示美军的军事能力、存在和意图威慑对手。
④ 在风险可承受的情况下,实施在作战区域的机动作战(配合火力)。
⑤ 通过投送军力实现目标。
⑥ 在遭到高度遏制的情况下保持后勤补给的运转。

美军对"空海一体战"的试验和实施所取得的经验也支持将"空海一体战"作为《联合作战介入概念》的支撑概念。这种演变与《联合作战介入概念》开发战力投送功能的意图一致。

9.3 面临的主要问题

"空海一体战"作战概念在得到军方高层、相关军种及研究机构等部门高度重视的同时,其运用与实施也面临国防预算紧张、军种矛盾与竞争、技术难以兼容,以及后勤保障困难等一系列问题和挑战。

9.3.1 国防预算

为有效实施"空海一体战",美军必须对一些新项目和新能力进行投资,如空军、海军之间的指挥与控制系统,情报、侦察与监视系统及处理、利用和分发系统的互操作能力,以及它们之间的通用电子战系统与各种通用武器装备等。当前美国由于经济持续低迷、政府财政赤字庞大,国防预算压力巨大。预计今后若干年内美国的国防预算将很难维持稳定增长,美国政府可能会缩减国防预算。在资金紧张的形势下,国防部很难做到在打赢当前战争与准备未来战争之间进行同样的投入,将面临如何在当前战争与未来战争所需武器装备、训练和人员开支等方面取得平衡的挑战。就目前形势而言,打赢当前战争是美国政府亟待解决的首要问题,也是国防预算、各项政策和项目须优先考虑的首要问题。

"空海一体战"研究报告也认识到国防预算形势的严峻及获得额外资金的困难,除非未来发生使美国民众感到自身安全受到严重威胁的爆炸性事件,否则实施"空海一体战"将意味着只能对其他项目及其他军种开支进行大幅度削减。然而,从美国传统来看,各项目和各军种的拥护者历来都不惜以牺牲其他项目和军种利益为代价,千方百计维护本项目和本军种的正常运转和部门利益,任何大的变动都可能造成政府机构和相关部门的震动。

9.3.2 军种竞争

美军各军种之间的矛盾与竞争由来已久,在美国不处于紧急状态和面临外敌的情况下,陆、海、空三军都把对方当作竞争对手,为争取地位、经费和项目而战。根深蒂固的门户之见、军种文化和部门利益之争是"空海一体战"能否顺利实施的又一挑战。从历史上看,美国空军与海军间的利益之争比较严重,曾激起矛盾冲突。空军曾表示天空不可分割,所有飞机都应归空军指挥,有意染指海军航空兵。空军还曾通过各种途径说服国防部,将本来计划用于建造航空母舰的经费改为采购重型轰炸机,引起海军强烈抗议,酿成"海军将领造反"的严重事件。

军种本位主义和部门利益之争使得空军和海军在实施"空海一体战"中的作战指挥权、武器研制和采购及战场空间和范围等一系列问题上面临矛盾和竞争。"空海一体战"还可能会遭到陆军和海军陆战队的反对。

9.3.3 技术兼容

空军、海军的指挥与控制系统,情报、侦察与监视系统,以及处理、利用和分发系统如何有效融合并进行互操作是"空海一体战"面临的最关键和最复杂问题,并且其中任何一个项目的完成都需要很长时间。美国空军和海军各自的网络平台,由于用途不同,技术规范和标准都不相同,导致军种之间的网络无法融通。不过美国军方已意识到这一问题的严重性,但是军种之间甚至军种内部在信息、情报及数据流等方面依然"烟囱林立"。个中原因错综复杂，既包括系统研制者、使用者、生产者等各种利益实体难以在技术标准上达成共识，也包括已付出巨大成本的各军种不愿放弃已成熟的技术。此外，安全保密问题也是影响美军与盟军建立可以相互连通的作战网络的障碍。实现各军种作战程序的互操作同样存在困难。各军种为完成各自使命和任务制定了独立的作战程序，为实现特定目标而制定的通用程序十分有限。但是"空海一体战"要求各军种在完成诸多使命和任务时高度一体化，各军种的指挥与控制系统，通信、情报、监视与侦察系统及各种数据实现无缝对接，然而由于各军种作战程序的互操作无法实现，将会严重阻碍"空海一体战"发展。

9.3.4 后勤补给

美军在前沿阵地进行后勤补给和重新装备容易遭受打击，面临诸多困难。将后勤补给物资从遥远的美国本土运送到西太平洋前线费时费力，将严重拖延作战时间。美军在"空海一体战"中面临的一个尤其不利的条件是美军后勤补给主要集中在几个关键节点。例如，关岛是美军在西太平洋地区所有军事行动的一个主要后勤节点，美国空军、海军在西太平洋地区的主要基地都坐落于关岛，这就造成美军后勤存在潜在脆弱性。一旦主要后勤节点遭受打击，美军力量投送能力将受到严重削弱。由于战区内的美军基地易受打击且海军后勤部队规模有限，在战时能否维持后勤补给正常运转成为空军、海军面临的严重挑战。对于空军而言，一旦基地被毁，空军将无法进入前沿基地，对空中加油机的需求将急剧增加，飞机起降和弹药补给都会受到限制，作战能力也会受到严重影响。对于海军而言，当前海军后勤部队的规模仅能维持已经部署的海军部队和平时期的军事补给，无法为战时部署到西太平洋战区的海军增援部队提供补给。尽管战时可以动用其他一些设施，但是由于补给船只数量有限，战争爆发初期海上作战仍会面临巨大的补给压力。如果因遭到导弹攻击、空中打击或因敌方布雷、潜艇封锁而造成前沿港口设施无法利用，美军后勤供应紧张的问题将进一步加剧。如果船只不能安全进入港口或使用港口设施，后勤补给就只能在航行中完成，不具备在航行中补给能力的船只则因无法靠港卸载物资而无法完成后勤补给任务。

自美军提出"空海一体战"以来，军方高层高度重视并予以充分肯定。"空海一体战"概念的提出，表明了美军作战理论创新和武器装备研发的发展方向。从战略层面看，"空海一体战"是在美国战略重心转向亚太地区的大背景下提出的，意在为美国政府的战略全局提供军事手段，它是美军提升一体化联合作战能力、为打赢未来战争做准备的新举措。但是，"空海一体战"的实施面临国防预算紧张、军种竞争、技术不兼容、后勤保障困难及依赖于盟国支持等一系列问题和不确定因素。在当前美军依然深处困境的形势下，如何权衡轻重缓急，平衡打赢当前战争与准备未来战争的关系，在美军内部也是意见众多。"空海一体战"概念目前尚处于研究深化阶段，但其发展前景和最终效果值得关注。

第 10 章　联合作战

未来世界的任何战争和维和行动都将逐渐复杂化，涉及多个军兵种协同行动，跨越陆、海、空、天和赛博多个领域。"联合作战"这一作战概念已对美军的资源分配、作战装备的建设和指挥自动化系统的研制产生了重大影响。

10.1　基本概念

"联合作战"的本质是整体作战，即通过对诸军种力量的优化组合，实现能力互补，打破军种、领域之间的界限，各军种在陆、海、空、天、电及网络等领域拓展能力，实现同步跨域火力和全域机动，夺取物理域、信息域、认知域及时间方面的优势，达到"1+1>2"的效果。"联合作战"的核心要求是：美军具有富有灵活性和弹性的力量编成，能够将作战力量从传统的陆地和空中拓展到海洋、太空、网络空间及电磁频谱等其他作战域，获取并维持相应作战域优势，控制关键作战域，支援并确保联合部队行动自由，从物理打击和认知两个方面挫败高端对手。

10.2　发展历程

在第二次世界大战中确立军事领先优势的美军，其联合作战发展过程，也经历了不同的阶段。

1. 第一阶段："军种代理"体制下的军种"整合"

二战结束后，"军种主导"仍是美军"联合"文化的本质特色。美军于 1956 年颁布的《联合司令部计划》明确规定："除特别授权外，联合司令部司令不得直接指挥军种组成部队或下属部队。"美军于 1958 年构建了军政军令分离体制，从法律上废除了"军种代理"体制，确立了联合作战司令部司令在作战指挥链中的主体地位。然而，这只是一种形式上的"联合"，军种参谋长仍可利用自身权力，特别是通过掌控军官的晋升考核等重大权利来架空参联会主席和联合作战司令部司令。这种体制本质上是以应对核时代的大规模战争为着眼点，但在应对规模、时间、范围和强度较小的有限战争时，战场指挥人员却因指挥权限不足、军种暗中操控过度，难以根据战场态势的变化，灵活调整作战计划，进而导致美军实战中出现令出多门、指挥混乱的现象，这也是造成美军在一些行动中战场指挥效率低下的根本原因。这些弊端也为美军日后的联合作战体制改革埋下了伏笔。

2. 第二阶段："司令中心"模式下的军种"融合"

美国国会于 1986 年通过《戈德华特-尼科尔斯国防部改组法》，强化了参联会主席和联合作战司令部司令在选人、用人等重大问题上的发言权，构建了"司令中心"型的联合作战指挥体制，真正实现了军政、军令的相对分离，开启了联合作战的新纪元。美军秉持"全球辐射、全域覆盖"的原则，构建了以六大战区司令部为核心、以三大职能司令部为辅助的联合作战司令部体系，形成全球化、网络化、一体化、数据化和实时化的 C4ISR 综合电子信息系统网络。这种改革打破了传统的战略、战役和战术的界限，将各类作战力量真正融为一体，形成以司令中心、军种融合为主要特征的"联合"文化。从本质上看，这是一种以应对"高技术条件下的有限战争"为基本着眼点的"小战"体制。在海湾战争和科索沃战争等时间、投入、地域和强度都十分有限的局部战争中，实现了"小战而屈人之兵"的战略目的。但是，这种体制仍旧依照地理界限划分战区，无法从根本上抛弃"条块分割、烟囱林立"的传统运行模式，很难从全球战略高度审视地区安全问题。在面对"基地"组织及网络战等跨战区、跨领域的"信息化混合战争"威胁时，无法形成合力优势。这也成为美军当前联合作战体制改革的基本着眼点。

3. 第三阶段："全球一体化作战"引领下的军种"耦合"

为有效应对"信息化混合战争"，美军于 2012 年在《联合作战顶层概念：联合部队 2020》中首次提出了"全球一体化作战"的新概念，并在 2015 年的《国家军事战略》中正式将其列为核心军事目标之一，标志着美军的"联合"文化进入了一个全新的发展阶段。"全球一体化作战"以"跨域协同"理念为指导，依托信息技术优势，全面打破各战区、各领域、各层级和各部门之间的界限，将全球分散部署的作战人员、指挥控制系统和武器装备有效整合为一个有机整体，更加注重发挥各作战要素、作战单元和作战系统"一体联动"的"耦合"效应，推进各类攻防作战力量的无缝融合和优势互补，使前沿作战部队能够按照"任务式指挥"和"混合式指挥"要求，随时随地调集全球范围的建制外力量，特别是网空（网络空间）、太空和特种作战等不受时间和地域限制的"低密度、高需求"资产，甚至民事部门及盟国相关机构的独特能力，以有效实施"跨域攻防"行动，灵活应对复杂多元威胁，实现了战役战术模块与战略战役支援要素的全面融合，推动信息力量由传统辅助支撑向作战力量转变，有效提升了部队态势感知、指挥决策和协同行动效率。

10.3　战略意义评价

战争形态和战争制胜机理的演变，是美军联合作战概念体系深入发展的根本动力。如今，随着"信息化混合战争"逐步成为战争形态发展的主流趋势，美军逐步构建了以"全球一体化作战"为核心统领、以"跨域协同"为关键支柱的联合作战概念体系。

随着时代的发展，美军越来越强调"联合作战"，并把它作为基本的作战样式。联合作战是由两个以上军种共同进行的行动，其本质就是在"联合作战"思想指导下的作战。此外，武器技术不断发展，使现代战场环境日趋复杂化，即军事行动由过去的少数军兵种在单维空间进行争夺,发展成为目前多个军兵种在多维空间共同作战;作战手段日趋多样化,即军事行动由过去主要靠兵力打击、火力突击,发展成为兵力、火力打击与电磁、信息、心理等攻击行动并重,多种手段共同运用的作战行动;作战样式日趋兼容化,即军事行动由过去的兵力攻防发展为导弹战、火力战、电子战、指挥控制战及计算机网络战、病毒战等多种作战样式同时或交替运用的作战。这既要求美军与其盟军密切合作,又要求美军充分利用先进的武器系统,综合一切手段,形成令对手无法抗拒的整体合力,快速达成作战目的。

美军凭借先进的技术装备,能够将现代化的作战部队凝聚起来进行"联合作战",美军认为,其技术装备在世界上处于一流地位,强大的投送能力能够使美军在短时间内将作战力量投送到世界任何地方;先进的C4ISR系统,能使美军在世界任何地方快速形成军事优势;巨大的资源投入为诸军兵种"联合作战"提供了坚强有力的保障。因此,美军把"联合作战"视为赢得战争胜利的法宝。

10.4 核心理念分析

美军强调,"联合作战"旨在增强行动的整体效能,即通过各种手段,力求使所有参战部队和各个空间的作战力量(武器系统),在同一时间内,对同一空间中的目标,同时发挥最大的威力。

1. "联合作战"的实现,有赖于集中和节约使用军事资源

美军把集中和节约使用军事资源作为联合作战最基本的准则。强调在决定性的地点和决定性的时间集中使用和发挥占有压倒优势的战斗力威力,协调运用机动、火力、防护和指挥等所有战斗力要素,在短时间内产生决定性作用,夺取胜利。节约是为实现集中而采取的措施。它是在不准备进行主要作战活动的地区,使用最低限度的兵力,确保在决战地域内集中优势的战斗力威力。这就能使联合部队的各种力量得到非常有效的使用,当其总的军事威力超过各自之和时,"联合作战"的合力作用就产生了。

2. "联合作战"的基本思想,是全纵深同时打击

未来战场的全纵深作战行动实施要点:使用空军、海军作战飞机和巡航导弹等远程火力,对战场全纵深实施攻击;使用空降兵、空中突击部队,在敌纵深实施空中突击;使用特种作战部队,在敌纵深广泛进行破坏活动;使用装甲机械化部队,沿翼侧采取迂回包围的战术手段,打击敌纵深重要目标,并在正面攻击部队的配合下,实施向心攻击,使整个战场的全纵深敌人都卷入具有决定性的作战行动中。只要条件允许且在军事上有利时,应在政治、兵力和后勤保障允许的范围内尽可能扩大作战行动的正面和纵深,迫使对手在广阔的地域分散兵力,不给其留下安全之地。由此可见,美军联合作战不仅是在作战行动上实施全纵深同时打击,即整体、全维打击,这种整体性和全维性还包括对联合作战行动的支援和保障行动。

3. "联合作战"的基本形式,是非线式作战

在未来战争中,武器数量将不断减少,但种类和威力将不断增大。地面作战部队数量减

少，战场更加不规则。美军认为，未来战场的非线式化趋势，要求采取非线式作战。非线式作战是指没有固定的战线，对敌全纵深实施大范围机动的作战方式，具有避实击虚、攻防一体化、频繁机动和攻防转化快速等特点。非线式作战行动将更加依赖于欺骗行动、情报搜集和传递及远程火力的精确打击作用。

4．"联合作战"的前提条件，是"知己知彼"

"知己"，是对己方所有情况进行全面而客观的判断和评估，目的是使联合部队指挥官更有针对性地使用所属部队。联合部队所属的各军种部队提供一系列作战能力供联合部队指挥官选择。只有了解所属各种部队的作战能力，联合部队指挥官才能做出正确的选择，才能把所属部队的作战能力有机结合起来，形成"整体合力"。"知彼"，以往总是注重了解对手的作战能力，但弄清其意图同样重要，甚至更为重要，以至于有可能根据其意图推断其计划，从而使己方能采取及时而有效的行动。为此，指挥官就必须很好地使用情报资源。但是美国武装部队和国家情报部门为向作战部队提供情报已经在利用现代技术和能力方面投入了巨大的资源，构成了地、海、空、天一体的多种功能兼容的战略战役和战术信息情报侦察与处理系统。美军联合部队指挥官面临的挑战通常不是搜集更多的数据，而是提炼和整编出最有助于胜利的情报。

5．"联合作战"打击的主要目标，是敌人的作战重心

寻找和攻击敌人的作战重心是美军运用诸军兵种实施"联合作战"的着眼点。美军联合作战理论把重心定义为"军队能够从中获取行动自由、物质力量或战斗意志的特点、能力或地方。"其实质就是要攻击对手对作战全局起支撑作用的目标，一旦该目标遭到攻击而被摧毁或瘫痪，就会失去抵抗能力。因此，美军注重快速协调各种力量"联合作战"，不失时机地将"联合作战"形成的合力运用于打击对手的作战重心，推动战局按己方意图发展。

6．"联合作战"的主要方法，是非对称作战

对称作战，指两支同类型的部队交战，如地面对地面、海上对海上及空中对空中的作战；反之则为非对称作战，如空袭地面目标就是非对称作战。实施非对称作战，可以利用己方武器的长处对付敌方武器的短处，减少作战中人员的伤亡，以较小的代价夺取更大的胜利。因此，美军非常强调非对称作战。1号联合出版物对此进行深刻的描述："非对称作战可能需要联合部队司令部更有力的监督，同时也提供了产生巨大战果的潜力。"这种非对称作战可以从地面攻击潜艇基地，用舰射巡航导弹打击或用特种作战部队袭击重要的防空雷达，以及对关键的地面交通枢纽实施空袭等。非对称攻击为美军进攻敌人、发现暴露其弱点、创造歼敌战机提供了非常有效的方法，同时还有利于避免伤亡和节省资源。

7．"联合作战"的基本要求，是主动、灵敏和不间断

美军认为，在现代战场上，军队要想赢得胜利，必须具备快速机动的能力，协调诸军兵种"联合作战"的关键是要做到主动、灵敏和不间断，直到赢得作战行动的最后胜利。主动精神作为美军的传统，其表现就是不失时机地实施进攻。1号联合出版物强调："我们的行动具有进攻精神，在任何情况下，保持主动都依赖于军人独立思考和明智地执行命令的能

力——这种足智多谋一向是美国的标志。"在战场上部队要快速运动，就要有比对手更强的灵敏性，并且这种灵敏性不仅体现在速度上，还应具有及时性。这种及时性要求从指挥官的思维、作战计划及信息传递到部队行动等多个方面都比对手快一拍，使其来不及做出有效反应，或在反应中即遭受打击而失去作战能力。尽管灵敏在战争的战略、战役及战术层次上的表现形式不同，但是对灵敏的要求基本不变。"地面、海上、水下、空中和太空的行动都必须在时间上密切配合，在节奏上快于对手"。作战中，在保持主动性和灵敏性的同时，还要不间断地组织实施"联合作战"，以扩展行动的自由度，不给对手以喘息之机。不间断，一方面是指挥的不间断，另一方面是指作战行动的不间断。作战行动不间断的关键是后勤保障不间断。美军认为，战斗的胜利离不开战略和战区的后勤保障与部署。1号联合出版物指出："后勤保障的标准化（包括部署程序和武器装备的通用化）也将增强联合部队作战的不间断性。"

8. 实现"联合作战"的根本保障，是统一指挥

统一指挥是相对于集中指挥而言的。集中指挥是对于不隶属的数个部队，因协同作战的需要，由指定的指挥官及其指挥机关统一实施的指挥。这种指挥方式由于指挥权限高度集中，下级指挥人员在遇到新的情况后没有随机处置的权力，基本上不适合现代作战特点的需要。统一指挥，是指在作战任务统一、作战企图统一、作战计划统一、作战行动统一的前提下，下放权力，增强下级指挥人员处理战场情况的主动性和责任感。美军认为，统一指挥对于联合作战是至关重要的，是军事指挥关系中的作战指导原则。实施统一指挥的原因是：①在联合作战中，诸军兵种都有自己的战法，为发挥其主动性、积极性，同时保持其独立性，需要实施统一指挥；②参战的军种多、国家多，为尊重和保持各国的作战特点和习惯，最大限度地发挥整体威力，需要实施统一指挥；③现代战场情况变化快，需要实施统一指挥。

10.5 未来发展方向

为向未来信息化、智能化战争提供有力保障，美军正在酝酿推行新一轮国防体制改革，旨在进一步推进联合作战向更高层次迈进。其重点包括深入探讨组建总参谋部来替换当前的参联会和联合参谋部，以加强"全球一体、资源导向"的战略规划；压缩战区规模，增加职能司令部数量，提升网络司令部和太空司令部的独立运作地位，并加强特种作战司令部在全球反恐行动中的主体作用；重点发展特种作战、全球监视-打击系统、太空战和网络战等一系列可在战区之间灵活切换的"全球通用型"作战力量；推动美军联合作战指挥重心由战区向其下属的联合特遣部队进一步转移，以实现指挥层级扁平化、战场反应敏捷化和实战行动高效化。这些措施将进一步推进美军"联合"文化向以职能司令部为主导、以战区为辅助的"全球一体化作战"方向迈进。

第 11 章 云作战

"云"是对网络、互联网的一种比喻说法,"云概念"是新近出现的高科技概念之一,其互联、高效、共享等特质,不但深刻影响和改变着人们的生活,也正在推动军事领域的重大变革。2013 年,美国空军首次将"云概念"引入作战领域,提出"云作战"概念,并迅速得到美国国防部、海军及其他军种的认可,逐渐成为美军应对 21 世纪下一场信息化战争的新方略。因此,关注云作战的发展方向,研究云作战的关键技术和应用局限,对在新的作战形势下掌握战争的主动权,具有非常重要的现实意义。

11.1 产生背景

11.1.1 背景情况

为提高四代机与五代机之间的数据共享和协同作战能力,解决 F-22 战机的"信息孤岛"问题,美国空军于 2013 年 1 月首次提出"云作战"概念。综合来看,美军"云作战"概念的提出,具有下述背景。

1. 应对"反介入/区域拒止"能力的威胁

进入 21 世纪,美军先后以不同名义在阿富汗、伊拉克、利比亚和叙利亚发动多场战争,每次战争美国几乎都凭借强大的信息、火力优势,完全掌控战场局面,快速取得战争胜利。但美军高层对此有着清醒意识:以上几场战争美军并未遇到真正强大的对手,战争在美军掌握绝对制空权和制信息权的低对抗环境下进行,未来倘若丧失绝对的空天和信息优势,美军将很难保持对战场的控制。美军认为,若想在未来战争中保持持续的战场优势,则面临前所未有的挑战:对手强大"反介入/区域拒止"能力的威胁。

美军认为,其在历次局部战争中所仰仗的信息、火力优势,主要依托强大的天基信息系统、大型海上作战平台及联合指挥控制中心等获得,而在对手"反介入/区域拒止"能力不断提升的背景下,尤其是面对大量精确制导远程巡航导弹和弹道导弹的威胁,这些传统的优势力量,以及美军依托这些优势力量所形成的作战样式都将不可续存,对手可以通过对少数关键节点的攻击迅速使美军的作战力量体系瘫痪。

2. 先进作战武器与落后作战方式的挑战

进入 21 世纪,在大量装备 F-22 先进隐身战机后,美军又陆续迎来 F-35 战斗机、DDG-1000 导弹驱逐舰及福特级航母等高度信息化武器装备。但美军的作战指挥与控制,仍停留在 2003 年"自由伊拉克"行动阶段,即高度依赖卫星、预警机等核心装备平台的"网络中心战"时期。美国前空军部长麦克·韦恩认为:"正如第一次世界大战使用 20 世纪的机械化部队却以 19 世纪的方式作战,现在同样存在以 20 世纪的方式在 21 世纪作战的危险。"因此美军急需新的作战理论来激活新型信息化装备的作战潜能,以重拾美军与对手的跨代优势。

3. 作战力量保持与国防预算紧缩的挑战

在美国金融危机、债务危机和国家安全需求不断增长等多重因素影响下,美军各军兵种陷入财政窘境。美国空军前情报主管、第一副参谋长大卫·德普图拉在一份报告中指出,目前美军空中力量主要由老旧的 A-10、F-15/16、B-1、B-52 和 B-2 及少量的 F-22、F-35 战机组成,不足以应对 21 世纪对手的"反介入/区域拒止"能力,并呼吁改变方略以应对"可用于国防的资源比重下降"的挑战。

美军认为其面临的这些威胁和挑战,正式提出"云作战"概念的背景。

11.1.2 发展情况

早在 2009 年,美国国防部就提出了覆盖海上、空中及太空的数据共享概念,尝试将日益成熟的互联网技术应用到战术情报领域。2012 年 7 月,美国国防部首席信息官签署了《国防部云计算战略》,以军队战略的形式推进这一进程,并持续稳步开展"云"相关的存储设施、计算平台和软件服务建设。2013 年,美国空军首次将"云概念"引入作战领域,提出"云作战"概念,并迅速得到美国国防部、海军及其他军种的认可。目前,美国国防部已将这一概念确定为"云作战",并分别从各军兵种、工业部门和学术界抽调人员,共同着力塑造完善"云作战"概念方案,最终目标是形成一个拱形数据网络,扩展升级现有"全球信息栅格",实现海上战舰、作战飞机及空间卫星的实时数据共享。

五角大楼在 2018 年的一份战略文件中指出:"'云'是全球基础设施的一个基本组成部分,它将使官兵拥有数据,对保持军队的技术优势至关重要。"具体而言,"云作战"概念有助于战场信息联合与共享,为未来一体化联合作战样式带来深刻变革,部分平台将同时担负作战、侦察监视及网关节点等多重角色,作战方式也将由固定计划模式向网络化、随机化打击模式转变。

当前,美军在"云作战"方面探索较多。2014 年 8 月,美国海军投资 1230 万美元启动为期 5 年的"海军作战云"项目,2016 年在"三叉戟勇士"演习中完成对"作战云"的信息共享和分析处理能力的测试。目前"作战云"软件已进入战场测试阶段,可以实现快速共享前线作战单元的最新影像、地图及其他关键信息。

"作战云"与其他云计算系统类似,也把数据和计算机处理器存放在远离实际使用地点的远程数据中心。尽管"作战云"通过一系列防火墙与普通互联网完全分离,但其使用的技术很可能与亚马逊网络服务公司或微软 Azure 云服务平台使用的技术类似。美国国防高级研究计划局(DARPA)正在开展"体系集成技术与试验"项目,目的是发展和验证一种能将飞机、传感器及任务系统等有机融为一体的新型架构,为美军实现"作战云"提供技术可能。

11.2 概念内涵

11.2.1 概念分析

"作战云"与"云作战"的关系,类似于"云计算"与"物联网"。"作战云"是作战网络服务平台,"云作战"是"作战云"的作战运用形式,如图 11.1 所示。

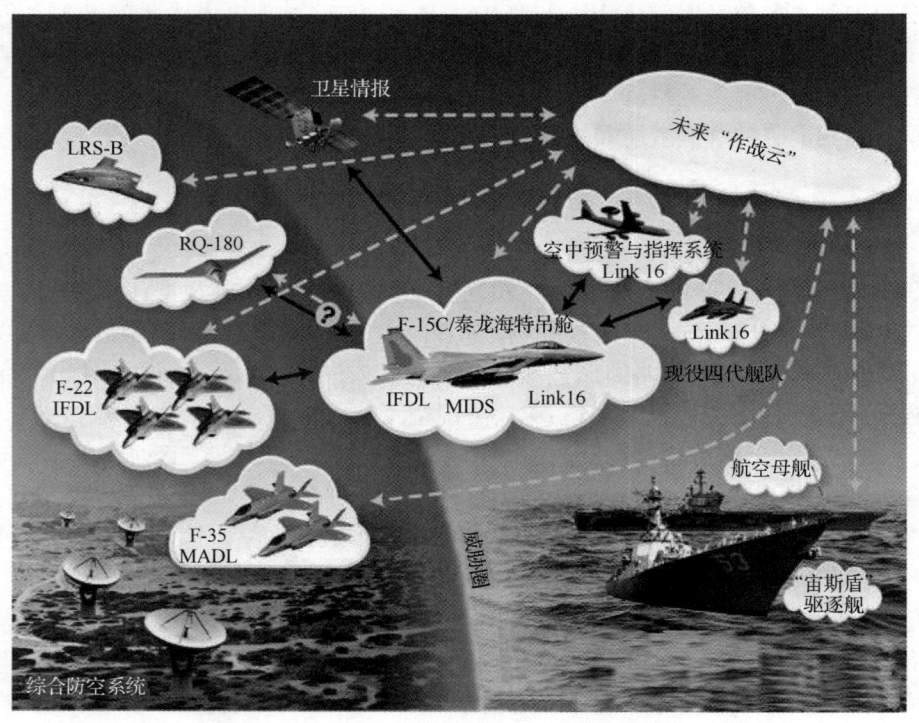

图 11.1 美国《航空周刊》绘制的"作战云"想象图

IDFL—内部飞行数据链;MADL—多功能先进数据链;MIDS—多功能数据分发系统。

2014 年,大卫·德普图拉对"作战云"概念方案进行了全面阐述,指出:"类似于云计算的方式,'作战云'是指各军种的空中力量采用分散的空中作战形式,在不断进化的数据链、抗干扰通信系统和新的瞄准工具等支持下,实现空中、地面、海上和太空领域信息共享能力的跃升,进而最大限度地发挥隐身飞机、精确打击武器、先进指挥与控制系统及有人与无人系统结合的优势,创造规模化、模块化的灵活作战能力,并以此确保对手对单一作战单元的攻击不会使美军的作战行动瘫痪。"

"作战云"的机理是:通过建立在具有高度分散、自我进化和自我补偿特点的共享信息网络系统基础上,不仅整合网络内多台服务器的计算能力,而且通过指挥、控制和情报、监视与侦察网络,快速交换来自各个领域传感器和射手框架内任何来源的数据,以整合各个作战系统的作战力量,从而增强其效能,并获得规模效益。

"作战云"概念具有以下内涵:

（1）栅格化信息网络是"作战云"的形成基础。

以网络为中心、以信息栅格为基础的基础信息、态势感知、指挥控制和火力打击"四网一体"指挥控制体系，无缝链接作战网络是作战数据等信息传输、共享的必要条件。"作战云"就是通过天、空、地多维网络融合，高效调动与运用不同域名下诸多服务器的信息处理能力，充分发掘诸军兵种各装备本身的信息化作战潜力，以"云作战"样式参与联合作战。

（2）高信息融合平台是"作战云"的重要节点。

空天作战向来注重作战信息的准确获取、快速处理与高效运用。预警机是空中信息处理中枢，但其飞行速度慢、隐身性差等固有缺陷，限制了其在信息化空天战场功能的进一步拓展。当 F-22、F-35 等新一代"传感器先锋"横空出世后，它们不仅能够完成自身多种传感器信息处理，还可融合天、空、陆、海各类作战平台的数据，从而颠覆了旧有情报、监视与侦察信息处理模式，形成具备信息传感器及数据存储、处理和分发能力的"云"，使空天力量焕发全新的作战能力。

（3）分布式指控流程是"作战云"的核心内容。

"作战云"是新技术与新作战思想"联姻"的结晶，其形成与运用的核心是作战信息的多维融合与高效运用。"作战云"形成了一种根据多个节点平行回应，向特定作战力量要素发布具体指令，旨在产生最佳联合作战效果的作战指控方式。这种作战指控流程类似于移动互联网的"蜂窝"式结构。所有融于网络的空中力量都可随时入网、即插即用，并不会因局部的损毁而整体崩溃。

11.2.2 特点优势

根据美军对"作战云"概念的阐释和描述，"作战云"具有以下特征：

1. 战场信息跨域融合

"作战云"依托不断进化的数据链、抗干扰通信系统等先进的战场信息网络，以及新的瞄准工具等新型战场传感系统，在大数据和云计算等信息网络技术的支撑下，将广泛分布于太空、临近空间、空中、地面、海上和水下各域作战平台的战场情报信息进行融合，并实时无缝地在各域作战平台按需分发。"作战云"所形成的这种信息共享能力，既保证了美军对战场的按需高度透明，也避免了具备"反介入/区域拒止"能力的对手，对其天基信息系统、大型海上作战平台及联合指挥控制中心等关键信息节点"破一点、瘫一片"的局面。美军设想，在"作战云"体系中，任何一个和多个战场节点的缺失，都不会对其战场统一态势信息的共享和分发产生决定性影响。

2. 群组力量分布作战

与传统作战各军兵种空中力量按平台属性分类编配、按行政手段组合的方式不同，"作战云"通过不断进化的数据链和抗干扰通信系统，将各军兵种的空中力量以分散的空中作战形式，根据实时任务需求，在线优化配置组合，形成模块化的群组力量。各群组力量在高度一体跨域融合的信息支撑下，通过"作战云"体系的高效调度和管控，分布实施作战。这种群组力量分布作战的模式，既继承了"网络中心战"获取信息的优势，又进一步发展了从信息向火力分配、目标毁伤转化的优势，大幅缩减了作战的"侦-控-打-评"周期链，全面提升美军信息化装备的作战效能。

3. 跨代平台协同增效

通过"作战云"的战场信息跨域融合能力，三代/四代作战平台能够获得潜入敌纵深的五代隐身作战平台、无人作战平台的目标指示信息，实现对纵深战场的有效打击；五代隐身作战平台也能够获得三代/四代作战平台的远程火力支援，弥补自身载弹量不足的劣势。"作战云"的这种跨代平台协同增效，被认为是美军应对"力量与财务困局"的重要手段。2014年9月，即将离任的迈克尔·奥斯蒂奇（前美国空军空中作战司令部司令）在美国空军协会年会上明确表示，美国空军没有足够的预算来组建一支全五代机队，要履行好空军的职能，最优先的任务是实现四代与五代的信息融合、协同作战。

11.2.3 体系结构

"作战云"可以按需提供弹性作战资源，外在表现为一系列服务的集合，结合"云计算"的应用与研究，并根据军事行动的实际需求，将"作战云"分为资源层、能力层、平台层、应用层及管理层五个架构。资源层通过虚拟化技术将分散部署的同型异构作战资源进行抽象聚合以形成各类简明易用且弹性可扩的资源池；能力层依托资源层提供的各种作战资源，以作战为目的将其封装成相应的作战能力；平台层将能力层封存好的能力按作战阶段及流程组合成具体的作战功能；应用层由基于平台层提供的作战功能，按作战行动的类型需求进行动态组合形成业务模块；管理层主要对"作战云"各层服务实施管理。"作战云"的体系架构如图11.2所示。

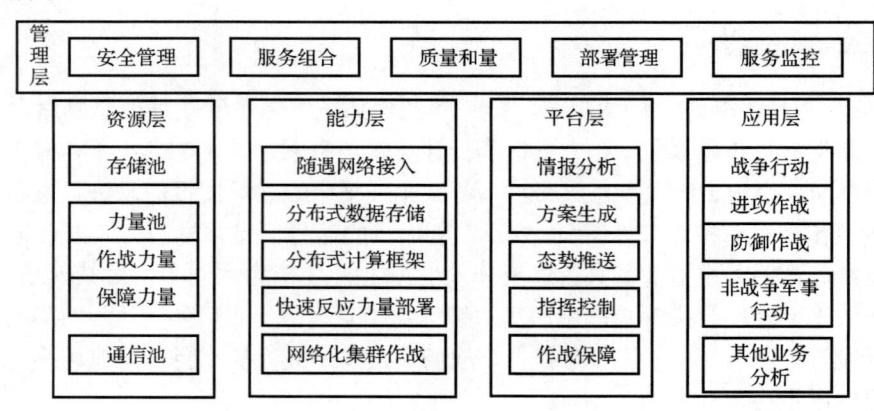

图 11.2 "作战云"的体系架构

11.3 实现途径

11.3.1 军种举措

美国空军是"云作战"概念的先行者，其认为实现"云作战"的关键是信息融合，并将

"空中优势云"的重点放在 F-15/16 等四代机与 F-22/35 五代机的信息互通上。2014 年启动的"多域自适应系统（MAPS）计划"，试图将 F-15/16 的 Link16 数据链、F-22 的 IFDL 数据链及 F-35 的 MADL 数据链有机融合，实现战场数据的实时交换。

2014 年 9 月 23 日，美国空军 F-22 战机首次率领联合空袭机群，对叙利亚境内的作战目标实施空袭行动。任务完成后，时任美军空中作战司令部司令麦克·侯斯塔奇在接受《防务头条》采访时表示："通常认为隐身是五代机的标志，其实不然，重点在于'融合'；'融合'使得 F-22 与其他平台根本不同；'融合'是五代机的根本特征；五代机在前方侦察探测目标，然后让四代机在防区外打击它，就必须拥有'作战云'，因其拥有将数据来回传输的能力。"这次表态也直接证明了美国空军正在积极针对"云作战"模式开展实战性检验验证。

美国海军也在通过"海军综合火控与防空（NIFC-CA）计划"，实现其用空中 E-2D 预警机或海上"宙斯盾"舰等作战平台，为 F/A-18E/F 和 F-35C 等舰载机及"标准"系列舰空导弹提供瞄准信息，甚至指挥未来第六代 F/A-XX 多用途战斗机发射武器的愿景。虽然由于军种利益，海军项目并不称为"作战云"，但其项目强调的多平台信息跨域融合具有典型的"云"特征。此外，美国海军陆战队也启动实施了"远征作战海上战术云"项目的建设工作。

11.3.2 关键技术

"云作战"实现的关键在于云计算技术。云计算是大数据智能分析处理的基础支撑平台，可以提供强大的存储能力和高速计算能力，以支持海量数据资源的动态管理和软件模型的高性能学习。其技术实现是基于互联网对相关服务的推送、使用和交付，通常涉及由互联网提供的虚拟化的、动态扩展的各种资源。通过这种方式，云中共享的软硬件资源和信息可以按需提供给各用户计算机、各种物联网终端和设备。而"作战云"则是一种覆盖整个战场空间的巨型复杂网络，其中每个合法用户都能实时贡献、接收和利用重要信息，充分了解、掌握战场全局态势，从而加快指挥决策、作战行动的速度。

智能化时代的基础设施和核心架构，将基于物联网、云计算、大数据和人工智能"四位一体"规划设计。正如人体一样，物联网构造了"眼、耳、鼻、舌"等感官，主要负责各类数据的自动采集；大数据是各种物联感官获取的信息，数据规划过大，就需要云计算进行记忆和存储，云计算的并行计算能力又促进了大数据的高效智能化处理；而人工智能就是最终获得的认知经验、价值规律和知识智慧。

美国国防部旨在建立一个庞大的云计算系统，由互联网上的远程服务器网络存储并处理数据。"作战云"将利用这些服务器存储机密军事数据，同时提供计算能力，以实现基于人工智能的战争规划。

11.3.3 存在问题

"作战云"面临一系列技术挑战，主要包括：如何能够在高度剧烈的对抗中可靠工作，如何能够确保安全保密，如何核实不同来源信息的可靠性，如何与各个军种旧有的通信链路兼容，以及如何进行前瞻性的设计等。

对此，美军也做了一些工作。例如美国国防部支持的"面向任务的弹性云"项目，就是为了开发检测、诊断和应对网络攻击的技术，解决云计算的安全挑战问题。而列入五角大楼预算的"加密数据的编程计算"项目，则针对那些在使用过程中保持加密状态的数据，开发实用的计算方法和编程语言，从而克服云计算环境中的信息安全挑战，因为无须在用户端解密数据，所以机密信息难以被窃取。

11.4 经验启示

通过研究美军"云作战"相关建设理念和发展历程，可以得到不少启示，下面进行具体阐述。

1. 推动信息基础设施建设

大力推动信息基础设施向云架构方向发展，联合信息环境基于云架构将各级体系运行中心进行整合，实现统一的数据存储、管理能力，支持向战术移动用户提供信息服务能力。将云计算能力延伸到战术边缘用户，发展战术级的信息处理节点，提供面向任务的信息精准服务能力，以及面向移动用户的信息智能推送与协同交互能力，全面提升战术边缘用户的信息共享与态势感知。

2. 提升装备融入"作战云"的能力

"云作战"依托分布式传感器、数字化天线孔径雷达及人工智能等技术的发展，对各类作战资源进行有效整合和链接，形成力量更强大、彼此协调更密切的火力运用形式。信息技术被植入武器装备后，就改变了作战的方式方法。然而，现有武器装备大多是按照过去的技术标准设计制造的，若要融入"云作战"体系，则必须升级和改造现有装备的信息能力和标准制式，将高新技术成果运用到未来的武器装备研制、发展和使用中。例如，美国为实现在阿富汗作战的装备互联互通，不仅紧急开发了战场机载通信节点有效载荷，供"全球快车"喷气式飞机和"全球鹰"无人机使用，还继续开发这样的网关，以实现隐身战机与传统机群的互联。

3. 加快构建新型作战力量装备体系

新型作战力量，是以新需求为牵引、以新技术为支撑、以新能力为标志的作战力量，具体包括战略预警、军事航天、防空反导、信息攻防、战略投送及远海防卫等力量。在信息化条件下，作战双方体系对抗已成为战场对抗的基本特征，体系对抗强调将实时感知、高效指挥、精确打击、快速机动、全维防护及综合保障融为一体。通过力量融合、信息融合、资源融合、时空融合及军民融合构建装备体系，使其形成体系作战，实现作战要素、作战单元及作战系统的高效衔接和整体联动。

应加强装备体系作战问题研究，深入探究装备体系融合方式方法，以及体系作战能力的内聚和外释机理，确保装备体系的能力建设与"云作战"相适应。装备体系构建应坚持"深度融合"，而不是浅层次的融合；坚持"系统融合"不是单一的，而是全要素的融合；坚持

"持续融合"不是一时之需,而是长远建设。

4．确保信息系统网络安全、稳定、可靠

在"作战云"体系中,多平台作战的特点导致信息在不同平台之间的频繁流动。如果缺乏相应的安全防护能力或能力不足,则体系越先进,越容易被对手反利用或从内部被摧毁。因而应在以下3个方面加强建设:

(1) 把握建设需求与安全防护平衡点。网络信息高度松散随机接入的结构发展趋势,在有效提升作战效能的同时,也导致体系实施严格防护和安全管控的难度增加。因此,既应准确把握体系安全防护性能可能发生的变化,也应准确把握二者之间的平衡点。

(2) 强化网络安全防护技术运用。在大力加强信息体系结构向扁平化互联互通结构转变的同时,各网系为达到高度融合实现无缝链接,打破原有物理隔离手段,使得对手通过网系链接进行跨网渗透、攻击高密级网系的风险大大增加。因此,应加强安全防护技术在网系中的广泛运用。

(3) 强化网系之间接口安全问题。加大网系之间信息交换、获取ID认证、智能化流控、全网系全程监测及远端控制技术建设,确保信息在网系之间的流转不超出当前使用者的允许权限,并可实时监测及有效管控。运用漏洞自动搜索技术,对信息体系进行自我检测,降低对手发现利用信息系统漏洞进行攻击的可能性。

第 12 章　分布式杀伤

"分布式杀伤"是 21 世纪美军海上联合作战主导性作战理论，其核心思想是提升海军单舰、单机的中远程火力打击能力和信息作战能力，并以分散部署、融合一体的形式实施海上联合作战，目的是在增大作战范围和效能的同时，加大敌方应对难度，并提高己方战场生存能力。"分布式杀伤"对兵力指挥控制、后勤支援及官兵能力素质提出了特殊要求，必须通过战术、人才、装备及训练四要素的有机结合，才能发挥出应有的作战效力。"分布式杀伤"理论的出台及其在海战中的运用，必然引发未来海战样式与制胜机理的变革，抵消己方在近海防御作战兵力和装备数量上的优势，对己方实施反强敌干预作战带来重大的负面影响。

12.1　产生背景

"分布式杀伤"理论的出台，既有美军海上力量战略运用与作战使用方面的需求，又有美国信息网络技术及其先进武器装备的支撑。同时，也是美国海军作战理论不断丰富、发展和完善的必然结果。

1. 应对大国海上力量崛起，重新夺回制海权的战略需求

美国海军"分布式杀伤"概念的提出是适应亚太地区作战环境改变的战略需要。一方面，进入 21 世纪后，由于美国设定的潜在作战对手不断发展精确制导武器，"反介入/区域拒止"能力稳步提升，美国海军以航母编队为代表的集群式兵力部署方式被发现和摧毁的概率增大，美军向重要利益地区投送力量时会遭遇日益严峻的挑战，美国海军迫切需要新的作战理念以应对上述新兴作战环境的挑战。

2. 变革信息化海战战法，营造非对称优势的作战要求

随着美国网络信息技术的发展及其在海军装备领域的应用，美国海军部队在目标侦察能力、指挥控制能力及通信协同能力等方面取得了长足进步，海上作战装备的通用化水平进一步提高，"分布式杀伤"理论在海战中得到应用的技术可行性日益显现。从海军作战思想和海战战法的发展进程上看，当前美国海军着力打造的"协同交战"能力和"一体化火控防空"能力已逐渐成熟，水面攻防作战、反潜作战、防空反导作战及对岸打击作战等领域已经具备"使用一个平台的传感器向另一个平台的火力打击武器提供目标指示"的能力。这些技术与战法的发展和应用，为美国海军最大化发挥分布在广阔海域的舰艇部队、航空部队的整体作战优势，提高各型平台的战场生存能力，营造海战的"非对称"优势奠定了技术基础与思想基础。

3. 重振海上军事力量，确保全域进入的根本保障

早在 2002 年，美军就在《海上联合作战概念》文件中提出了"分布式杀伤"的基本设想。2007 年的《21 世纪海上力量合作战略》文件、2010 年的《海军作战概念》文件及 2015 年的《前沿、威慑、准备：21 世纪海上力量合作战略》文件，均对"分布式杀伤"理论作了不同程度的发展。但由于全球"反恐"行动的影响，进入 21 世纪后，美国海军武器装备，尤其是反舰作战武器装备的作战能力发展遭到极大削弱。因此，在"反恐"行动进入尾声的情况下，美国再次把"重振海上军事力量"和"确保全域进入与力量投送"作为海军建设的基本着眼点。2014 年年底，美国海军战争学院在兵棋推演中使用了加装中程反舰导弹的濒海战斗舰，令参演蓝方的战斗能力大幅提升，最终引出了所谓的"分布式杀伤"水面作战概念。2015 年 6 月，美军成立"分布式打击"任务小组，并先后开展了 10 次军事演习探索相关概念，大力促进概念向实用化转变。2016 年 2 月，美军 1 艘"阿利伯克"级导弹驱逐舰发射了 1 枚原来用于防空的"标准-6"导弹，击中 1 艘退役护卫舰，标志着美国海军"分布式杀伤"概念进入测试阶段。此后，美国军方及相关智库相继发布《拨开层级：一种防空新概念》、《"分布式杀伤"及未来战争概念》、《备选未来舰队平台》、《水面舰队愿景》和《海军科技战略》等一系列文章及报告阐述这一概念，分析了"分布式杀伤"的作战特点、平台、能力及战略价值，进一步促使"分布式杀伤"向防空战、对岸战及反潜战等领域拓展。

12.2 概念内涵

2006 年发布的《美国海军作战概念》文件中指出："分布式杀伤"用于"增强己方在地理位置上分散，但在全球、地区或战术上一体化、网络化的部队实施独立和联合行动的能力"。美军强调："分布式杀伤"提供的力量"粘连"，将使海军力量的运用和影响范围更加广泛，防空作战、反舰作战、反潜作战及对岸打击作战等作战样式更为灵活，兵力部署的快速性、作战效能的高效性得到快速提升。

12.2.1 概念与原则

美国海军所谓的"分布式杀伤"，就是在增加单艘舰艇、单架战机的攻击力和防御力的基础上，以分散编成的方式将海上部队用于广阔的地理空间，产生分布式的杀伤能力和信息对抗能力，以达到更广泛的海上控制、更宽泛的打击范围、更灵活的作战方式及更强的自我生存能力的目的。

美国海军"分布式杀伤"作战概念具有 3 个原则，分别如下所述。

1. 增强单个兵力单元的攻击力、防御力和信息力

美国海军强调，单个兵力单元是"分布式杀伤"总体战斗能力的基础，每艘水面舰艇、潜艇及每架空中飞机必须装备可同强敌对抗且能制胜的必备武器装备。同时，还需要将其合理编成，使用恰当的战术，进行科学的训练，从而能够为美国海军部队遏阻具备相当实力的对手、拓宽作战空间，并为下一步的"分布式"联合作战积蓄优势。

2. 在地理空间上分散部署美国海上作战力量

这种新的"分布式"战斗力量，能够提供快速的全球打击能力和灵活的作战应变能力，使美国海军部队从威慑态势快速转换到其他全频谱的作战行动中，并通过获取地理位置优势来定位、监视、跟踪、识别与打击作战目标，达成联合作战目的。美军认为，分散部署在弥补美军战线过长劣势的同时，可以发挥美国海军远海作战优势，成倍放大远海舰队的战斗力，迫使对手身处遭受多方攻击的危险境地，使其不得不采取行动防御来自更多方向的目标攻击。

3. 通过资源合成达成持续作战目标

美军提出，未来针对大国的海上联合作战具有持续时间长、作战强度大及作战范围广的特点。因此，必须首先提升单艘舰艇的防御韧性，以增强其抵御来自太空、网络、空中、水面和水下攻击的能力。其次，应改进网络与战术，提升海军部队协同交战能力，从而达成信息共享、火力共用、跨域一体的作战效果。最后，须克服战损，以便在指挥控制能力遭到削弱的情况下能够持续作战。

12.2.2 分布式指挥控制

"分布式杀伤"要求进行分布式指挥控制。所谓的分布式指挥控制是指在特定条件下根据现实情况调整而得到授权，或依据相关命令与协议而主动承担相关控制行动，从而同步各部队的作战行动，保持作战的主动性，并实现指挥员的意图。

分布式指挥控制通过两种途径实现：一是主动授权，即联合部队司令将一定的指挥控制权授予下级单位；二是主动承担，即下级单位按照既定协议在失去通信联络时承担一定程度的控制权。"集中控制、分散实施"一直是美军指挥控制的主要形式，该原则过于简单，在对抗激烈的拒止环境中就显得并不适应。美军认为这种指挥模式无法保证网络、数据链和通信系统能够不受损害且在受损后可迅速恢复。在未来激烈的作战环境中，一旦指挥与控制体系遭到破坏，美军必须时刻准备利用分布控制实现作战效能的发挥，在这种情况下，"分布式"指挥控制就应取代集中控制，成为指挥控制的主要模式。具体而言，就是在"反介入/区域拒止"环境中的作战准备、作战实施与作战评估各环节，实行"集中指挥、分布控制、分散执行"的指挥控制模式，这种指挥控制模式将为美军在激烈对抗环境中持续掌握战场优势创造条件。即使出现联合部队司令部与外界失去联系的情况，下属指挥员、机关、部队和平台可以凭借分布式控制实现自主指控与协同。

12.2.3 分布式海上防空作战

"分布式杀伤"要求舰艇装备更多数量的进攻性武器，如"海军打击导弹"或"远程反舰导弹"。但舰艇的垂直发射单元数量无法改变，拿出一些发射单元用于发射进攻性武器，就必须使用更少的防空拦截弹。该问题的解决方式有两种，一是使防空导弹小型化后，在每个发射单元中装载更多的防空拦截弹；二是通过改变防空射击方式，提升防空拦截效果，从而减少防空作战对防空弹的需求。美国海军可以通过将射击理论由射击-射击-观察-射击

（S-S-L-S）调整为射击-观察-射击（S-L-S），以降低拦截弹的使用数量。

美国海军也可选择新的分布式防空方案，该方案主要使用近程拦截导弹，令垂直发射系统装载更多的近程拦截弹，如改进型"海麻雀"导弹。虽然个头比远程拦截弹小，但也可以实现所需的拦截反舰巡航导弹能力，1个垂直发射单元中可以装载4枚导弹。

分布式防空方案的另一个重要特点是攻击性防空作战。该方案适用"标准-2""标准-6"和改进型"海麻雀"导弹，以及激光武器等，致力于在敌机发射反舰巡航导弹之前将其击落。

12.2.4 分布式反舰作战

美国海军战略正在从"由海向陆"向"制海战略"转变，再次强调重视海上反舰作战。美国海军能力建设也出现了重大变化，主要体现在以下方面：增加舰队的进攻性和防御性作战能力，构建灵活性编成方式，在广阔海域分散不同兵力，生成分布式作战能力，增加无人作战系统，由此提升舰队的反舰作战能力。

其中，发展多型远程反舰导弹是"分布式"反舰作战能力形成的关键。例如改造现有的"标准-6"型防空导弹和"战斧"对陆攻击型巡航导弹，使其具备反舰能力。兼具防空反舰能力的通用型"标准-6"防空导弹，其最大射程超过400km，2016年已成功进行了实弹试射；反舰型"战斧"导弹，射程提高至现役型号的两倍，装备范围扩大至近海战斗舰艇；增程型"鱼叉"导弹射程提高了1倍，达250km。另外，美国海军还积极开展新型"远程反舰导弹"的试验论证，其射程可达900km。

不只局限于导弹的研发，美国海军还在其他直接攻击武器系统中发展增程型反舰能力，其关键就是发展可以在飞行过程中接收目标指示更新的网络能力增强型武器，如"联合防区外武器C-1型"。

12.2.5 分布式反潜作战

为适应"分布式杀伤"需求，美国海军在反潜领域提出了"全谱反潜战"概念。"全谱反潜战"作战运用思维是全方位、整体性实施应对潜艇的具体策略指导，其着眼于综合运用心理战、信息战及封锁战等各种方式，将平常心理、军事威慑和战时进攻、防御紧密结合。作战方案重在进攻，要求从潜艇离开母港开始，在潜艇航渡、通过重要航道、巡逻区待机和信息支援等各作战环节对其实施强有力的对抗，确保有效挫败对手潜艇作战企图，使其无法实现作战效能。

12.2.6 分布式对岸打击作战

针对对手日益增长的"反介入/区域拒止"能力，美国海军在对岸打击作战方面也将贯彻"分布式杀伤"理念，要求在更为广阔的空间，以分散的部署方式直接对敌方纵深关键性目标进行打击。一是通过欺骗、隐蔽和模糊弄乱对手的目标定位，最大限度地达成作战突然性；二是针对关键作战目标从战略距离外直接机动（超远程打击）；三是攻击对手"反介入/区域拒止"防御的纵深，而不是从外围依次摧毁此类防御。

12.3　实现途径

美国海军认为，从"分布式杀伤"理论到"分布式杀伤"能力，需要通过利用由战术、人才、装备及训练四要素构成的机制，才能使海军部队的组织、训练和装备发挥出应有的作战效力。

12.3.1　战术领域

围绕从理论到能力转变这一根本目的，美国海军在战术领域进行了一系列以"分布式"体系作战为特征的战术研发。其中，"蜂群"战术是美国海军"分布式"体系作战的典型战术之一，可应用于空中作战、水面作战和水下作战的各个领域。其战术要义是：大量使用低成本无人系统，在攻击目标或防御目标周围进行分布式部署，并形成兵力数量上的绝对优势，大力拓展和增强美军海上、空中及水下兵力的战场感知能力、电磁和网络作战能力，以及硬杀伤能力，使美军取得各个战场空间的"非对称"优势。反舰"战术云"是美国海军反舰作战中的一种"分布式"战术应用方式。其战术要点是融合卫星、飞机、舰艇、潜艇及发射平台自身获取的目标信息，形成统一作战态势并在战术编队内进行推送和分发。发射平台收到打击命令后，在敌防区外发射导弹对目标实施超视距打击。

"一体化火控防空"项目是美国海军"分布式杀伤"在防空领域的运用，其战术要点是：舰空导弹发射平台通过高效数据链，接收其他舰艇或飞机目标数据，实现对武器射程内但在载舰雷达探测距离外目标的打击。例如"阿利伯克"级驱逐舰使用 E-2D 预警机提供的目标信息，解算舰空导弹的射击诸元，并控制导弹发射、制导、命中和杀伤效果评估。

12.3.2　人才领域

美国海军认为，"分布式杀伤"能力主要由人、武器及两者的结合而生成。其中，人是战斗力生成的最活跃、最关键因素。为此，美国海军从"分布式杀伤"要求出发，不断探索和创新人才培养模式与途径。由于"分布式杀伤"对海军基层军官的态势感知和判断能力提出了特殊要求，有必要加强这些军官的专业知识培训。一是从"分布式"指挥控制要求出发，不断提高海军人员信息素养；二是从"分布式杀伤"要求出发，培养海军人员的创新文化与创新能力；三是正确处理"通用性"人才与"专业性"人才的关系。

12.3.3　装备领域

"分布式杀伤"的基础和支撑是夺取海上控制权，尤其是作为海上平台主要活动空间的水面区域的控制权。为此，美国海军制定了"水面部队发展规划""无人系统发展路线图"等，以便在水面、水下、空中、陆地、网络和电磁空间等作战领域内达成动能和非动能杀伤效果。第一项投资目标是提升各个平台的攻击力和防御力；第二项投资目标是支持海军的长期造舰计划和现代化战略；第三项投资目标是提高作战空间感知力；第四项投资目标是大量装备空中、水下、水面和岸上无人系统。

12.3.4 训练领域

为适应"分布式杀伤"需求，在训练领域，美国海军大力推行依托网络信息技术的"分布交互"式网络化训练，以便在平时就让官兵适应分布式作战环境。分布交互的网络化训练是组织合同训练和联合作战训练最为有效的方法，它基本可以避免费时费力而效果不理想的实兵集结、统一投送的实地训练。美国海军十分重视网络化训练，建立了以现有武器装备系统、配置、战术和条令为基础，由分布于不同地区的院校和部队的多种模拟器和模拟系统组成的合成部队战术训练系统网络，并开发了"分布交互"式作战训练环境，使部队从单兵到战区指挥员均能参与不同层次的作战理论培训和战法训练。

美国海军采取分散配置的方式，把陆、海、空及海军陆战队等诸军兵种部队联合起来，实施分布式一体化联合训练，这已成为美军联合训练的重要特征。在开展联合训练时，美国海军特别强调从实战出发，增大训练难度和强度，在情况和环境设置上力求接近实战，把部队置于最困难、最复杂的环境之中，以提高部队在复杂环境下的作战及应变能力。

12.4 特点分析

作为一种主导性作战概念，"分布式杀伤"理论将对美国海军未来海上作战能力的提升产生转型性影响，在一定程度上可强化其在信息化海战中的"不对称"优势。但"分布式杀伤"理论也存在许多难以克服的战术技术障碍，其作战运用同样面临多方面的挑战。

1. 情报监视能力提升，海域控制范围扩大

"分布式杀伤"能够使美国海军在更大海域范围内部署各类平台系统，并通过一体化的指挥、控制、通信系统将各类传感器和打击系统联成一体，使各类海军平台的感知能力和攻防作战能力得到更加充分、有效的利用，从而确保对关键海域的感知和控制。除分散部署各类有人操纵平台系统外，美国海军"分布式杀伤"还强调大量使用各类灵巧、廉价的无人系统，在关键海域的空中、水面、水下作战领域形成整体性作战能力。

2. 力量融合能力提升，总体作战效能增大

"分布式杀伤"将美国海军各类平台武器系统的作战效能进行叠加和融合，使其整体作战效能出现几何级增长。在海上编队防空作战上，"分布式作战"以"协同效能系统"为依托，将分散部署的各水面舰艇的防空能力联合为一个整体，从而感知空中威胁、提前预警来袭目标，以及确定最佳拦截方案，作战能力和效率都将得到极大提高。在反舰作战上，美国海军提出了"凡舰皆为战"的口号，力求通过增强各型舰艇的对舰打击能力、拓展对舰打击范围，提升对舰作战的综合效能。在对岛屿作战上，"分布式作战"强调通过分散部署海上打击与两栖登陆兵力，并从多方面对敌实施火力打击和两栖攻击行动，迫使敌方分散兵力，结果无法有效组织抗击行动。

3. 体系抗毁能力提升，作战稳定性加强

为了达成作战的隐蔽性，美国海军甚至将驱逐舰、航母等大型和超大型舰艇进行了隐形化设计。即便如此，在大编队密集队形情况下，要想保持作战隐蔽性是极其困难的。而"分布式杀伤"能够极大地降低海上目标的可探测性，分散敌方侦察兵力兵器的使用，使其难以把握侦察行动的重点方向和重点范围；同时可以更容易地对敌方实施战役战术欺骗，极大地迷惑对手，使其无法准确地锁定打击目标，这将在很大程度上提升美国海军兵力的战场生存能力，使作战对手难以寻找并打击美方目标。考虑到海上、空中、水下无人系统的大量使用，即便某一个或部分目标被对手摧毁，也更容易进行补充和替换，因此，美国海军的海上作战体系将具备更强的稳定性。

4. 大型兵力防御力降低，使用范围受限

在"分布式杀伤"中，美国海军不能用现有航母打击大队、两栖打击大队的密集编成方式，而更多地使用宽正面、大纵深的松散型编队模式。这将导致航母、大型两栖舰的直接护航舰艇数量大幅减少。由于美国海军对空探测能力强、防空导弹数量多、射程远，"分布式杀伤"不会对大型舰艇的对空防御产生较大的负面影响。但由于受复杂海洋水文，尤其是濒海地区复杂海流及复杂海底条件的影响，对潜探测装备的性能难以有效发挥，因此"分布式杀伤"将导致大型舰艇对潜防御能力大幅下降，很难构建起严密的对潜防御体系。为此，航母及大型两栖舰将不得不进行远距离部署，其作战范围将极大压缩，作战效能难以有效发挥。

5. 后勤支援难度增大，作战持续能力减弱

美国海军现有后勤支援舰艇均以密集编成的航母编队和两栖编队为保障对象，因而普遍具有吨位大、航速快、物资装备数量多及海上补给能力强的特点，但支援舰的总体数量十分有限，仅有 3 型 27 艘。这一支援舰队的规模，是按照 10 个航母打击大队、12 个两栖打击大队和 7 个水面打击大队的舰队规模来设计的。在"分布式杀伤"条件下，由于编队的作战范围急剧扩大，后勤支援舰艇将不得不在低防护条件下为分散部署的编队进行穿插补给，不但补给任务繁重，而且极易遭到对手攻击。一旦编队中的大型补给舰艇遭攻击后能力下降或彻底丧失补给能力，整个海上编队的持续作战能力将会大大削弱，甚至无法继续遂行作战任务。

6. 战役进程管控复杂，指挥控制难度加大

尽管"分布式杀伤"能够大大提升美国海军的整体作战能力，但从作战控制上看，这种作战模式既要求部队与更多的非建制单位共同遂行作战行动，又要求各作战单元加大电磁辐射控制，这会在分散部署的各个作战单元之间形成信息交换的巨大障碍，加剧了指挥决策与作战控制的复杂性，甚至可能造成误击、误伤的严重后果。

第 13 章　拒止环境协同作战

拒止环境协同作战（CODE），是美国国防高级研究计划局（DARPA）为增强无人机或尖端导弹等无人系统在拒止环境的作战能力而推进的新概念。拒止环境协同作战不仅是新概念，也是新技术。DARPA 按照先提概念，再进行虚拟实验、技术验证和实装演示等步骤，逐步推进此概念落地。

13.1　发展背景

美国认为潜在"反介入/区域拒止"（A2/AD）挑战最大的战区都是地理广袤的区域，包括太平洋地区、中国南海与俄罗斯及其周边国家，在这些地区设置前进基地的机会极为有限。因此，远程平台对于未来的力量投送极为重要。例如，必须大量购置 B-21 远程打击轰炸机，用于支援作战灵活性。这就必须解决战术战斗机的航程局限性问题，并且仔细考虑后勤支援。未来的战斗情景往往是几十架第五代战斗机和攻击机整装待发，准备突防进入"反介入/区域拒止"环境的最纵深部分。

大型飞机的武器探测和交战区显著扩大，通常无法就近获得空中加油机的支援，因而战术战斗机或传统无人机不能发挥作用。通过提高加油机的生存能力，使其能够接近作战前缘。利用传统型远程机动平台发射的"小精灵"无人机等非传统型无人机可提供另一种可行的选择方案。应该尽一切努力保障关注区域内的前进基地安全无虞。即使采取这些措施，仍须优先考虑拥有适当航程和突防能力的平台。对于使用大量战术航程战斗机或传统无人机的作战情景，必须持怀疑态度。现实的问题是：

这些飞机怎么抵达关注区域？如果答案是空中加油和飞行员在战术型单座驾驶舱里每天坚持值勤 20h，显然是不可取的，会给飞行员的表现和疲劳恢复时间造成严重影响。要想拥有抗衡环境的制空权，需要由远程载人母机平台与不受疲劳影响的可消耗战术无人机协同作战，形成人机团队组合。在未来的作战空间，把这些平台视为载人节点或传感平台/发射平台也许更加贴切。应该对远程载人控制平台的研发进行重点投资。

DARPA 的战略技术处始终致力于系统体系方法的研究，既是出于必需，也是为了把握内在机会。部署一支能够按美国民众可以承受的成本击败未来对手的军队，是该项研究的驱动因素。系统体系方法采用网络化结构，将无人驾驶的低成本、低功能平台与可选用的有人驾驶高成本、高功能平台联网作战。

低成本平台能够增强高成本平台的军事效能和生存能力，并能保护系统结构中的人工操作员。不同类型平台的集成有助于整个系统减少薄弱环节。通过购买和使用足够数量的低成本平台，可以导致对手的防御能力达到饱和状态，于是一定的数量优势自行转化成质量优势。这样即可取得作战主动权，迫使对手面对复杂形势和付出一定的代价。开放式结构和较低的投资风险可促进低成本平台的快速创新研发。新型航空器、传感器和指挥与控制核心的周边系统能够快速适调，对整体系统几乎不会带来任何风险。

未来的"反介入/区域拒止"作战空间包含多个防御层次，非常复杂。现有的基于平台的战略很可能无法在这种环境中取得制空权，而且在财力方面也是不可持续的。大幅度转向到基于网络的系统体系方法，可以克服这些挑战。

DARPA 对"小精灵"无人机项目、协作环境等项目的投资正在开辟通向未来可行解决方案的道路。

13.2 基本概念

2014 年，DARPA 的战术技术办公室（TTO）启动拒止环境协同作战概念相关项目研发，研发工作以 4 个技术领域为重点：协同作战自主化、航空器层面自主化、监控界面，以及适用于分布式系统的开放式结构。关键的技术发展注重传感、打击、通信和导航等方面的自主化协同作战，以减少所需的通信带宽和人工系统界面。

自主化协同作战的含义可以通过以下示例加以理解。

假定有 12 枚巡航导弹射入敌方纵深，寻找一个移动式地对空导弹（SAM）发射阵地。可以给每一枚巡航导弹单独指派一个搜索/击杀区，期望它找到和摧毁指定 SAM 发射阵地。如果采用协同作战方式，这个巡航导弹组合可以设置一个经协调的搜索矩阵，相互传递关注目标的信息，调用多个传感器和方位角，提高准确识别目标的概率。此外，假定无法使用全球定位系统（GPS），即失去了外界导航真实信息源，使准确定位和目标选定比较困难。但利用协同作战网络，则有可能确定相对位置。这个巡航导弹组合可以利用已知的地标或单一导航信标更新其位置。

在这个示例中，绝对位置已经不是那么重要了。只要知道与目标的相对位置，就足以形成击杀链。一旦识别了目标，这些巡航导弹可以包围目标，在同一时间实施打击，使得对方的任何导弹防御系统都难以招架。协同作战可极大地提高作战效能和效率，并可减少群射的导弹数量。这种基于效应的思路既可节省资源，又可优化任务成功。

协同作战的另一个重要方面是相干射频效应。即具有高精度时钟的多个平台可以传送能够有益组合的波形，这样组合的波形其功率按平台数量的平方值增长，而不仅仅是各平台波形功率相加。因此，4 个协同作战平台的相干组合信号可以提供高达 16 倍的广播功率。如果相干组合数目更多的信号，则可产生极大的功率，显著扩大探测、通信和电子攻击范围，或者有助于通信信号突破对手干扰。

在严峻的射频环境中进行协同作战时，有效地使用可用的带宽非常重要。其目的是使整个团队的所有成员都看到共同的态势感知画面。具体的做法是：通过行为和健康建模技术，减少每架航空器为了知道其他航空器的状况而需要获得的信息。

例如，每架航空器都能够根据内置模型计算团队内其他航空器上应该剩余的燃油量，从而不需要连续不断地发送每架航空器上剩余燃油量的更新信息。因此，燃油状态更新信息只是偶尔发送，或者只需要在实际燃油存量偏离模型预期值时才发送。必须传递的信息有一个指派值，并且根据其对特定任务交战的重要程度予以压缩。早期研究显示，这么做可以逐渐取得极好的效果，把带宽需求减少许多。

大量的半自主化航空器置于一名任务指挥员的控制之下，必然需要对人与系统交互界面（HSI）有一个新的观念，其中的核心挑战在于如何在通信间歇受阻的拒止环境中与数十架无人机互动。即使在很大的工作压力下，人工操作员也必须能够保持态势感知。高功能自主化作战必须在了解形势的情况下才能采用，不可放弃合适的人工监视和控制。

与此同时，自主化航空器必须反应可靠，使人工操作员不断增强信心。在各种人工操作与航空器遥控匹配模式中，MQ-1无人机是一个极端例子，它由一名飞行员直接用人工控制所有的飞行功能。今后一个比较可行的模式是，无人飞行器自主应用指挥员的意图。也就是说，无人机群带着明确界定的目标出发，即使与任务指挥员的通信中断，也能自主执行任务。根据交战规则，在执行武器投放或飞越地理界线等预定行动前，必须通知指挥员，以获得其授权。与此同时，相关数据必须递交给任务指挥员，以便其能够做出明智的决定。但把来自众多传感器的原始数据全部传送给任务指挥员，其数量将大到难以承受。因而，可利用显示长期行为和任务相关趋势的特定信息作为行动参照依据，形成最优态势感知。

拒止环境协同作战正在探索一整套任务规划工具和界面，以期克服上述挑战，向人工操作员提供适度的信息，使其能对机器行使适度的控制。该项目的一个主要研究方向是找到符合童话故事中"金发姑娘适度原则"（Goldilocks zone）的适度范围。开放式系统结构对于拒止环境协同作战通信干线的发展极为重要。现有的系统和尚未构建的新设计必须能够在允许连续改进的环境中共同运行。若要实现这个目标，则须向所有的相关方提供明确界定的界面，这些界面由政府拥有，适合快速整合、自主适调和灵活测试。开放式结构是一个设计承诺，必须融入系统研发的每一步。鉴于系统目标是促进许多不同资产的协同作战，开放式结构是实现拒止环境协同作战愿景不可或缺的条件。

13.3 关键技术

拒止环境协同作战涉及的关键技术包括单飞行器自主、无人机编队协同自主、监控界面、开放架构、验证全任务能力技术及过渡到军队飞行器所用的技术等。

1. 飞行器自主技术实现无人系统自主管理能力

为了组建自主无人机编队，每架无人机需要有足够的自主级别，包括：无人机平台子系统、任务设备及飞行轨迹的自主管理，以及自主管理能处理常规和异常情况。具体为分析飞行器状态数据（无人机的温度、压力、剩余能量等状况及其他功能）；识别意外且可处理；应对数据链突然失效的情况（执行任务、防撞等），平台上处理数据（减少通信数据量）；自动跟踪移动目标，可以定义并控制复杂的飞行轨迹。目前，降低通信带宽、分析飞行器自身状态及其他飞行器状态的状况评估主要通过机载健康预测模型实现。

2. 协同自主技术实现多无人系统协同完成任务

为了发挥协同作战优势且考虑编队的共同目标及各种限制，无人机编队共享作战环境，该作战环境的数据在被收集的同时也在不断变化。随着从各种数据源得到的（预处理）数据增加，可以通过数据融合和分析（包括在人类团队指挥员的帮助下），获取可用于执行作战任务的信息，且闭环控制能改善编队的全局模型。基于全局模型，可确认能发挥每个编队成员优势的行动计划。协同自主技术应能做到：融合多来源数据（形成统一战场图像），具有共同决策架构（适应不同网络情况，通信带宽降低时给出传输任务优先级排序），动态组合编队和子编队，在无天基/空基的支援下工作，以及适应高度的不确定性。协同自主技术主要包括协同感知、协同打击、协同通信、协同导航技术、编队飞行、多限制自动路径规划及带宽降低的措施。

3．监控界面实现异构多无人系统的监测控制

监控界面的最终目标是使指挥员的角色提升为监督角色。主要能力包括：可部署在移动控制站，可以控制多于 4 架无人机，促进任务规划（定义），人机之间可自然交互，简洁但综合性较强的组合（指挥员可以运用人的判断力判断当前状态），满足训练和实战需求，支持双向信息流动。主要技术包括：多模型接口耦合点触/声音、理解指挥员意图、上下文理解、不确定性表示、决策辅助、目标分类要求、编队和子编队可视化、编队和子编队任务规划、定义系统权限或自主水平，以及视觉和听觉的预警。为实现拒止环境中指挥员监控多无人机协同作战执行任务，美国智能信息流技术有限责任公司开发了人机交互应急规划（SuperC3DE）系统。SuperC3DE 是一套人机交互和智能决策辅助工具，提供综合多视角人机界面，开启调用可直接进入地图进行可视化显示，能使一人同时有效控制、监督及管理多架无人机。此外，该系统还包括监督应急规划评估子系统（SCOPE），对任务方案进行自主分析、预估、优化及反馈，实现自主辅助决策。

4．开放架构实现不同类型无人系统功能快速整合

拒止环境中的协同作战开放架构需要自适应性、快速整合、通过网络测试、兼容各种标准及高度模块化。开放架构对于拒止环境中协同作战通信的发展极为重要。现有的系统和尚未构建的新设计必须能够在允许连续改进的环境中共同运行。若要实现这个目标，则须向所有的相关方提供明确界定的界面，这些界面由政府拥有，适合快速整合、自主调整及灵活测试。开放架构必须融入系统研发的每一步。鉴于系统目标是促进许多不同类型无人系统的协同作战，开放架构是实现拒止环境中协同作战愿景不可或缺的条件。

13.4　发展阶段

拒止环境协同作战为实现拒止环境中无人机的自主协同作战，充分利用先进的交互设计思想、开放式架构等。分为三个阶段：

第一阶段，至 2016 年年初，完成需求定义和初步系统设计，验证了无人机自主协同的应用潜力，并起草了技术转化计划；选择约 20 个可以提升无人机在拒止或对抗环境中有效作战的自主行为；人机接口和开放架构基于"未来机载能力环境"（FACE）标准、"无人控制程序"（UCS）标准、"开放任务系统"（OMS）标准及"通用任务指挥和控制"（CMCC）标准进行研发，并已取得一定进展。

第一阶段的承包商分为两类，一是系统承包商（雷神公司和洛克希德·马丁公司）；二是技术发展商，包括瓦格纳协会（弗吉尼亚州汉普顿）、科学系统公司（马萨诸塞州沃本）、智能信息流技术有限责任公司（明尼苏达州明尼阿波利斯）、飞腾科技公司（密歇根州安娜堡）、SRI 国际公司（加州门洛帕克），以及 Vencore 实验室管理员应用通信科学公司（新泽西州巴斯金里奇）。

第二阶段：从 2016 年初到 2017 年年底，洛克希德·马丁和雷神公司以 RQ-23 "虎鲨"无人机为测试平台，加装相关硬件和软件，并开展了大量飞行试验，验证了开放架构、自主协同等指标。第二阶段的系统承包商与第一阶段相同。

第三阶段：雷神公司将完成 3 个任务场景飞行试验验证，并测试 6 个无人机系统及协同其他模拟飞行器合作的能力。试验将通过单人指挥无人机编队执行复杂任务，包括目标搜索、识别及对主动、不可预知的对手的打击。

2019 年 2 月，DARPA 在亚利桑那州尤马试验场进行的一系列试验中成功对其拒止环境协同作战技术进行了演示验证，即无人机集群在通信受干扰掉线、GPS 信号不可用情况下系统仍然能够遂行作战任务。

在此项试验中，6 架装有多种传感器的 RQ-23 "虎鲨"无人机依次起飞。在尤马试验场跑道旁的一个小型作战中心里，任务小组在航空图上对这些无人机和多达 14 架的虚拟飞机进行了跟踪。

这个顶层验证演示试验将雷神公司的软件和自主算法与约翰·霍普金斯大学应用物理实验室的"白军网络"进行了匹配，以构建一个真实/虚拟/构造三者相互转换的测试环境。在所进行的 4 次验证演示飞行中，任务小组计划了多种虚拟目标、威胁和应对措施，以了解"虎鲨"无人机在次优条件下完成目标的能力。

"无论从计算平台还是载具平台的角度来看，将拒止环境协同作战能力的软件需要从一个作战平台迁移到另一个平台都很容易，有人驾驶飞机，无人驾驶飞机或地面车辆都能够轻易获得拒止环境协同作战能力的加持"，空军研究实验室自治技术顾问 J.C. Ledé 称"拒止环境协同作战能力的概念是基于脚本的战术体系，因而可以相对轻松地制定新战术以适应不同的任务需求。"

海军航空系统司令部（NAVAIR）于 2019 年获得拒止环境协同作战能力的所有权。该司令部已经建立了一个算法库，其中包含整个研发过程中所有已经测试过的算法。海军空战中心飞机处的自主战略负责人斯蒂芬·克拉奇诺维奇表示，"我们所建立的实验室不仅为海军或海军航空兵服务，也在设法使其在整个国防部范围内可用。如果陆军想要利用 DARPA 研发的技术原型，那么我们不但可以提供相关的软件，还会为他们提供一个所有安全协议都已得到妥善处理的开放研发环境。海军空战中心飞机处有一大批技术骨干已经掌握了拒止环境协同作战系统的实际操作知识，他们可以帮助将这个系统转移给国防部下属的任何单位。这使得拒止环境协同作战系统的相关技术可以协调不同的自主系统在高度对抗环境和拒止环境中，借助最低限度的人工监督执行作战任务，从而为各军种已部署的部队提供支援。"

第 14 章 无人机集群作战

近年来，随着网络、人工智能、自主系统及大数据等前沿技术的发展与应用，无人作战系统得到迅猛发展，无人机集群作战也正在由概念变成现实。美国学者阿奎拉和朗斐德曾在其专著《蜂群战与未来冲突》中指出，蜂群战是有史以来第四种冲突形式（前三种冲突形式分别是混战、集结战和机动战），也是最先进的一种冲突形式，主要体现在两方面：一是面对高度对抗性、动态性的战场环境，无人机集群具有规模优势和成本优势，通过能力互补和行动协调，可以弥补单机能力的不足，实现"1+1>2"的作战效能；二是无人机自主能力不断提高，正逐步从简单的遥控、程控方式向人机智能融合的交互控制，甚至全自主控制方式发展，无人机集群的生存能力和作战能力大幅提升，现有防空体系将难以防范。因此，关注无人机集群的发展方向，研究无人机集群作战的关键技术和应用局限，对探索反无人机集群作战的技术措施，具有非常重要的现实意义。

14.1 产生背景

14.1.1 背景情况

1. 武器系统成本上升

近年来美国国防经费呈持续增长趋势，但面对成本呈指数上涨的武器系统，美军也不得不缩减采购数量。在这种情况下，美军希望研发多功能、多用途的通用武器系统，以解决数量不足的问题。结果导致武器系统更加复杂，各项标准更高，研发周期越来越长，成本也随之增高。F-35 战斗机的成本不断上升就是典型代表。美军吸取教训后，转向发展集群作战技术，即简化武器系统，将其分解成多种单一任务系统，从而缩短研发周期，降低成本，然后根据任务需求，将多种单一任务系统进行优化组合，以数量对抗质量，协同完成任务。

2. 先进武器技术扩散

在近些年的局部战争中，美军都以军事技术优势取胜，以质量优势对抗数量优势。然而好景不长，美军的军事技术优势正在逐步消失，潜在对手在隐身技术、精确制导技术及通信导航技术等方面正迎头赶上，并且这些技术还在全世界范围内扩散，如俄制 S-300、S-400 先进防空系统及先进的超声速反舰导弹已在全世界范围内广泛销售。为了应对挑战，美军希望通过数量优势和成本优势取胜，故而提出发展集群作战技术，以廉价的无人系统对抗对手的先进军事技术。例如，使用大量廉价的无人机组成"蜂群"，协同破坏对手的先进防空系统，为昂贵的有人驾驶战机开辟通道。

3. 应对非常规作战任务的需要

随着冷战结束，美军面临的大规模对称常规战争威胁大大降低，恐怖主义已成为美军的主要威胁之一。为了减少人员伤亡，在反恐战场上大量使用无人系统执行作战任务。当前，美军无人系统一般由单架装备完成侦察-打击任务，如 MQ-9 "死神"无人机一般采取单架装备执行任务。随着恐怖袭击手段的升级，如汽车炸弹袭击陆军营地、小艇袭击海军港口，单架（辆/艘）无人系统已无法有效应对。特别是在科尔号驱逐舰遭受恐怖袭击后，美军迫切需要蜂群无人艇来保护海军舰艇、港口及其他海上设施。

14.1.2 发展情况

2000 年，美国国防高级研究计划局（DARPA）率先启动了无人机集群空中战役研究计划，提出一种基于多智能体的非分层结构的自组织空中任务分配方法。此后，美国联合司令部、空军研究实验室及空军技术研究院等多家研究机构展开无人机集群领域的研究与论证，但大都停留在技术层面。直至 2014 年，美国国防部为解决美军无法在国防预算受限的情况下通过更新换代高端装备来保持压倒性军事优势的问题，提出第三次"抵消战略"，集群式无人机作战概念被正式提出，并被作为一项可以改变战场规则的颠覆性技术加以大力发展。此后，对于无人机集群作战的研究进入快速发展阶段。

2014 年 10 月 15 日，美国智库——新美国安全中心发布了《战场机器人Ⅱ：即将到来的蜂群》报告，首次系统提出了无人系统蜂群战术。2015 年 9 月，美国空军发布《空军未来作战概念》，其中描述了小型无人机集群作战设想。2016 年 5 月，美国空军发布了《2016—2036 年小型无人机系统飞行规划》，其中设想的新型作战方式大多与小型无人机集群作战相关。除了编制战略发展规划，美军技术研发机构也启动了大量无人机集群项目，如美国国防部战略能力办公室的"灰山鹑"微型无人机项目、DARPA 的"小精灵"无人机集群项目，以及美国海军研究办公室（ONR）的"低成本"无人机集群项目等。近年来，无人机集群在诸多关键技术逐步成熟的基础上具备了可观的发展前景，并在叙利亚战场上表现出生存能力强、效费比高等优势，引起世界各军事强国的高度重视，并开始加大科研、创新力度，无人机集群相关的战术研究和科研项目如雨后春笋般涌现。

14.2 概念内涵

14.2.1 概念分析

无人机集群是大量自驱动系统的集体运动，集群内的无人机通过信息的传输与合作突现智能化，具备一定程度的共识自主性。具体来说，无人机集群飞行，就是大量具有自主能力的无人机按照一定结构形式进行三维空间排列，且在飞行过程中可保持稳定队形，并能根据外部情况和任务需求进行队形动态调整，以体现整个机群的协调一致性。无人机集群的内涵在"数""价""质""变" 4 个方面有别于传统的多架无人机协同，具体体现如下："数"是指二者数量规模不在一个量级，集群一般指几十架甚至上百架无人机；"价"是指两者平台造价不在一个水平，组成集群的单无人机平台价格低廉，可大量装备，使用时即使有损失，也不会过于惨重，故可大胆使用；"质"是指二者技术水平差距大，在智能传感、环境感知、分析判断、网络通信及自主决策等方面均不在一个层次，无人机集群具有很强的智能涌现的共识自主性；"变"是指二者适变和应变能力差距大，无人机集群可针对威胁等突发状况进行复杂协作、动态调整及自愈组合。

无人机集群作战是指一组具备部分自主能力的无人机系统通过有人或无人操作装置的辅助，在一名高级操作员监控下，完成作战任务的过程。无人机集群具有以下特点：可有效解决有限空间内多无人机之间的冲突；可以低成本、高度分散的形式满足功能需求；可形成动态自愈合网络，通过去中心化自组网实现信息高速共享、抗故障与自愈；具有分布式集群智慧，可通过分布式投票解决问题，且正确率普遍更高；可采用分布式探测方式，提高主动与被动探测的精度。

14.2.2 特点优势

1. 侦察-攻击优势

在信息时代，由美国主导的网络化作战思想已经遍及世界，美国认为，其他国家已逐步具备远距离侦察美军并施予精确打击的能力，这将对美军的舰船和空军基地等军事设施造成威胁。2013年，美国国家安全中心指出，无人系统所具备的远作战距离、高持久性能和低风险系数能够支撑美军应对这一威胁，并构建新的作战理念。在新的作战理念中，无人技术为开展集群作战提供了物质基础，主要体现在作战装备的高度密集性、协同性、智能性和灵活反应上。由于采取集群技术的基本原则是分散使用大量低成本的无人武器，这一作战理念能够实现对对手区域的广泛占领，使数量再一次成为战争胜负的决定性因素，而人在操纵无人武器时所使用的算法将确保侦察信息的准确性和攻击过程的精确性，既使侦察与攻击具有更高的可靠性，又降低了原有的牺牲成本。

2. 规模作战优势

冷战时期，美军素有采取"抵消战略"的传统，而随着精确制导武器的大规模扩散，美军投入构建防御体系的成本逐渐增加，实际攻击和防御能力却未得到提高。在转向发展无人集群系统后，原本造价高昂的多任务系统被分解为若干低成本的小规模作战平台。基于任务层面的自我管理和多武器系统的自我控制，这些小型作战平台能够分散对手的作战注意力，实现各平台之间的作用互补与替代，形成规模作战能力，从而避免了过去一旦造成损失便不可弥补的局面。美国空军已配备的微型空射诱饵-干扰机，就是在一架战机上形成小型远程电子战平台，通过微型空射诱饵（MALD）模拟战机信号误导对方雷达系统，而微型空射诱饵-干扰型（MALD-J）则对其雷达和防空火力系统进行直接干扰。在与微型空射诱饵（MALD）和微型空射诱饵-干扰型（MALD-J）配合的过程中，美国空军战机的位置将不会暴露，飞行员可驾驶战机抵达对方纵深实施攻击。这表明，无人集群作战技术能够组合各子系统功能，使其整体效能远远强于个体功能之和。

3．灵活反应优势

尽管机器无法取代人脑在解决模糊问题和新问题方面的作用，但是自动化能够提高大数据信息的处理速度。无人集群作战技术的整合效能之一就是利用"蜂群"的委派控制机制，充分发挥无人武器的快速反应功能。一方面，广泛分散的小型作战平台将对手的整体作战系统分解，误导和干扰对手使其反应钝化，从而瓦解对手的"侦察-定位-决策-行动"机制。另一方面，无人集群作战技术将侦察结果及时反馈给指挥人员，实现战术层面的应急决策，并指挥各分散的子系统在战区前沿迅速行动，通过不断改变作战环境和情况，使对手难以应对。因此，无人集群作战技术实现的灵活反应实际是相对于对手的比较优势，而要保持速度方面的优势，美军必须不断优化各作战单位和整体系统的协调功能。

4．成本优势

美国国防部通常会以 20—30 年为时间轴开发新的武器系统，由于技术自身的不成熟，使用方与开发方往往会提出不切实际的需求，而随着时间的推移，各国武器系统都在不断发展，这就导致了需求的不断变化。在极端情况下，尽管需求在不断提高，但是武器系统平台的更新始终无法跟上对手或商用开发方的创新脚步，最终造成巨大的国防开支浪费。而无人集群作战系统依托大量低成本、次复杂子系统，开发成本和牺牲成本远远低于一个多任务的复杂系统，因此能够节约开支。同时，由于实战中集群系统规模庞大且分布零散，对手需要对每个目标进行攻击和防御准备，反而间接提高了对手的作战成本，使美军获得自身的成本优势。

14.3 实现途径

14.3.1 军种举措

1．美军无人空中系统集群作战技术发展现状

美军无人空中系统主要包括无人机系统和无人飞艇系统。其中，无人机系统是最早发展集群作战技术并加以运用的。美国是最早研发于实战运用无人机系统的国家，其技术现状处于世界领先地位。美军认为无人机集群技术将会改变战争的"游戏规则"，成为制胜关键。美军正大力研发无人机集群技术，借以抵消对手的"反介入/区域拒止"（A2/AD）优势。2016年 5 月 17 日，美国空军发布《2016—2036 年小型无人机系统飞行规则》，系统描述了无人机集群作战构想。当前，美军主要开展的无人机集群作战技术项目有"小精灵"项目、"灰山鹑"项目及"低成本"无人机集群技术（LOCUST）项目。2015 年 9 月，美军发布了"小精灵"项目公告，该项目拟发展一种能够从 C-130 运输机上齐射、回收并组网与协同的蜂群无人机，以执行防区外电子攻击与侦察任务。目前，该项目进展顺利，2016 年 3 月，第一阶段合同已经授出。"灰山鹑"无人机于 2011 年经研制成功。2012 年，美国国防部战略能力办公室采纳了该款无人机，并为其配套开发了由战机进行空中投放的技术。2014—2015年，美国空军 F-16 战斗机进行该无人机投放试验；2016 年，美国海军 F/A-18E/F 战机进行

了该无人机的投放试验。2015年4月16日，美国海军研究办公室（ONR）公布了"低成本"无人机集群技术（LOCUST）项目，并进行了一系列无人机集群技术验证工作。LOCUST项目的核心是发展通过发射管将大量可进行数据共享、自主协同的无人机快速连续发射至空中的技术。

2. 美军无人地面系统集群作战技术发展现状

在反恐战场上，美军大量使用无人地面系统执行简易排爆和侦察任务。由于其他军事强国正在加快研发和部署多种先进地面无人系统，并运用新的战术，给美军造成很大压力，美国陆军认为必须加速发展无人地面系统技术，并运用"蜂群"战术，以达到压制对手的目的。2017年3月，美国陆军训练与条令司令部发布了《美国陆军机器人与自主系统战略》，描绘了美国陆军机器人与自主系统未来25年的发展路线图。其中提出的前期（2017—2020年）目标是提高各机器人的态势感知能力，中期（2021—2030年）目标是提高"蜂群"的态势感知能力，远期（2031—2040年）目标是利用"蜂群"持续侦察能力增强整体态势感知能力。结合战略目标和当前情况，美国陆军采取五步走的方式发展无人地面系统集群作战技术，具体包括：维持现有无人地面系统；持续改善现有无人地面系统，提高自主能力；开发新功能，发展集群作战技术，进行集群侦察；更换过时系统；继续提高无人系统的自主能力和发展集群作战技术。

3. 美军无人海上系统集群作战技术发展现状

美军无人海上系统主要包括无人水面艇（USV）与无人潜航器（UUV）。近年来，由于国防经费缩减，美国海军舰艇采购数量不断被削减。面对大量的监测、护航及维护航行自由等任务，美国海军舰艇疲于奔命，难以满足需求。美国海军有人舰艇在远征部署和执行反水雷（MCM）等任务时，仍具有一定风险。相比之下，无人水面艇与无人潜航器因成本低廉，损失可承受能力强，可大量部署；并且被探测概率低，不会造成人员伤亡，可执行危险任务。因此，美国海军计划采购一系列无人水面艇与无人潜航器，组成"蜂群"，以替代有人舰艇执行侦察、护航及小艇拦截等危险性高的任务。在无人水面艇和无人潜航器的集群作战技术研发方面，美军始终处于领先地位。2014年8月，美国海军在弗吉尼亚州尤斯蒂斯堡附近詹姆士河举行的一次演习中使用了13艘无人水面艇进行集群作战试验。当前，美国国防部战略能力办公室（SCO）和海军研究局（ONR）正在联合开展海上集群项目，其核心是研发无人水面艇集群技术，验证无人水面艇执行不同任务时的态势感知和协作特性。海上集群项目于2015年、2016年、2017年分别投资550万、2000万、1800万美元。2015年主要进行样艇制造；2016年进行单艘无人水面艇在开放水域的远程自主航行试验；2017年开展无人艇"蜂群"的单项战术任务试验，研究验证复杂联合协同任务能力。

14.3.2 关键技术

1. 环境感知与认识

无人机集群的感知与认识能力是其控制与决策的依据。作战过程中，无人机集群面临动态的、对抗的战场环境，任务、威胁及自身状态均处于不断变化中，任何感知偏差都可能产生灾难性后果，因此精准的态势感知与认识至关重要。现有的集群感知手段主要包括：一是基于机载传感器，主动获取战场环境的态势感知；二是基于数据链，接收"蜂群"其他个体的态势共享信息，形成统一的通用操作视图。相关技术主要包括协同目标探测、协同目标状态融合估计及协同态势理解与共享等。

2. 多机协同任务规划与决策

无人机集群的规划与决策能力是其作战过程的核心能力。不同的任务在作战目标、时序约束及任务要求等方面存在显著的差异，并且任务之间可能存在约束关系，因此如何规划最优作战策略显得尤为关键。针对预知的低威胁任务，通过分析集群任务过程和特点，建立任务规划数学模型，生成高效合理的任务计划，以达到最佳的作战费效比。针对对抗、不确定的高威胁任务，需要实时评估战场环境和无人机集群的整体状态，及时进行任务再分配和重规划，快速响应动态的战场态势，提高完成任务的概率。

3. 信息交互与自主编队控制

无人机集群的信息交互与自主控制能力是完成作战任务的前提。信息交互须考虑在因单机性能、通信带宽及电磁干扰等影响，通信次数和通信量受限的情况下，如何确保系统的可靠性和鲁棒性。自主编队控制是指在执行任务过程中，如何形成并保持一定的几何构型，以适应平台性能、任务环境等要求，主动解决编队生成、编队保持、智能避障和不同环境下编队重组等问题。目前，无人机集群编队控制方法主要有领航跟随法、虚拟领航法和行为控制法。

4. 人机智能融合与自适应学习

目前大部分无人机是遥控的或半自主的，并且每个操作员只能实时控制单架无人机，这样的能力显然不能满足无人机集群的需要。对于集群而言，无人机数量越多，集群内部的自组织机制越复杂，需要的人机融合能力越高，因此无人机集群的指控关系必须被重新定义与设计。根据《美国空军无人机系统飞行计划 2009—2047》的描述，随着技术发展，一名操作员将监督或操作多架多任务无人机实施"更加集中、更加持续、更具规模"的集群任务，到 2047 年，使集群完成"观察-判断-决策-行动"回路的时间缩短为微秒级，甚至纳秒级，真正实现人机融合和自适应学习的职能作战模式。

14.3.3 作战手段

无人机集群作战分为 1～10 级，具体包括单机自主（远程引导、实时故障诊断、故障自修复和环境自适应、机载航路重规划）、多机自主（多机协调、多机战术重规划、多机战术目标）及集群自主（分布式控制、群组战略目标、全自主集群）3 个层面，其中"全自主集群"是集群作战的最高等级，如图 14.1 所示。

其作战手段通常包括：

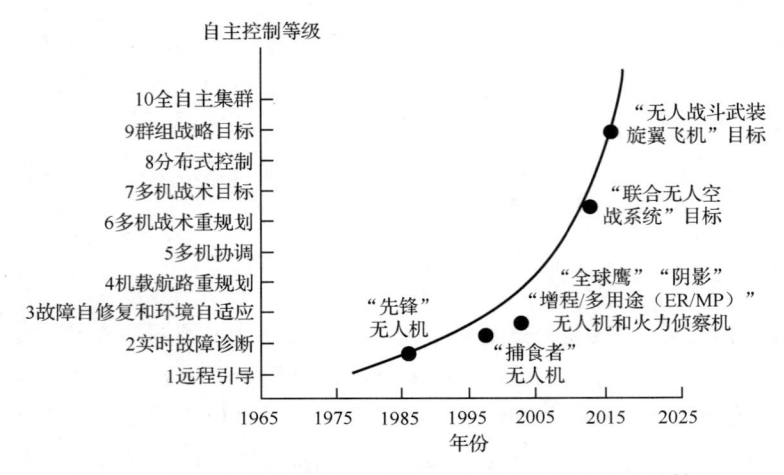

图 14.1　无人机集群自主控制等级及典型无人系统自主性情况

1．渗透侦察

无人机集群内平台轻小，节点雷达散射截面积较小，并可任意拆分形成小的群组从多个方向渗透，隐蔽性和迷惑性较强，有利于突破对手防空体系，可进行抵近侦察，通过集群机间链通信中继方式接力向后方控制与指挥中心传回情报。

2．诱骗干扰

采用无人机集群充当诱饵或干扰机，替代隐形轰炸机或战斗机直接进入战场的传统作战方式，可引诱对手防空探测设备开机工作从而暴露阵位，消耗其防空兵器。此外，可携带电子干扰设备，对预警雷达、制导武器等进行更加抵近的电子干扰压制欺骗。

3．察打一体

无人机集群可以根据任务需要通过灵活配置集群内平台的侦察探测、电子干扰及火力打击力模块，形成侦察-打击编队，对关键或高危目标的薄弱部位进行实时侦察打击，以达到出其不意的作战目的。

4．协同攻击

无人机集群可作为前沿作战编队，由有人机控制，并掩护有人机行动，为有人机发射的大吨位防区外导弹提供精确制导信息，用以目标指示，实现有人、无人共融作战。此外，运用"复眼"战术，利用数量众多的具有自主控制能力的无人机组成集群，可进行全方位、多角度的饱和攻击，实现局部"以多打少"的对抗形式，使对手难以应对。

14.4　存在问题

1．机动能力问题

无人机集群大多采用微小型无人机，速度较慢，续航能力较弱，机动性能不强，变更航线需要较长时间；并且未来一旦装载各种武器装备或其他载荷，无人机质量将增大，续航能力可能会进一步减小，速度和机动性能也会随之下降。这会带来严重的后果，导致无人机集群的载体平台必须到距离对手更近的空域或海域释放"蜂群"，从而面临被对手发现或攻击的高风险，使无人机集群的实战意义大大降低。

2．导航通信问题

无人机集群在飞行和作战中，必须依靠后方的指挥控制信息及天基导航信息实现自身的定位和对目标的侦察打击。但这些导航信号普遍微弱，并且都是通过完全开放的通信链路进行传输的，容易被对方干扰或操控。另外，通信网络带宽不足早已是美军面临的一个严重问题。无人机集群的每一个组成单元都需要通过数据链进行相互通信，并与指挥控制中心不断进行交互，如传输情报信息、发出/接收作战指令等都需要占用带宽。同时，冗余的探测设备产生的大量过剩信息，也会造成网络链路的拥挤堵塞。因此，导航通信成为制约无人机集群作战的又一个重要问题。

3．指挥控制问题

庞大的无人机集群除接收指挥控制中心的相关指令，对无人机编队进行任务控制外，还要对"蜂群"内部的各个单元进行编队自适应控制，以解决"蜂群"飞行编队在遇到障碍物时的拆分和重构问题。这两种指挥控制是实施集群作战的基础，其相互关系、指令响应的优先级别、作战任务的分配协调及危险规避等难题都需要先期解决。另外，这些指令的运行解算，会使无人机集群的控制存在一定的延时，使其反应滞后，难以真正实时作战。

4．技术与战术融合问题

无人机集群虽然运用了许多先进的技术，但必须配以相应的战术才能发挥出"蜂群"的最佳作战效能。而"蜂群"是由众多单元模块组成的，其网络系统构建复杂，作战训练难度大。因此，如何针对未来战争的特点，对无人机集群进行技术与战术融合，使其具备高度智能、自组织能力，将是下一步研究面临的重大难题。

14.5 相关项目

14.5.1 "小精灵"无人机集群项目

美国国防高级研究计划局（DARPA）于2015年9月推出"小精灵"项目，计划研制具备自组网和智能协同能力的无人机集群系统。该系统可由C-130运输机或大型无人机运送至防区外发射，通过携带侦察或电子战载荷，执行侦察、干扰等任务。该项目分三个阶段实施：第一阶段，已于2017年3月顺利完成，研究了无人机空中发射和回收系统的可行性；第二阶段，已于2018年4月顺利完成，进行了全尺寸技术验证系统的初步设计，为单个系统部件开展风险降低试验；第三阶段，于2018年5月展开，计划研制出一套全尺寸技术验证系统，并在2019年开展"小精灵"蜂群的空中发射和回收飞行试验，据公布的资料显示，计划将 C-130 运输机和无人机加载自动对接系统，实现 30min 内回收 4 架无人机。该项目使用的"小精灵"无人机作战半径可达 900km，巡逻时间可达 3h，最大速度可达 0.8Ma，出厂单价（不包括载荷）低于 70 万美元。

14.5.2 "灰山鹑"微型无人机项目

美国国防部战略能力办公室于 2014 年启动了"无人机集群"项目，旨在通过有人机空射"灰山鹑"微型无人机集群执行低空态势感知和干扰任务。自 2014 年 9 月起，该项目已进行了 500 多次飞行试验。美国国防部披露的最新一次试验情况如下：2016 年 10 月，103 架"灰山鹑"无人机组成的无人机集群由 3 架海军 F/A-18F 战机成功投放，创下军用无人机集群最大规模飞行纪录。此次试验中的无人机集群未预置飞行程序，发射后，在地面站的指挥下自主寻的，协同完成任务，展现了自修正、自适应编队飞行能力和集体决策能力，表明美军空射无人机集群正朝实战化方向迈进。该项目使用的"灰山鹑"无人机长约 16.5cm，翼展 30 cm，投放质量约为 0.3kg，续航时间大于 20min，飞行速度可达 110km/h。

14.5.3 "低成本"无人机集群项目

美国海军研究办公室（ONR）于 2014 年 4 月公布了"低成本"无人机集群项目，旨在研发可快速连续发射的无人机集群，无人机之间利用近距离射频网络共享态势信息，协同执行掩护、攻击或防御任务。目前，共进行了两次陆基试射试验，最近一次是在 2016 年 5 月，30 架无人机集群在 30s 内由路基平台成功连续发射，验证了无人机集群的编队飞行、队形变换及协同机动能力。该项目使用雷神（Raytheon）公司的"郊狼"无人机，机长 0.91m，翼展 1.47m，起飞质量为 5.4～6.3kg，可携带约 0.9kg 的载荷，飞行速度达 110km/h，续航时间为 90min，配装电动推进系统，每架约需 1.5 万美元。

14.6 经验启示

1. 依托国家大力推进的新兴技术发展规划，推进无人机集群技术发展

2016 年 5 月 18 日，国家发展和改革委员会、科学技术部、工业和信息化部与中央网信办（中共中央网络安全和信息化委员办公室）制定了《"互联网+"人工智能三年行动实施方案》。国务院于 2017 年 7 月发布的《新一代人工智能发展规划》中指出，应借助人工智能重点突破自主无人系统相关共性技术、核心技术，支撑无人机集群应用和产业发展。由此可见，人工智能正迎来新一轮创新发展机遇，将人工智能与无人机集群紧密融合，研发实现无人机集群自主智能系统，方能使无人机集群快速实现跨越式发展。

2. 借鉴军事强国技术研发模式，举办无人机集群大赛

从宏观层面加强无人机集群发展战略规划，并将其纳入装备体系中进行整体规划。国外一直注重通过大型比赛进行民间科研力量的培育和挖掘，其中比较著名的无人机赛事有国际微小型飞行器赛会（International Micro Air Vehicles，IMAV）、国际空中机器人大赛（International Aerial Robotics Competition，IARC）等。国内有效借鉴该模式，为探索未来智能无人机集群作战概念，快速推出了"无人争锋"智能无人机集群系统挑战赛、"无形截击-2018"反无人机挑战赛等，通过"亮剑"和"揭榜"的比赛模式，促进无人机集群技术的攻关和突破。

3. 重视系统协调发展，提高无人机集群技术整体水平

无人机集群发展涉及多个领域、多个学科中的各项相关技术，其中平台、通信及载荷是发展无人机集群的关键技术。借鉴军民融合领域的先进设计思想，以任务为中心，采用先进控制理论，重视平台、通信、计算及有效载荷协调发展，各方面、各环节与各因素协调联动，拓展无人机集群的复杂任务功能，促进无人机集群自主控制整体水平的快速提升。

4. 着眼交叉学科，突破颠覆性技术

通过模拟自然界中的生物行为机制，突破基于仿生学的无人系统自主控制技术，改变智能无人机系统"有智无慧、有眼无珠、有感无情、有专无通"的尴尬格局。面向适应平台性能、战场环境及战术任务等要求，通过生物学、控制论、人工智能和机器人学等多学科交叉领域的前沿技术研究，为无人机集群系统带来颠覆性的技术突破，可引领我国无人机集群自主控制技术由目前的"跟跑者""并跑者"逐渐成向"领跑者"。

5. 注重国防应用研究，提高无人机集群实战性

在安全局势日益复杂和国防战略更趋于积极主动的背景下，随着国防信息化装备水平的提高，多兵种协同作战、训练推进，国防指挥调度市场规模将迎来爆发性增长，应充分利用"陆、海、空、天、电、网"六位一体作战模式下的武器装备布局，研究由无人机、无人车、无人艇及无人潜航器等跨域无人平台构成的无人体系可能的应用方式，以推进无人机集群系统及其相关行业的增长。

6. 加强市场培育与军民融合转化，完善无人机标准和规范

制定促进资源共享的无人机军民融合发展机制，推动军用无人机装备和民用无人机产品有机结合，推进无人机集群在农业、交通、物流、救灾及勘测等领域的应用。中国民用无人机集群的应用目前刚刚起步，主要处于项目论证和前期小规模可行性试验阶段，应及时了解用户需求，尽快研制出安全、可靠、实用、价廉的无人机集群系统。无人机集群系统民用市场的推广势必需要相关法律法规的支持，特别需要制定无人机集群方面的技术标准和法规。

第 15 章 敏捷作战

美国空军在系统评估未来二十年作战环境并制定战略总规划的基础上，于 2015 年 9 月发布《空军未来作战概念 2035》文件，提出敏捷作战概念，明确了美国空军 2035 年核心使命任务，并分析了其实现敏捷作战所需的作战能力。

15.1 产生背景

15.1.1 背景情况

敏捷作战概念具有很强的时代背景，是美国空军基于当前发展状况和未来作战需求做出的必然选择，也是基于适应第三次"抵消战略"、深化"联合作战"框架，以及牵引装备发展与运用三个层面考虑提出的重要概念。

在适应第三次"抵消战略"方面，美国空军需要一个能体现核心理念的顶层作战概念，以指导具体作战概念设计，促进作战概念体系创新，推动航天、航空和赛博一体化作战能力建设。一方面，美国国防部实施第三次"抵消战略"，需要通过推进国防科技、作战概念、兵棋推演及国防采办等领域创新，抵消潜在对手军事能力发展带来的威胁，维持美国的军事优势。另一方面，美国空军当前各作战概念是针对各领域具体任务制定的，缺乏顶层指导，不利于美国空军建设航天、航空和赛博一体化作战能力。

在深化"联合作战"框架方面，美国空军需要吸收"联合作战"框架下已有作战概念的先进理念并集成创新，以形成更好的阶段成果来满足未来联合作战需求。这些概念主要从促进军种联合作战和提升装备作战力量两个维度为敏捷作战概念内涵奠定基础。美国参联会于 2003 年首次提出"联合作战"概念，强调联合陆军、海军及空军等军种力量，拉开了军种间联合作战的序幕。在此概念影响下，各军种分别出台各自的作战概念，推动军种间联合作战，并发展满足联合作战需求的有关装备。2007 年，美国国防部正式提出"快速响应空间作战"概念，强调确保空间力量及时满足联合力量指挥需求，增强现有能力、填补能力缺口，具备对威胁快速反应、强生存和威慑的能力。2012 年发布的《联合作战顶层概念：联合部队 2020》中首次提出"全球一体化作战"概念，强调将各作战领域、作战层次的作战力量集成为一体化作战力量。2013 年，美国参联会发布"空间作战"概念，强调将空间能力融入军事行动，为多域联合作战提供保障。2015 年提出"全球公域介入和机动联合"概念，进一步强调加强军种和各作战域的整合，确保美军全球公域介入与行动自由。同年，美国海军发布"分布式杀伤"概念，强调将大型装备功能分解到小型平台上，增强装备的灵活性、对抗性并降低装备成本。

在牵引装备发展与运用方面，美国空军需要一个创新的作战概念来牵引航天装备体系的后续发展及运用，同时打破当前航天、航空和赛博领域分割发展的情况。美国空军面向 2035 年前后战场环境的航天装备体系构建初显端倪，试验性航天飞机、战术助推滑翔飞行器、高超声速吸气式武器，以及地球静止轨道机器人服务航天器等新装备均已处于不同程度的发展阶段，急需创新作战概念来牵引航天装备体系的后续发展及运用。"敏捷作战"概念应运而生。

15.1.2　发展情况

敏捷作战概念下的美国空军作战任务与作战能力正在发生变化。

1947 年美国空军独立成军时，由当时的总统哈利·杜鲁门最初确定的五项既相互独立又互相关联的核心任务，始终都是美国空军人员为国家军事力量作贡献的重要内容。然而，技术进步使空军得以飞得更高、更快、更远，任务范围也相应拓展，开始在全球范围内进行空中、太空和网络空间作战。因而美国空军核心任务的内涵发展也需要与时俱进。

在《空军未来作战概念 2035》文件中，美国空军认为自 1947 年以来其核心任务主要经历了两次演变，见表 15.1。这种演变不是一蹴而就的单一事件，而是一个随着外部环境的威胁和机遇变化而持续推进的过程。

表 15.1　空军核心任务的演变

1947 年	当 前	未 来
空中优势	空天优势	自适应作战域控制
空中侦察	全球一体化情报监视与侦察	全球一体化情报监视与侦察
空运机动	快速全球机动	快速全球机动
战略空军	全球打击	全球精确打击
空防协同	指挥与控制	多域指挥控制

美国空军将以不断完善的方式，加上对作战行动联合性的清晰认识，一体化遂行空中、太空和网络空间行动，并能在这些作战域中自由行动，以确保到 2035 年依然可以出色完成其核心任务。为此，美国空军融合相关作战概念的丰富内涵，创新提出"敏捷作战"概念，强调用敏捷作战理念来看待 2035 年空军的核心任务，为 2035 年空军的核心任务赋予了新的内涵。

15.2　概念内涵

15.2.1　概念分析

1. 敏捷作战概念的内涵

在《空军未来作战概念 2035》文件中，美国空军将"敏捷作战"定义为应对既定挑战，迅速生成多个解决方案并在多个方案之间快速调整的能力。这一概念的核心目标是实现多域敏捷作战，发展航天、航空和赛博领域一体化作战能力。在此内涵下，美国空军进一步细化提出了实现敏捷作战需要具备灵活性、快速性、协调性、平衡性和融合性五个特性，如图 15.1 所示。

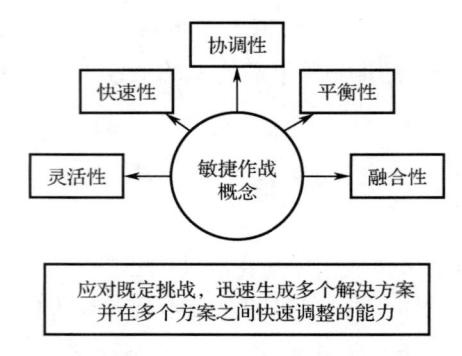

图 15.1　敏捷作战概念内涵

敏捷作战的灵活性表现为融合多域作战，主要有两层含义：一是装备具备自由进入和穿越作战区域的能力，体现为装备的强机动性；二是美国空军在 2035 年前后将具备在航天、航空和赛博空间三域互通作战的能力，如果某个领域行动能力受限，美国空军可以迅速采用其他领域作战力量完成作战任务。将灵活性转化为装备发展的评价指标，就是要求装备具备灵活穿越作战区域和在航天、航空和赛博领域具备多种解决方案以达到灵活切换的优势。

敏捷作战的快速性表现为优势决策速度，主要有两层含义：一是装备具有快速应用和响应能力，发挥效应的用时短、速度快，主要指具有快速响应能力的航天、航空和赛博装备；二是装备能够支撑快速决策，美国空军提出在 2035 年前后能够将航天、航空和赛博领域的信息无缝集成，以易用的方式为各级作战人员提供全面、准确的作战信息。将快速性转化为装备发展的评价指标，就是要求装备具备快速应用和支撑迅速决策的优势。

敏捷作战的协调性表现为动态指挥控制，主要有两层含义：一是航天、航空和赛博领域装备获取的信息都要接入一体化的新型指挥控制系统，以提升美国空军动态指挥控制能力；二是装备之间具备良好的协同共用性，既包括单一领域中各类装备的协同共用，也包括不同领域装备之间的协同共用。将协调性转化为装备发展的评价指标，就是要求装备能够协调控制航天、航空和赛博领域作战力量及不同领域装备具有协同兼容的优势。

敏捷作战的平衡性表现为平衡能力组合，主要有两层含义：一是到 2035 年前后美国空军将保有适量的高端作战资源，以应对那些会对联合部队作战行动产生高技术威胁的对手，而在持久作战行动中，美国空军将优先考虑使用低性能、低成本的作战资源，实际上就是强调成本与性能合理匹配，在获得适度性能的前提下降低武器装备的成本；二是装备不能将能力过度集中于单一平台，美国空军应避免由此带来的弱点，将能力分散于不同武器平台，如在航天领域采用分解式结构等。将平衡性转化为装备发展的评价指标，就是要求装备实现高性能、高成本与低性能、低成本的合理配置，以及作战能力分散于不同平台的优势。

敏捷作战的融合性表现为优化力量重构，主要有两层含义：一是将人工智能技术充分运用到航天、航空和赛博领域，以改善决策制定和作战表现；二是强化与联合部队、联盟部队和跨机构成员的伙伴关系，利用更加广泛的互通性和动态指挥控制能力促进作战力量融合，使航天、航空和赛博领域装备的融合从空军扩展到更大的范围。将融合性转化为装备发展的评价指标，就是要求装备能够强化人工智能技术运用和航天、航空与赛博领域融合的优势。

自敏捷作战概念提出以来，以美国空军、智库为代表的机构都在努力推动该概念的发展应用。空军方面：2015年9月，美国空军部长在空军联合会航空航天年会上指出空军基于提高装备作战敏捷性的目标提出敏捷作战概念，并呼吁在2016财年预算中充分考虑提高作战敏捷性的资金投入。2016年8月，美国空军参谋长进一步强调在预算日益紧缩的背景下空军更应强化作战敏捷性。此外，美国空军高层还指出空军需要通过作战敏捷性牵引航天、航空和赛博三域力量的联合运用。智库方面：2017年5月，美国知名智库——米切尔航空航天研究所发布题为《引入快速航天：重新考虑太空进入》的研究报告，呼吁构建快速航天体系来支持《空军未来作战概念2035》提出的未来五大任务。

2．敏捷作战概念与相关作战概念的关系

敏捷作战概念虽然是美国空军作为单独军种提出的作战概念，但其与美国国防部、参联会及各军种的相关作战概念具有紧密的内在联系，它是这些作战的高度凝练与融合创新，体现了当前环境下美国空军最新的作战理念。

敏捷作战强调的灵活性与全球公域介入和机动联合概念强调的反"反介入/区域拒止"内涵基本相同。敏捷作战概念强调的灵活性主要指装备具有不受限制的运动能力，可以灵活穿越作战区域。全球公域介入和机动联合概念强调整合五域作战力量来提升应对"反介入/区域拒止"的能力，建设一支在全球公域自由介入和机动的联合部队，构建更为平衡的作战体系。实际上，美国空军到2035年要实现敏捷作战中的灵活性，本质上就是发展应对"反介入/区域拒止"的能力。

敏捷作战强调的快速性与快速响应空间作战强调的快速性有较强的一致性。敏捷作战概念强调的快速性主要指指挥员快速作出作战军事行动决策、武器装备快速发挥效能。快速响应空间作战提出要确保空间力量及时聚焦于满足"联合力量指挥官"的需求，强调空间系统应有效发挥支持战术作战的能力，以快速性为基本特征，设定数小时、数天及数月的响应等级，要求快速重建失去的能力，快速填补能力缺陷。对比来看，敏捷作战与快速响应空间作战在快速性方面的内涵具有一致性，只是颗粒度不同。敏捷作战强调的快速性更侧重宏观指导，而快速响应空间作战强调的快速性更注重具体应用，并在快速支撑军事行动决策、快速发挥空间系统效能方面设计了一套标准。

敏捷作战强调的平衡性相比快速响应空间作战、分布式作战强调的降低成本内涵更加丰富。敏捷作战概念强调的平衡性指综合使用高性能、高成本和低性能、低成本的装备，实现效能与成本平衡，强调降低成本在未来作战和武器装备发展中的重要性。美国国防部的快速响应空间作战和海军的分布式作战中也都强调了低成本的重要性，特别是快速响应空间作战中提出重点发展小型低成本运载火箭和低成本小卫星，作为实现低成本的重要手段。对比来看，敏捷作战强调的平衡性包含了快速响应空间作战、分布式作战概念强调的降低成本的内涵，并强调通过采用低成本解决方案为高成本装备节约经费，以实现装备体系的整体投入产出平衡，是对近年来大力推广的低成本理念的补充与发展。

敏捷作战强调的协调性和融合性与联合作战强调的跨域协同内涵一脉相承。敏捷作战要求美国空军未来装备发展体现融合性和协调性，强调跨航天、航空和赛博三域作战。这与美国参联会在联合作战中提出的"全球一体化作战"新概念强调的"跨域协同"理念一脉相承。两者均强调使不同作战域的能力有效融合，利用某一领域的优势增强其他领域的优势，通过

作战力量的叠加甚至融合来增强作战能力。

15.2.2 特点优势

敏捷作战概念的提出具有重要的转折意义，标志着美国空军在考虑装备发展时将不只是局限于单一领域的任务需求，而是更加注重多域敏捷作战的需求。在其影响下，美国空军的作战任务和作战能力都将发生变化与调整，以确保其在 2035 年前后能够实现一体化遂行空中、太空和网络空间行动并在这些作战域中自由行动的目标。

15.3 实现途径

美国空军认为，到 2035 年前后空军的五大核心任务将演变为多域指挥控制、自适应作战域控制、全球一体化情报监视与侦察、快速全球机动和全球精确打击。

15.3.1 多域指挥控制

1. 着重强调提升"指挥与控制"的地位

在《空军未来作战概念 2035》文件中，美国空军将"指挥与控制"任务由当前第 5 项移至第 1 项，并改称"多域指挥控制"，充分体现了多域指挥控制在空军未来作战任务中的重要作用。美国空军高层也于 2016 年提出，未来多域指挥控制将成为美国空军作战的关键因素。美国空军作战涉及航空、航天和赛博领域，需要在这三个领域进行无缝指挥和控制。当传统的天基防御系统不能发挥作战能力时，空军将利用航空和赛博方面的能力，将航天、航空与赛博作战域进行一体化集成。

2. 着重强调加强多域作战中心建设

美军在任务描述中强调，到 2035 年前后空军将在组织编成、作战训练和装备力量上围绕技术和程序进行变革，使用新方法和新技术明确和简化指挥控制程序。首先，空中作战中心重要的固定场所将被重新配置，改装扩建成多域作战中心。许多空中作战中心的特殊任务职能将相互合并，或者从地理位置上借助全球网络系统能力，拆分成小部分。其次，美国空军将采用新技术和新方法进一步优化多域作战中心的决策速度。互联化、智能化设计和自动化技术将加强作战筹划与作战行动之间的反馈回路，减少指挥人员对所属部队控制的工作量。这意味着指挥人员可以把更多的精力集中在指挥层决策上，而把具体的战术细节赋予部属去完成。最佳的人机界面能够帮助战争筹划者和作战人员迅速发现并理解误差，及时克服完成任务的各种障碍。面对对手的信息攻击，系统将具备自适应和自我修复的能力，能够对信息中断状况进行自动修复，同时允许用户与其他作战人员相连接，保持本地区的态势感知。

这些变化着重体现了敏捷作战的协调性和融合性，需要优化的多域指挥控制能力来支撑。协调性方面，美国空军强调到 2035 年前后要实现高效动态指挥控制，能够有效指挥航天、航空和网络空间领域的作战行动；融合性方面，美国空军强调利用以人工智能为代表的先进技术进一步优化多域作战中心的决策速度，促进航天、航空和赛博力量的有机融合。

15.3.2 自适应作战域控制

1. 发展高效的空间态势感知能力，为实现自适应作战域控制提供有效支持

到 2035 年，空间态势感知装备需要具备更加强大的太空环境观察能力，能够识别各种性质的威胁，对敌对活动进行分类并采取主动防御措施。这种能力的增强一方面来自空间态势感知系统的升级优化，另一方面来自多源太空态势感知信息的充分融合，而且这种融合将转变为更加重要的手段，以提升空间态势感知系统的弹性和自适应性。未来，国防部情报组织、太空商业公司和同盟伙伴的空间态势感知信息将实现一体化，共同掌握来自地面、空中和太空众多传感器的太空态势感知信息，促进多域作战中心形成指挥作战图。空军人员使用这种被融合且可获得的信息，确保联合部队在太空自由采取行动。地面站、空中机载设备和保持有效的卫星星座将组成强健的空间态势感知体系，共同为自适应作战行动提供有效支持。

2. 发展强大的空间控制能力，以支撑太空域的高效作战

强大的空间控制能力一方面依赖于进攻性空间攻防装备的发展，特别是软杀伤能力的发展；另一方面依赖于丰富的防御手段，如采用分散分布式结构提升装备的生存能力，发展快速发射和在轨操作装备提升装备的重建能力。

这些变化着重体现了敏捷作战的灵活性和平衡性，在航天领域需要高效的空间态势感知能力和强大的空间控制能力来支撑。灵活性方面，美国空军强调到 2035 年拥有强大的空间控制能力，为作战方案设计提供更多、更灵活的选择；平衡性方面，美国空军强调航天装备不能将能力过于集中于单一平台，应在系统设计时采用分解式、模块化结构，在获取空间态势感知信息时将传感器散布在地面、空中及太空中，并将信息源设置在商业公司、同盟等不同机构中。

15.3.3 全球一体化情报监视与侦察

（1）强调发展近实时、高安全性、高精度、抗干扰、强连通的情报监视与侦察系统，为敏捷作战的全球一体化情报监视与侦察业务提供均衡的能力组合。

到 2035 年，美军将发展一系列高性能的情报监视与侦察系统，具备近实时、高精度的预警侦察能力，高容量、高安全性的通信能力，以及高精度、抗干扰的导航能力。新的基础设施使广泛的数据挖掘、协作和合作成为可能，这些基础设施获取的情报将有机集成到公用作战图中，极大提升了战场感知能力和决策速度。

（2）强调提升情报监视与侦察系统的防御能力，以保障全球一体化情报监视与侦察任务能够全程支撑军事行动。

增强太空防御能力是一种减小空间资产遭受攻击的方法，可以确保国防部和情报组织在使用太空资产时不易遭到中断。通过分解和分散跨系统和跨领域的太空任务、功能或传感器，充分利用其他机构提供的整体性解决方案,均能够降低系统的脆弱性,提供弹性、平衡的情报监视与侦察系统。

这些变化着重体现了敏捷作战的平衡性和融合性,在航天领域除需要预警侦察能力、通信能力和导航能力外,还需要强生存能力来支撑。平衡性方面,空军强调分解和分散跨系统和跨领域的太空任务、功能或传感器,并充分利用其他机构提供的整体性解决方案,以增强情报监视与侦察系统的生存能力;融合性方面,强调公用作战图能够充分融合多个领域、多个系统的情报数据。

15.3.4 快速全球机动

发展快速按需发射能力和航天器在轨维护能力,以更好地完成太空域快速全球机动任务。快速全球机动的历史贡献在于力量投送,最初开始于空中领域,空运、空中加油和航空医疗是常见形式。然而未来的快速全球机动功能将扩展到太空领域,主要任务包括作战人员和太空装备输送、推进剂在轨加注、任务单元更换及太空装备在轨维修。美国空军要想在太空域实现有效、精确的快速全球机动任务,并确保这种任务在压缩的时间内、在严峻的环境中依然能够完成,需要发展快速按需发射能力和航天器在轨维护能力,以提供可扩展的快速响应能力,支持完成空中、太空和网络空间领域的快速全球机动任务。

快速全球机动任务从空中向太空的拓展,着重体现了敏捷作战的灵活性和快速性,在航天领域需要快速按需发射能力和航天器在轨维护能力来支撑。灵活性方面,美国空军着力发展航空、航天和赛博领域的快速全球机动能力,能够有效支撑航天、航空和网络空间三域互通作战的能力,如果某个领域的快速全球机动能力受限,空军和联合部队能迅速转移到其他领域作战;快速性方面,强调发展具有快速应用和响应能力的空间运输装备和在轨维护装备,能够按需执行作战任务,确保装备发挥效应的用时短、速度快。因此,为了适应未来任务的需要,美国空军在航天领域需要重点发展快速按需发射能力和航天器在轨维护能力。

15.3.5 全球精确打击

发展以高超声速打击武器为代表的高端武器系统,以达成有效打击价值高、时间要求短及防御能力强的目标。首先,美国空军将构建作战性能优化的、能力组合平衡的全球精确打击体系,为决策者提供更加丰富的打击手段。高端的精确打击武器具有低可探测性、远航程、持久性和执行多种任务的特点。低端的精确打击武器能够通过广泛渠道采购,为精确打击体系提供一种低成本方案,以支持在高度争议环境中的精确打击任务,使精确打击行动能够在宽松的环境中实施。其次,要将网络空间的功能无缝融入全球精确打击系统中,利用多领域的打击能力拓展全球快速精确打击范围,提升反"反介入/区域拒止"能力。这种多域融合范围从空中拓展到太空和网络空间。例如利用诱饵、干扰机为高超声速打击武器提供掩护,使对手的防空系统错过最佳时机,确保高超声速打击武器有效发挥作战效能。

这些变化着重体现了敏捷作战的快速性和平衡性，在航天领域需要助推滑翔高超声速打击能力、吸气式高超声速打击能力来支撑。快速性方面，着重发展具有快速应用和响应能力的全球快速精确打击装备，能够按需执行作战任务，确保装备发挥效应的用时短、速度快；平衡性方面，着重发展以高超声速打击能力为代表的高端作战资源，应对那些会对联合部队作战行动产生高技术威胁的对手，而在具有特殊要求或持久的作战行动中，美国空军将首先考虑使用低成本、低性能的作战资源，确保在获得适度性能的前提下降低武器装备成本。

第 16 章　多域作战

16.1　产生背景

16.1.1　背景情况

美军认为，未来作战与过去和当前的作战迥然不同。未来，美军可能与旗鼓相当的对手对抗，对手态势感知能力强，在杀伤力极强的战场上，运用精确制导武器，能够限制美军联合部队的机动和行动自由。对手将反击美军的空海优势，通过限制美军利用太空、网络空间和电磁频谱，并利用美军的弱点来削弱美军的关键能力。美军的作战方式就是协调运用技术侦察、卫星通信及空海力量，确保地面机动自由，并达成对敌优势。对手能力的发展威胁联合部队的相互依赖，使美军长久以来的强点变成了潜在的弱点。过去，美军真正受到挑战的领域还是在地面上，但在其他领域享有行动自由。当前和未来，随着技术的扩散，对手不仅要控制地面和空中，而且寻求控制海上、太空、网络空间、电磁频谱甚至认知领域。

实施"多域作战"，将使美军联合部队能够从相互依赖转变为真正的融合，在所有领域采取行动，给对手造成多重困境。为此，美军须贯通所有领域，在自己选择的时间和地点获得"领域优势的窗门"。从联合作战的角度看，美国陆军提出"多域作战"，也可以强化陆军在美军未来联合作战体系中的地位和作用，并借此构建新的作战和装备发展体系。美国空军和海军从 2009 年开始，推动发展"空海一体战"构想。之后，陆军也被纳入进来，但陆军地位始终不及空军和海军，在"空海一体战"中作用有限，装备发展也滞后于这两者。为改变这种边缘化的局面，美国陆军提出了"多域作战"概念，在这个框架内，所有军种都能相互帮助，破解共同的难题——随着精确打击武器的扩散，潜在对手的"反介入/区域拒止"（A2/AD）能力越来越强。因此，"多域作战"概念对所有军种都有吸引力。

16.1.2　发展情况

2016 年 10 月 4 日，包括国防部副部长在内的美军高层在陆军协会年会期间以"多域作战：确保联合部队未来战争行动自由"为主题展开研讨，对陆军新近提出的"多域作战"概念进行了阐述。"多域作战"旨在扩展陆军在空中、海洋、太空和网电空间的作战能力及与其他军种的联合作战能力，以帮助美军更好地应对"反介入/区域拒止"威胁。时任陆军训练与条令司令部司令帕金斯于 2014 年最初提出这个概念时使用"跨域战"这一称呼，经过两年演变和陆军高层酝酿后改称"多域作战"，主要由陆军大力推动。

陆军希望通过"多域作战"概念从战争理论高度对未来战争进行剖析，明确陆军在未来战争中的地位和作用，从而指导作战体系的构建和装备体系的发展。陆军正在根据该概念研发新装备：在进攻武器方面，陆军与战略能力办公室联合发展最大射程不超过 500km 的"远程精确火力"导弹，用于打击移动目标、时敏目标甚至舰船目标，同时联合发展使用陆军155mm 榴弹炮发射"超高速炮弹"的能力，以使传统榴弹炮同时具备防空反导、反舰、对陆打击及火力压制等多任务能力；在防御武器方面，着手发展新的反无人机系统等。另外，美国陆军已经对现役"陆军战术导弹系统"（ATACMS）进行了改装，使其适合打击海上舰船目标。

陆军训练与条令司令部于 2016 年 11 月 11 日发布新版顶层作战条令《陆军条令出版物 3.0：作战》（ADP3.0），首次将"多域作战"概念列入其中，主要内容包括：陆军将作为联合部队的组成部分开展"多域作战"，以获得、保持和利用对敌军的控制；陆军负责威慑、限制地面敌人行动自由并确保联合部队指挥官在"多域作战"中的机动性和行动自由。

2017 年 2 月 24 日，美国陆军和海军陆战队联合发布了《"多域作战"：21 世纪合成兵种》白皮书。

在 2017 年 10 月上旬举行的美国陆军协会年会上，美国陆军发布了纳入"多域作战"概念的新版野战手册《FM3-0：作战纲要》，并分发到各训练中心和院校使用。

2017 年 12 月，美国陆军在同名草案文本的基础上修改并正式发布了《"多域作战"：21 世纪合成兵种的演进（2025—2040）》1.0 版，详尽阐述了"多域作战"的目的、核心理念、作战框架及具体行动等。

2018 年 1 月 25 日，时任美国空军作战司令部司令霍姆斯表示，美国陆军和空军正在联合制定"多域作战"作战条令。这意味着美军正在进一步推动"多域作战"概念的落地，也是继 2017 年在太平洋陆军中开始筹建多域特遣部队之后，美军在"多域作战"方面的又一重要举措。

16.2 概念内涵

16.2.1 概念分析

多域作战，是指各军种打破传统军种领域之间的限制，在陆、海、空、天、电及网络六大作战领域拓展能力、扩大责任范围，以实现同步跨域火力和全域机动，其本质是整合空间，拓展能力。多域作战的核心要求是：美国陆军具备富有灵活性和弹性的力量编成，能够将作战力量从传统的陆地和空中拓展到海洋、太空、网络空间及电磁频谱等其他作战域，获取并维持相应作战域优势，控制关键作战域，支援并确保联合部队行动自由，从物理打击和认知两个方面挫败高端对手。

"多域作战"概念包括两个方面本质含义：

一是强调所有作战域的协同行动。当前的作战环境已没有明显的单一关键作战域，在每个作战域都面临脆弱性和机遇。"多域作战"概念要求美军重塑联合作战概念，打破传统的以军种为核心的作战域边界。美军将尽量避免与对手开展诸如"导弹对导弹"等正面直接对抗。联合作战力量应能够同步协调行动，综合运用各种作战能力，在某个或多个作战域创建并充分利用稍纵即逝的作战机遇，削弱对手在多个域的作战能力。这就要求联合作战指挥官必须能够理解和塑造包含所有作战域在内的战场空间。

二是突出陆军在联合作战中的地位。"多域作战"概念本质上仍是要扩展美国陆军在联合作战中的生存空间。在该概念指导下，美国陆军不再是海空等其他军种的"援助对象"，而是能够利用可靠前沿基地和丰富的战场信息，以及自身的跨域感知、目标识别和打击能力，协同和融合联合作战力量，参与、支援乃至控制其他作战域。具备多域作战能力的未来陆军将能向联合部队提供对空、对海、对天、电磁频谱和网络空间等跨域火力打击，并拦截导弹、击沉敌舰、压制卫星，甚至入侵或破坏对手的指挥控制系统。例如，陆军"帕拉丁"自行榴弹炮和"海马斯"自行火箭炮将发展打击海上目标的能力。

16.2.2　特点优势

美军对"多域作战"概念的界定是"在所有领域协同运用跨域火力和机动，以达成物理、时间和位置上的优势。"美军判断，对手可能拥有抵消美军某一领域的优势，但很难从各个领域进行反制。第三次"抵消战略"和"多域作战"的实质就在于，使美军能够在所有作战域对敌实施多元化攻击，使其在各领域都陷入进退两难的境地。美国国防部副部长沃克曾将这种作战思路与拳王阿里的出拳风格进行类比，即阿里会绕着对手不断跳跃，快速腾挪换位，在避开对手攻击的同时，扰乱对手致其疲惫不堪，进而瞄准对手弱点重拳出击，决战决胜。基于这一逻辑，结合前沿技术支撑，多域作战主要具有以下特点：

1．非对称抵消

非对称抵消包括以网络战和电子战手段反制对手高端武器系统，如果对手实施网络战和电子战，美军将通过对敌态势感知系统实施定位、压制和致盲，进一步强化美军高端作战系统的杀伤力。同时，利用低成本的电磁轨道炮拦截对手高造价导弹，特别研发一种通用的新型智能炮弹，通过多种发射管进行发射，以保护美军的前沿基地及其他高价值目标免遭导弹攻击。

2．全效果作战

多域作战将突破一个或两个军种主导作战的传统思维模式，从"作战空间整体观"出发，进一步推动美军从军种联合向作战要素融合、能力融合、体系融合的全效果作战转变。前美军印度洋-太平洋司令部司令哈里·哈里斯海军上将强调："我们需要联合到什么程度，就是没有哪一个军种占主导地位，没有哪一个领域有固定的边界。战区司令必须能够从任何一个领域对每个领域的目标达成效果，以便今夜开战，战之能胜。"这就要求陆军具备多重能力，能够击沉敌舰、压制卫星、拦截导弹及入侵或破坏对手的指挥控制系统等。未来战场的边界将日益模糊，独立战场空间逐步消失。

3．人机协同

多域作战促进美军从机械化时代的人-人对抗向信息化智能化时代的人-机对抗甚至是机-机对抗转变。为了充分发挥人机协同的互补优势，未来作战主要采用一种"有人"指挥、"无人"作战的模式，这也是第三次"抵消战略"的重要内容。美国陆军在2017年3月发布的《美国陆军机器人与自主系统战略》中提出，多域作战将利用大量构造极为简单的机器人蜂群构建一个相互协作的多机器人系统，使其通过熟悉战场环境和相互交流形成全覆盖、可持续、可靠的态势感知，为部队采取统一行动提供支持。

4．分布式杀伤

未来，美军的作战样式将进一步向分布式、机动化方向发展，从战术层级的分布式行动提升到战役层级，美军机动部队将重点从对手防空系统的薄弱地带或盲区渗透。多域作战就是依托信息网络技术优势，调动分散配置的部队，利用多线并举、多点联动、多域协同的机动优势，分散进入，对敌实施多线进攻。一方面，将作战编组分散部署、快速聚合，以达到兵力分散、火力集中的效果；另一方面，分散配置指挥与控制节点，形成多节点网络状结构，从而保证在局部遭受攻击后，不会影响整个指挥控制系统运行。

5．任务式指挥

多域作战要求美军以作战任务为牵引，依托"云赋能"等信息技术优势，采取集中计划、分散执行的指挥模式，指挥人员应充分发挥主观能动性，以确保在模糊和混乱的局面中进行指控并取胜，甚至每位作战人员都要树立任务导向思维，根据自身角色和职能争取主动权，同时利用无人自主系统进行更广泛可靠的信息收集、组织和优先排序，以提升战术机动性并减少网络、电子及物理信号，使指挥人员拥有更多时间、更大空间进行决策。

6．认知域对抗

美军认为现代战场已形成物理域、信息域和认知域三个作战维度。认知域作战是更高层次的人类战争，与传统战争旨在从物质上对敌实施硬摧毁不同，认知域作战主要通过对敌情感、意志及价值观等进行干扰和破坏，以"软杀伤"的方式达到不战而屈人之兵的目的。多域作战特别强调在物理域之外，将电磁频谱、信息环境及认知域等作为未来重要的竞争性领域，认为持久的战略成功并不取决于战斗的胜利，而取决于敌我双方意志的较量。美军正积极研发基于脑控和控脑技术的武器系统，通过读取人的认知和思想来掌握敌方人员的心理状态，从而扰乱敌方指挥员的思维判断和决策部署，甚至控制其意识行为，使敌落入美军设计的陷阱，为美军创造决定性优势。

16.2.3 组成要素

多域作战的中心思想是：陆军作为联合部队的一个组成部分，通过实施多域作战在竞争中获胜；必要时，陆军部队渗透和瓦解对手的"反介入/区域拒止"系统，并扩张由此产生的机动自由来达成战略目标，以有利条件迫使对方重返竞争。多域作战的三大核心要素包括：

1．完善的力量体系

完善的力量体系是潜在能力、战斗力、位置和跨战略距离机动能力的组合。要实施多域作战，美军必须实现对各种不同类型作战力量的动态组合，并根据战略环境的要求进行调整和变化。这些力量包括前沿部署部队（美国和盟友、常规和特种作战部队）、远征部队（陆军与联合部队)、国家级的情报和网络空间力量、太空作战力量及超出战区控制级别的打击力量。此外,还需要对纳入力量体系的部队进行适当授权,以扩大美国的竞争空间,增加对手获得局部优势的难度。

2. 多域编队

多域编队拥有综合性的作战能力,具备跨多域作战所需的弹性。所有的陆军编队都必须在一定程度上具有多域作战能力。作战弹性最重要的硬件因素包括先进的防护系统、低信号特征、可有效抵抗对手干扰的冗余通信信道、多重维持网络、强大的机动保障能力和承载力,以及分层防空、分层侦察和多域隐身能力;最重要的软件因素包括能够针对对手行动灵活制订计划、在冲突中重组编队及按照意图行动的领导团队,以及规模小、部署分散且接受过交叉性训练的指挥机构。

3. 能力汇聚

能力汇聚是指联合部队通过任务指挥和高度自律的主动行为,快速持续整合全域、电磁频谱和信息环境中的各种能力,并优化效果,对对手实施跨域协同和多样化攻击。多域作战的能力汇聚使对手难以隐蔽和保护其作战重心,为联合部队在决定性空间攻击对手弱点提供了多种选择。

16.3 实现途径

16.3.1 军种举措

美军高层已经达成"在多域作战场作战并取得胜利必须成为美军发展重点"的共识,并将多域作战视为未来发展方向,从资金、机构、条令、人员及装备等方面开发建设。

1. 以网电集成为突破口加速融合

美军坚持把网电行动能力建设作为实现作战构想的重要突破口,为跨域投射作战效应提供物质平台。陆军副参谋长办公室下设专门机构,负责网络电磁行动能力开发。通过网电对抗能力评估强化融合,构建完整的陆军网络空间作战技术、战术和规程体系。加强电子战部队建设,采办"多功能电子战系统"等先进装备,提升电子战能力。组建陆军网络中心,指导网络、信号和电子战部队训练。研究试验网络电磁行动作战编组问题,建立"远征网络电磁行动队",组织战术单位网络电磁行动能力训练,融入联合作战计划程序,优化战术应用集成。

2. 以装备研发为平台支撑跨域

依据未来联合作战能力需求和环境特征,陆军确定重点发展跨域火力、作战车辆及远征任务指挥等八大关键能力领域成套装备技术。其中,陆军联合国防部战略能力办公室启动陆军"远程精确火力"项目,拓展陆军远程精确打击能力;开发一体化防空反导作战指挥控制系统，将防空和反导两个系统集成为系统之系统，使其具有探测、识别及监视飞机、巡航导弹和弹道导弹等目标的能力，并在交战中进行火力分发和指挥控制；展开人工智能技术、战场零耗能等领域研发工作，主导设立"重要技术指标"，将技术物化为可操作装备。

3．以条令开发为抓手深化运用

2016 年 11 月，陆军条令出版物《作战》，正式将"多域作战"概念列入其中，规定为陆军力量运用的通用性作战概念，明确作为陆军其他条令制定原则、战术及技术发展等事项的纲领性文件。美军同时着眼于未来联合部队融合发展趋势，出台《"多域作战"构想》白皮书，解决如何用统一的作战理论指导、协调和指挥跨域行动问题；指导开发新一代野战条令 FM6-02《信号部队支持作战行动》，用于指导信号部队向网络部队职能转型；计划更新野战手册 FM3-12《网络空间和电子战行动》，以对网络空间和电子战行动的战术和程序进行规范。

4．以演训活动为契机探索验证

"多域作战"概念正经历一系列演习验证，可分为 3 个波次：第一波次为仿真模拟推演，如 2017 年 4 月借助洛克希德·马丁公司举行系列保密作战推演；第二波次为创建一支试验作战部队，打造一支有航空、有机动、有信号、有网络的永久性完全独立战斗单位；第三波次为战区级实兵军演，如在 2017 年、2018 年分别与印度洋-太平洋司令部、欧洲司令部联合开展军演验证完善概念。

16.3.2　实现能力

先进的科技和武器装备是多域作战的重要支撑，美军投入大量资源积极推进多域作战的配套能力建设，其中最引人关注的是美国陆军和国防部战略能力办公室共同推进的"远程精确火力"（LPRF）项目。该项目能有效弥补美国陆军现役陆军战术导弹系统（ATACMS）在射程和性能上的短板，提升陆军的火力覆盖范围和反舰作战能力。2016 财年以来，美国陆军持续加大对 LPRF 项目经费的投入，2018 财年的研发预算已达 1.02 亿美元。美国陆军还投入大量资源发展网电技术，以弥补其网络/电磁行动能力的不足。2018 年，美军 133 支网络任务部队形成全面作战能力并开始执行战备任务，网络作战力量的发展将进一步加速与其他作战力量的跨域融合。此外，具备定向能和反干扰技术的反无人飞行器系统、机器人/自主化系统等技术的研发部署也被提上日程。与此同时，美国陆军积极寻求外界的研发力量加入多域作战配套能力的建设。2018 年 5 月，美国陆军卓越情报中心举办 2018 年"企业挑战"的陆军部分，邀请其他军种、相关机构及企业等就"陆军情报远征能力"、"增强伙伴间互操作能力和协同性"，以及"大数据时代的架构需求"等问题提出解决方案，从而满足开展多域作战的需求。

16.3.3　应用设想

美军对多域作战的运用想定重点阐述了为应对大国挑战在印亚太地区实施多域作战的具体行动。美军将作战环境设定在一个地理位置具有决定性意义的岛屿或沿海陆地，该战略要地对于美国及其盟友的空中和海上航行具有重要影响。美军声称，为阻止敌对大国对该要地的控制，将通过实施多域作战进行军事干预。

具体军事行动想定包括：利用网电空间力量暂时屏蔽和干扰对手的指挥与控制系统，使特种部队能够趁机进入该要地，帮助海军两栖部队保护滩头堡、机场及其他用以构建安全滩头堡的主要设施；紧接着陆军通过运输船运输重型工程设备，修复简易机场跑道，在必要时强化防御阵地。同时，空军C-17和C-130运输机投送一支陆军"斯特瑞克"营级特遣部队，该营装备有高机动性火箭炮系统，特别装备了反舰巡航导弹及近程防空武器系统。根据作战需要，美军可卸载运输机上155mm自行榴弹炮，以便海军陆战队登机，执行后续强行登陆行动。这支营级特遣部队要在96h内部署到位并随时准备作战。通过空军的战机和无人机、海军的舰艇和水下无人机，以及一系列陆军雷达系统等形成一个相互叠加的多域传感器网络，在陆、海、空、天、网各作战域同时运行，以发现敌人、锁定目标并实施打击。鉴于美军随时可能被对手切断补给或失去通信联络，这支"斯特瑞克"营级特遣部队必须具备自给自足30天的能力（目前条令要求该类型部队的自我维持时间为3天）。一方面，部队依靠水净化移动装置、太阳能电池板、风力涡轮机及3D打印机等提供后勤保障；另一方面，通过无人机及其他自动平台来增强防护能力，以降低对燃油车辆的需求，减少使用空军空投系统输送食品。

以上只是多域作战在某一特定区域的运用想定，如果将这一概念应用于其他地区或印亚太地区的其他地点，都会存在很大差异。因此，美军开始加强在各类实战演训中融入"多域作战"概念，如在2018年"环太平洋"军演中进行测试。

16.4　能力需求及面临挑战

16.4.1　能力需求

多域作战的成功取决于美军的能力能否与作战条令、组织、训练、装备、领导力和教育、人员、设施能力及物质现代化要求相匹配。实现多域作战需要具备以下能力：

1．远程精确/跨域火力

美国陆军正在为远程精确火力打击和空投电子战开发多用途弹药和传感器。其目标是投送致命和非致命火力到陆地作战域，并在所有作战领域产生效果。在打击范围内投送精确火力的能力，对于减少机动作战风险至关重要。

2．下一代战车

下一代作战车辆将携带更大距离射程的武器，同时可以适用于城市作战，并且尺寸更小，以便在狭窄的区域内实现更好的机动性。车辆将减少对燃料和大量弹药的消耗率，同时将新型装甲材料集成于综合性的主动防护中。下一代战车将包括新型技术，如网络化目标系统、定向能武器及弹药射程扩展等，满足多域作战关于半独立机动能力的要求。

3. 未来垂直起降

未来垂直起降将直接投入作战，以提高战斗力，确保远距离伤亡人员获得及时有效治疗。在多域作战中，航空侦察单元覆盖范围将扩大；航空打击单元在利用瞬时优势、更快响应友军地面部队需求方面，将具有更好的适应性；航空攻击和运输单元将提高部队投送规模和距离，实现决策点作战力量的建立；医疗单位将可以在"黄金一小时"内，对更大范围、更多数量的受伤士兵进行救治。未来垂直起降将应用自主监督机制，为指挥人员提供更多基于任务要求和风险水平的载人和无人平台的选择性。

4. 网络

网络将提升"将正确信息传送给正确人员"的速度和流量，使相关人员在"电子战场"上能够更快理解并做出行动，同时遏制对手的机动自由。为实现这一目标，美国陆军正在创建一个单一的端到端网络框架及先进的赛博空间攻防能力。网络将提供对作战环境的统一认识，同时在所有军种和参与者之间实现信息的纵横共享——管理从指挥所到战术边缘之间的信息。通过应用人工智能，赛博攻防能力将保护友好网络、创造机会窗口，同时干扰并防止对手利用电磁频谱。

5. 防空反导

陆军正采取措施保护关键设施，通过建立现代化近程防空和终端高空区域防御系统，发展机载和地面先进保护系统，为机动部队提供有效的防空反导防护。各单元的生存性将取决于这些能力的成功构建和分布。作为赋能器，不断增加的地面火力将为支持联合作战指挥官提供更多选择。部署并展示这些能力，将挫败对手破坏联合部队的目标。

6. 士兵杀伤力

士兵及其分队是美国陆军的基石，陆军的能力取决于士兵体能和认知上具备的能力。他们必须在高强度的战斗中与武器装备协调一致。士兵的杀伤力必须在火力和机动各系统之间找到平衡，以增加对精确和致命火力的投送，并增加单兵的机动性。在致命性方面，陆军正通过对新的火力控制系统、弹药和武器的设计，增加近程和远程小型武器的精准度。在外骨骼套装和有人/无人协同方面引入机器人技术，将减少单兵载重，同时提高小型单位的作战范围、覆盖范围和响应能力，增强机动性。

7. 编制设计

与多域作战概念相关的部队编成就是多域作战特遣部队。多域作战特遣部队在美军印度洋-太平洋司令部的指导下进行了试验，具体包括：在部署和冲突的最初阶段，投送火力以实现联合部队的机动自由；通过部署和管理诸如远程精确打击火力、防空反导、攻击敌人网络及防御友军网络等能力，实现其价值。在试验的同时，构建第一支多域作战特遣部队，是实现多域作战构想的主要一步。

16.4.2　面临挑战

目前，虽然美国国防部正积极推动"多域作战"概念落地，并计划将其运用于 2025—2040 年，但多域作战在具体落实中仍面临诸多挑战。

1．作战力量分散部署与后勤保障过于集中的问题

多域作战采取分布式作战方式，要求美军具备强大的后勤保障能力。目前，陆军的后勤保障过于集中在军、师一级，极大制约了下属旅级战斗队独立遂行作战任务的能力。而且，现役部队对合同商的过于依赖也严重影响了部队的后勤保障。未来，新的作战样式要求后勤保障必须从战术层级解决问题，并从战役层级满足联合特遣部队的需求。

2．有效融合与信息系统重复建设的问题

跨域联合作战要求美军具备高效可靠的 C4ISR 系统，但目前陆军的 C4ISR 和作战支援力量存在明显的冗余建设，特别是在预算削减压力下浪费了作战资源并降低了运行效率。正如戴维·德普图拉中将所言，"我们在冗余方面每多花一块钱，就意味着在其他核心能力建设方面少了一块钱。"陆军必须摒弃毫无意义的重复建设，转而从联合思维和发挥整体效能的角度出发，将 C4ISR 系统和作战支援力量置于一个范围更广的联合框架内，以加强相互之间的融合程度。

3．陆军拓展作战领域与其他军种之间的竞争问题

虽然跨域联合作战是大势所趋，但在国防预算约束压力下，军种之间的利益竞争更加激烈，陆军力图通过多域作战拓展作战空间，打造多重能力，提升自身地位作用的意愿不会一帆风顺，还需要国防部的多方平衡。如何解决这些问题，是多域作战能否成功的关键。

16.5　相关项目

近年来，为加速推动"多域作战"概念落地，美军通过多个项目对多域作战进行全面验证。

1．仿真模拟推演

2017 年 4 月，美国知名武器供应商洛克希德·马丁公司依托战略可视化"展览室"、智能空间（iSpace）系统、战区作战管理核心系统（TBMCS）及指挥控制、作战管理和通信（C2BMC）等多个作战系统，就"多域作战"概念进行了为期 3 天的兵棋推演活动，推演结果被提交至美军的多域指挥与控制（MDC2）事业能力联合组，该组的职责是制订将 MDC2 变为现实的计划。

2．组建试验部队

2018 年 3 月，美国陆军部长马克·埃斯拍在"全球力量研讨会"上提出，美国陆军将在 2019 年完成多域特遣部队的组建工作。多域特遣部队的核心作战人员有 500~800 人，相当于一个加强营的规模。多域特遣部队除了参加已于 2018 年 6 月 27 号开始的"环太平洋"军事演习，还参加了 2019 年举行的"太平洋之路"轮训。

3．进行实兵军演

2018 年 4 月下旬至 5 月初，美国陆军在德国进行了"联合作战评估"演习，并结合"联合决心 X"及驻欧空军"蓝旗"军演，试验了"多域作战"概念及新的《战场手册 3.0》。为进一步验证"多域作战"概念，美国陆军还在 2018 年的"环太平洋"军演中发射一枚 NSM 反舰导弹将一艘军舰作为靶舰击沉，这在"环太平洋"军演的历史上尚属首次。

16.6　经验启示

1．多域作战为美军跨域联合作战的发展奠定基础

"多域作战"概念是美国陆军对未来作战环境的重新审视，代表美军未来战争场景设计的最新观点，对发展更加适应未来战争环境的联合部队具有指导意义。"多域作战"理论的特点不仅在于作战域的拓展，更在于推动力量要素从"联合"走向"融合"，为美军跨域联合作战的发展奠定了一定基础。多域作战是科学技术飞速发展时代背景下，美国陆军对以往作战思想、作战理论的创新发展，其预示着未来军事斗争将进入一个更为复杂的全新阶段，同时也折射出信息化、智能化时代军事革命的发展方向。

2．推动美国陆军作战体系的革新和发展

美国陆军推出"多域作战"概念，主要是希望从战争理论的高度对未来战争进行剖析，明确陆军在未来战争中的地位和作用，从而指导作战体系的构建和装备体系的发展。多域作战意味着陆军既接受其他军种的支援，也能够推进、承担、支援甚至主导其他领域的行动。在未来安全环境下，随着领域间的融合及复杂性的增加，尤其当陆军需要获得跨领域的主导优势时，需要在非传统领域发挥影响力。这要求陆军能够击沉敌舰、压制卫星、拦截导弹甚至入侵或破坏对手的指挥控制系统。为此，陆军发展多域作战能力，扩展在空天防御、网络攻击、干扰发送甚至反舰能力等领域的作战能力，为其他军种提供支撑，并带动陆军新一轮革新。

3．促进美军网络信息化作战能力的提升

多域作战的实施，需要运用合成兵种，不仅包括物理领域的能力，而且更强调在太空、网络空间和其他竞争性领域如电磁频谱、信息环境及战争的认知维度的能力。多域作战突出了网络信息化作战的重要性。在高度"信息化"的环境中，应统筹使用作战平台和编队、人员和无人装备、动能和非动能武器以满足作战人员的需求。网络信息领域将成为下一个重要战场。可以预见，网络、电磁频谱作为现代战争的战略机动空间，其核心地位和重要性将不断增长，成为未来战争中各方争夺的核心。美军将加速对网络信息化作战能力的提升，确保为联合作战赢得优势提供基础支持。

第 17 章 马赛克战

美国国防高级研究计划局（DARPA）下属的战略技术办公室（STO）在 2017 年举行的"与 STO 同步日"活动期间，公布了获取非对称战争优势的新概念——"马赛克战"。相比于传统战争，"马赛克战"根据可用资源，适应于动态威胁进行快速定制，即将低成本传感器、多域指挥与控制节点及相互协作的有人/无人系统等低成本、低复杂系统灵活组合，创建适用于任何场景的交织效果，形成不对称优势。"马赛克战"概念，已成为 DARPA 作战体系（SoS）研究的核心顶层概念。2019 年 3 月，STO 发布名为《战略技术》跨部门公告（BAA），其内容围绕马赛克战，旨在发展 4 个方面的技术，包括马赛克技术、马赛克效果网服务、马赛克试验及基础战略技术。目前，该作战概念已牵引了一系列技术项目的发展，在 DARPA 的 2020 财年预算中，相关项目占到总项目数的 21%，经费占比高达 35%。

17.1 提出背景

1991 年"沙漠风暴"行动以来，对手通过系统分析美国的战争方式，归纳总结出美军的作战优势与方法，并研究制定出自己的战略与系统，通过利用美军力量设计中存在的弱点来侵蚀美国的军事优势。目前，美国正面临来自其他大国的"挑战"，这些国家从美国在伊拉克和阿富汗的战争中汲取了经验，并据此制定出旨在阻止美国军事介入的"反介入/区域拒止"战略和系统。2018 年版《国防战略》表明，美国已认识到，如果它与俄罗斯等大国之间爆发大规模冲突，美军将因损兵折将而一败涂地。为克服这一挑战，美军必须改变其力量设计，使之能够承受战损并在体系作战中占据上风。而"马赛克战"就是解决问题的答案，即利用信息网络、先进的处理能力与分散部署的功能，确保美国与实力相当对手冲突时能重获军事竞争力。"马赛克战"旨在满足未来战略环境的需求，弥补当前力量态势存在的不足。"马赛克"一词体现了如何将较小规模的力量要素重组成多种不同力量配置或态势。这如同艺术家将不同颜色、不同数量的小瓷砖块镶嵌成某种图像，"马赛克"力量设计采用多种类型的分布式部署平台，通过与现有作战力量协同形成一整套作战系统。"马赛克战"利用具备冗余节点的高弹性网络来获取多种杀伤路径，并使整个系统更具生存能力，最大限度地降低网络中任一节点的目标价值。这种力量设计可确保美军在冲突环境下更加有利，并且由此产生的部队可适应各种军事行动。"马赛克"理念将高性能、高端系统的特性与更小型、更经济、更多数量的力量单元所具有的大规模与敏捷性结合在一起，将这些力量单元重新进行多种不同形式的配置。当组合成"马赛克"力量时，这些较小的作战单元将完成作战的"观察-定位-决策-行动"（OODA）循环杀伤链。如同积木几乎可以任意组装在一起，"马赛克"力量也可以组合在一起，以创建有效遂行对敌系统实施目标打击的力量模块。

17.2　概念内涵

马赛克战的策略是形成快速、可扩展、自适应联合多域的杀伤力。它将效果链功能（如查找、修复、锁定、跟踪、交战、评估）分布在所有域中的有人/无人平台上，同时可快速构建或重构效果链。该策略可使对手面临压倒性的、大量各种动能/非动能装备效应，使其难以决策，也无法用传统方式应对。但是，"马赛克战"，也是一个在迭代中的概念。在过去的几年里，美国国防高级研究计划局（DARPA）对其的认识也在发展变化，具体可以从以下3个维度理解"马赛克战"的概念内涵。

17.2.1　拟解决的问题

马赛克战主要针对解决传统核心装备研发周期长、费用高的问题。当前的美国核心武器装备（如F-35、F-22等主力战斗机）开发周期长、费用高、升级维护也比较复杂，全体系的运行完全依靠核心装备的正常运转。因此，一旦在实战中核心装备被敌方破解，就面临全体系崩溃的可能性。在马赛克战中，更多地依靠更"简单"的碎片单元协同完成作战任务，这些碎片单元开发周期更短，促进了全体系的快速迭代升级能力。同时，"去中心化"的设计，也增加了体系的鲁棒性，这体现了未来装备和装备体系发展的一种新模式。

17.2.2　核心优势

马赛克战的核心优势为分布、动态与可更好地认知战场的复杂度。

1．分布

"分布"，主要体现在马赛克战体系中杀伤链的很多功能分布在大量、小型、廉价且多样的武器装备平台上。由于这些平台分散部署，处于不同的地理方位，给作战带来了很多新的变化。在进攻性作战中，类似巡航导弹/小型无人机集群的作战形式，凭借数量上的绝对优势和功能/性能/价格上的相对优势，可以针对防御方遂行防区内作战（精确打击和电子战），完全打破了传统的防御体系运作模式；在防御性作战中，马赛克防御体系比较分散，可有效扩大防御面积。

2．动态

一方面，面对不同程度、不同范围的冲突威胁，从传统对抗到"灰色地带"冲突，马赛克战体系可根据战场上的实际态势，统筹调度各种资源，进行实时动态分配，形成最优自适应杀伤网。另一方面，由于"小且廉价"的武器装备平台替代了"大且昂贵"的系统，当需要对体系中装备升级迭代时，不再是大周期式的，而为小周期模式升级迭代，从而使整个作战装备体系一直处于高度动态发展的状态。

3. 认知

传统作战任务中各种武器装备的使命任务是"既定"的，鲁棒性和冗余也是事先计算好的。而在马赛克作战模式中，在整个作战体系层面，将利用认知技术（含计算、感知等）进行辅助决策，使整体的指挥控制更顺畅。未来巡航导弹（小型无人机）集群将有望可以根据实际情况真正"认知"地遂行任务，使得"战争迷雾"降低几个数量级，作战效率和灵活性因而获得革命性的增强。

17.2.3 内涵特征

美军马赛克作战概念涉及作战体系多方面的变革，虽然难度大，但概念一旦实现，将会带来完全颠覆性的效果。此外，马赛克战的作战理念，并不完全受限于尚待开发的前沿技术，基于现有体系，进行"马赛克化"改造，也可能实现部分效果。

1. 体系（SoS）研究的新里程碑

2014 年，DARPA 开展的体系集成技术与试验（SoSITE）项目，明确提出以复杂替代简单、以分布式替代集中式的发展思路。2017 年，在体系集成技术与试验（SoSITE）的基础上，提出的"马赛克战"概念；在分布式发展思路的基础上，更加强调动态的协同，进一步推进分布式作战概念。这两个发展思路分别代表了体系（SoS）概念的两个发展阶段。

马赛克战与前期发展的体系（SoS）相比，在概念、能力和挑战 3 个方面都有着变革和进步，见表 17.1。

表 17.1　马赛克战与前期体系（SoS）的区别及联系

	链条式杀伤链	系统之系统	适应性杀伤网	马赛克战
概念举例	一体化火控-防空（NIFC-CA）	系统之系统（SOSITE）		
描述	现有系统的手动一体化	为多种战斗配置准备的系统	在任务开始前选择预定义效能网的半自主能力	在战役中构建新的效能网能力
优势	拓展有效作战范围 增加交战机会	实现更快速的一体化和更多元的杀伤链	允许任务前调整 更具杀伤性，迫使敌人面对更大复杂性	可适应动态变化的威胁和环境 可同时应对多场交战
挑战	静态系统 构建时间长 难于运行和扩展	每一架构的适应能力有限 无法动态增加新功能 难于运行和扩展	静态的"行动规则" 有限的杀伤链数量 可能无法很好地拓展	扩展受到人类决策者的限制

"马赛克战"概念比体系集成技术与试验（SoSITE）时代的概念更加先进。体系集成技术与试验（SoSITE）因其配置相对复杂，接口相对固定不够灵活。而"马赛克战"超越了任何一个机构、军种或工业企业的系统设计中必要的互操作性标准（这些设计和标准本质上具有约束性和不可扩展性），专注于开发已知系统之间能可靠连接的程序和工具，实现向前向后兼容并及时创建所需的任何连接，以实现不同系统的快速、智能、重要的聚集与分散。马赛克战的体系架构为在战术、作战、战役所有层面中创建不同效果网，开启了无限可能性。

2. 重新定义装备体系及运行模式

马赛克战虽具有一定的现实威胁，但对于当前的许多作战任务行动，仍可以部分地采用"马赛克"方式。但是更多的是未来的威胁，该作战概念对重塑未来作战体系、作战模式，完全颠覆原有的作战方式具有重要意义。

在以 F-22 或 F-35 有人机为主的现有作战模式中，每架有人机都具有电子攻击、雷达探测和成像能力，并同时挂载具有杀伤性的武器。它们与空中指挥系统通信，并受控于空中指挥系统。而马赛克战将所有杀伤链功能分布到不同域的各种平台上，组成自适应能力强的动态杀伤网体系。当面对威胁时，可根据威胁程度不断调整变化。

3. 颠覆了传统的攻防对抗模式

马赛克战通过先进技术手段实现多种系统、武器平台的实时灵活组合，并进行网络化作战，产生了一系列非线性作战效果，最终形成杀伤网。即使对手可以抵消组合中的许多部分，但其集体可以根据需要立即给出反应，作战时能够将速度、能量及成本等因素集成，达到理想整体效果。同时，马赛克战可以扩大己方认知域的优势，并压垮敌方认知域。

17.3 实现途径

17.3.1 发展思路

马赛克拼图通过多个"马赛克碎片"拼装形成，与传统的"拼图"相比，具有碎片单元（及其接口）"简单"一致、功能（性能、效果）多样、可以快速拼装，以及整体规模灵活可变等特点，如图 17.1 所示。

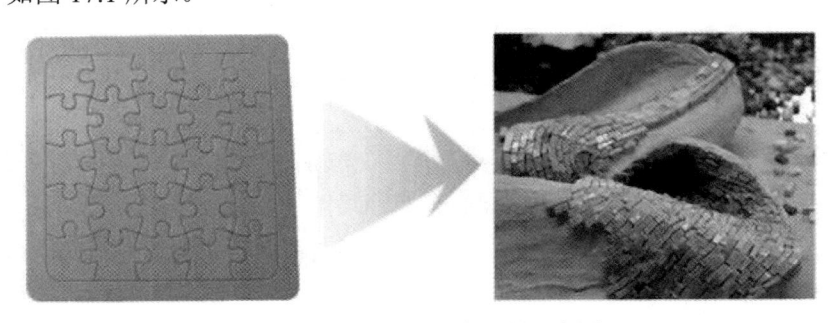

图 17.1 马赛克拼图发展的示意图

马赛克战可快速拼装出复杂的杀伤网体系。马赛克作战概念类比"马赛克拼图"的特点及思路，从功能角度将各种传感器、通信网络、指挥控制系统、武器系统或平台等视为"马赛克碎片"，通过网络信息系统将这些碎片单元链接起来。碎片单元之间动态协同组合，增强了"碎片"的自主性，从而形成一个极具弹性、灵活机动的作战效果网，如图 17.2 所示。

这种作战体系，天然地具有在空间和时间上分布广、动态变化性更强的优势，可以使战场态势变得更加复杂，加重了对手的认知负担，从而实现不对称优势，如图 17.3 所示。

图 17.2　马赛克战示意图

当前作战系统的缺点：
- 对杀伤链完整的平台而言风险过于集中
- 容易受到敌方杀伤链的攻击
- 难以升级

对自适应杀伤网而言：
- 利用分布式概念，先敌发现、先敌打击，分散风险
- 作战平台异构，具备自适应能力
- 可迅速升级

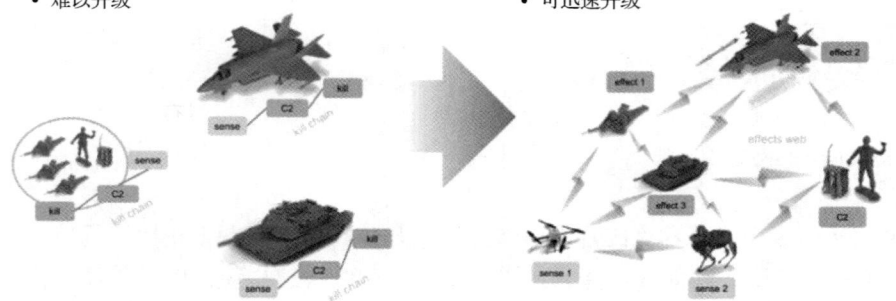

图 17.3　马赛克战与自适应杀伤网的区别

17.3.2　力量设计

"马赛克战"力量设计将挑战现有条令、传统、组织结构甚至是以往的胜利荣耀。然而，为了支持《国防战略》的优先事项，美国必须调整其作战方式，通过采取以下措施向"马赛克战"力量设计转变：一是继续致力于维持现有力量架构及发展项目。尽管一些国防部官员可能主张采取大胆的行动，但大胆的行动并不意味着是明智的。终止现有计划并放弃现有力量架构只会加剧当前的漏洞。因此，应加快采购高端能力，如 F-35 和 B-21 战机，并且必须将发展分布式作战单元引入未来"马赛克"力量的建设中。二是积极投资研发和部署"马赛克战"赋能器。人工智能是新生关键技术的基础，自主机动、决策和网络路由等技术共同组成了使"马赛克"力量与作战概念成为现实的有机整体。这些"马赛克"赋能器将释放现有平台的能量。"马赛克"赋能器将改变美国的兵力运用方式，使美军现有力量转变成更加有效、更具弹性和更令人震撼的"马赛克"力量。三是对"马赛克"作战概念、力量架构及指控体系进行极致验证。实现信息和指控架构与作战概念完全对接对于任何形式的力量设计都至关重要。不断对尖端技术进行战术验证，并结合严格的作战分析，对于如何利用"马赛克"赋能技术至关重要。这些验证还有助于确定其他需要投资的技术领域，并完善未来的条令与

作战架构。四是对力量设计方案进行作战成本评估。与目前的部队相比，未来能够慑止或在高端体系作战中获胜的美军将需要拥有更强的作战能力。足够的能力（部队规模）及正确的力量组合对于实现击败大国入侵并维持其他战区的威慑态势所需要的攻击密度至关重要。通过高质量的力量设计推演，并辅以作战与成本分析，将有助于确定 2018 年版《国防战略》所需要的部队规模与组合。许多发展趋势已经预示出"马赛克战"的价值与潜力，之前研发和部署的系统、技术、软件及架构本质上就是"马赛克"。美国国防高级研究计划局（DARPA）和各军种已经投资发展了许多"马赛克"赋能器。"马赛克战"对美国空军来说并不陌生，该军种可能是最适合主导发展"马赛克"力量设计概念的，这种概念将重塑国防部的筹划、流程、力量架构及任务遂行方式。

17.3.3　关键技术

根据"马赛克战"的设想和实现目标，STO 部分借鉴了正在开发或已成形的赋能技术，用来实现创造性的"马赛克战"体系结构。

1. 复杂适应性系统组合和设计环境（CASCADE）

复杂的互联系统越来越多地成为军事和民用环境中的一部分。例如军用领域的"体系综合技术和试验"（SoSITE）项目主导开发的空中支配大系统概念，期望有人机和无人机通过网络链接实现数据和资源的无缝实时共享。但是，复杂系统集成并非简单的叠加，且系统的功能大于其各部分的综合。因此，复杂系统难以建模，目前尚无合适的工具可以实现对跨时空和空间的不断变化的复杂任务系统之间的结构和行为进行预测和评估。为了解决该问题，美国国防高级研究计划局（DARPA）于 2015 年宣布进行"复杂适应性系统组合和设计环境"项目，该项目期望探索和创新可以深入理解系统组件交互行为的数学方法，提供独特的系统行为视角，从根本上改变系统设计，以实现对动态、突发环境的实时弹性响应。该项目主要在应用数学、运筹学、建模和应用程序等领域寻求创新和突破，最终目标是提供统一的系统行为视图，开发用于复杂自适应系统组合和设计的形式语言，以便允许理解和利用复杂交互。通过适当的基础数学来实现系统行为的统一视图，提供动态识别和纠正系统缺陷的框架，使得能够使用任意系统组件适应动态环境。该项目可在"马赛克战"中解决现有及新系统的组合问题。

2. 体系综合技术和试验（SoSITE）

类似于"马赛克战"的提出背景，高性能武器装备的非对称优势不断减弱，DARPA 于 2015 年 3 月提出并通过了 SoSITE 项目。该项目的初衷为通过新的体系结构发展，提高装备使用效率，完善装备体系建设，实现快速且低成本地把新技术和航空系统集成到现有空战系统中，从而降低研发成本和周期，并使美军运用新技术的能力远快于竞争对手。

SoSITE 聚焦于发展"分布式空战"的概念、架构和技术集成工具，利用现有航空系统的能力，使用开放系统架构方法在各种有人和无人平台上分散关键的任务功能，如电子战、传感器、武器、战争管理、定位导航、授时及数据/通信数据链等，并为这些可互换的任务模块和平台提供统一标准和工具，如有需要可以进行快速升级和替换。该项目主要在体系架构研究与分析、综合集成技术研究两大技术领域内寻求创新。

SoSITE 研制目标包括：开放系统架构、维持架构持久运行的技术、具有向后兼容能力的标准，以及更快速系统集成和测试的工具，这些技术可保证"马赛克战"中的各系统具备实时性、易用性和适用性，并支持整合各种系统以实现协同工作。

3．"分布式作战"管理（DBM）与对抗环境中的弹性同步规划和评估（RSPACE）

基于战斗管理缺乏帮助理解和适应动态情况的自动化辅助工具，DARPA 于 2014 年提出 DBM 项目。该项目最初设想是协助指挥人员和飞行员管理空对空和空对地作战，在日益激烈和复杂的战斗空间中实现更好的理解和快速决策。DBM 计划开发适当的自动化决策辅助工具，即将决策辅助工具集成到每架飞机的机载系统中，以提供分布式自适应规划、控制及情景理解，实现帮助相关人员保持态势感知、推荐任务、制订详细作战计划及控制作战等目标。

DBM 包括技术开发规划和集成试验两项任务，目前已进入空对地任务模拟演习阶段。美军已经发展了可进行空中作战的 C2 级高度集中式架构，但是这高度依赖强大的通信网络，当通信受到干扰时，架构会受到极大的约束。为应对这个问题，DARPA 提出了 RSPACE 项目，该项目面临的挑战是开发在通信中断和高度不确定性下进行协调的工具，同时对 C2 异构节点提供自动化支持，以协助作战人员控制和管理不确定战场空间中 C2 的复杂性。DBM 和 RSPACE 都基于"分布式作战"进行开发，并期望解决不确定战场环境的自适应、弹性等问题，其设想背景、目标等都与"马赛克战"相似。因此，这两个项目可用于解决"马赛克战"中战斗管理的指挥与控制问题。

4．对抗环境下的通信（C2E）和任务优化动态适应网络（DyNAMO）

随着无人设备、传感器和网络设备的持续发展，对通信系统提出了更强大、更多样化的需求。增强通信系统功能，还需提高其抗干扰性、低被发现率和动态环境适应性。但是，目前的军事通信架构是静态的、不灵活的。DARPA 于 2014 年提出 C2E 项目，期望开发和部署自适应通信系统。该系统具有 3 个优势：一是在该系统下，灵活的模块化硬件可以在不进行大量修改系统的前提下，实现功能刷新并应对来自对手的威胁；二是系统开发的模型利用可重复使用的波形处理元素和形式化方法，可实现跨多个硬件平台的快速开发；三是 C2E 网络强大的包容性，允许作战空间中无线电类型的多样性和重复性，为作战部队提供了可靠、网络化及可扩展的信息分发支持。与 C2E 类似，DyNAMO 是为了解决通信网络中机载无线电网络彼此不兼容，无法实现信息在多种类型的系统中自由无缝地流动等问题。DyNAMO 在 C2E 的基础上，基于分布式动态作战任务的复杂性而设计，目标是开发动态适应网络技术，在所有机载系统之间实现信息的即时自由流动。这两项技术可支持"马赛克战"的无缝、适应性通信和网络。

STO 主任和副主任将"马赛克战"视为美国传统体系作战的替代品。从其设想和目标来看，若"马赛克战"能够实现，必将对未来作战样式产生颠覆性的变革。通过新技术、新概念对现有装备、平台、系统进行"1+1>2"的整合，"马赛克战"高适应性、战法多变的作战概念，将对他国传统防御能力造成巨大挑战。

虽然"马赛克战"目前只是概念，其技术支持和体系结构的实现还存在一定困难，但其作战样式演变、体系构建及关键技术发展等都为他国下一步作战发展提供了参考，值得关注和学习。

17.4 相关项目

美国国防高级研究计划局（DARPA）以"马赛克战"目标为核心，牵引各个项目不断发展，以期形成马赛克作战能力。据不完全统计，与马赛克战相关的项目有 32 个。其中，之前开展的项目中明确与马赛克相关的有 11 项，推测与之相关的有 7 项；马赛克战提出后明确开展的项目有 9 项，推测与之相关的有 5 项。为实现马赛克战的能力，需要发展 5 个方面的技术，包括体系架构、指挥/作战管理、通信组网、平台/武器及基础技术。

17.4.1 体系架构

马赛克战体系架构中的杀伤链动态分配，保持了体系的多样性。马赛克战的研究主要基于原有项目的成果，如体系综合技术和试验（SoSITE）、拒止环境协同作战（CODE）、复杂适应性系统组合和设计环境（CASCADE）、跨域海上监视与瞄准（CDMaST），以及远征城市环境适应性作战测试平台原型（PROTEUS）等。在"马赛克战"概念提出后，又启动了新的项目，如战略技术、自适应跨域杀伤网及分解/重构（Decomp/Recomp）项目等。

2018 年 7 月发布的自适应跨域杀伤网项目，主要关注战术决策支持，帮助用户在不同作战域（空、天、陆、地面、地下和网络）中选择传感器、效应器和支撑元件，以形成自适应杀伤链。自适应跨域杀伤网项目旨在发展支撑马赛克战的工具，该工具可支持将资源实时分配到具体杀伤链，并在战斗情况发生变化时调整这种分配。

2019 年 3 月，DARPA 发布的战略技术跨部门公告（BAA）中，以实现马赛克战能力为核心，重点寻求四个领域的创新理念和颠覆性技术，包括马赛克技术、马赛克效果网服务、马赛克试验及基础战略技术。

（1）马赛克技术方面：重点强调解决三个方面的能力，包括组合规划性、互操作性及可执行性。组合规划性重点为马赛克作战指挥人员开发自动辅助决策工具，以确定基础的作战力量组成。互操作性重点开发系统之间的互操作性技术，以实现马赛克作战架构。可执行性为解决资源管理和任务的规划。

（2）马赛克效果网服务：重点发展感知及非动能效果方面的能力。

（3）马赛克试验：寻求集成技术和方法来实现各种模拟与仿真和试验环境的互操作。

（4）基础战略技术：重点解决能够大幅减少系统的尺寸、重量、功率或成本的技术；允许适应性和/或快速更新的技术；提供能够提高系统级性能潜力的技术。

2020 财年的美国国防高级研究计划局（DARPA）预算文件显示，将发展分解/重构（Decomp/Recomp）项目。Decomp/Recomp 项目将开发技术实现战场空间中资源调整的有效修改，以实现电子军事系统的集成或调整，从而快速创建新的能力。

17.4.2 指控/作战管理

指控/作战管理聚焦控制算法、决策辅助及人机交互技术，形成综合的分布式指控管理能力。前期成果包括分布式作战管理（DBM）、对抗环境中的弹性同步规划与评估（RSPACE）、驾驶舱机组成员自动化系统（ALIAS）及进攻型使能集群战术（OFFSET）。"马赛克战"概念提出后，开展了空战演进项目（ACE）。

空战演进项目重点提高人机协同中的自主能力和指控交互信任水平。2019年5月，美国国防高级研究计划局（DARPA）发布空战演进项目，旨在发展空中视距内机动（俗称近距离格斗）自主化能力（利用逐渐真实的平台，先是数值仿真，然后是小型商用飞行器，最后是使用实战中有代表性的飞行器），提高作战人员对自主化作战的信任。该项目通过阿法空战格斗竞赛和4个技术领域，拟在5年内分3个阶段推进。技术领域具体包括：①研发用于局部行为（个体和编队战术行为）的自主作战系统（构建近距离空战算法）；②设计试验方法，用于模拟和测量飞行员对空战格斗中的自主作战系统的信任（测量信任度）；③在全局行为中使用并信任自主化系统（扩大至马赛克战应用范围）；④建设具有作战代表性的全尺寸飞行器试验基础设施（提供全尺寸飞行器演示）。其中，技术领域②～④的总经费高达6360万美元。

17.4.3 通信组网

通信网络技术能够连接所有的分布式系统，对整个马赛克作战体系至关重要。马赛克战将基于原有通信组网项目的成果，包括满足任务最优化的动态适应网络（DyNAMO）项目、对抗环境下的通信（C2E）项目及"九头蛇"（Hydra）项目。新启动的通信组网项目包括保护前线通信（PFC）、海洋交战即时信息（TIMEly），以及基于信息的多元马赛克（IBM2）项目。

2019年6月，美国国防高级研究计划局（DARPA）发布海洋交战即时信息项目，旨在开发异构海上通信架构，并在海上完成演示验证。该项目重点关注网络协议、服务质量和信息交换等技术，同时掌握水下环境对网络链接距离、容量、延迟和安全的限制。该项目设想采用动态可重构的响应式架构，将同步采用水下通信和海上无人系统前沿技术，预计投入4500万美元经费，分三个阶段实施。

2020财年预算中还有基于信息的多元马赛克（IBM2）项目，该项目将基于满足任务最优化的动态适应网络（DyNAMO）项目成果，旨在发展网络和数据管理工具，用于自动建立跨域网络和管理信息流，以支持动态自适应效果网。基于信息的多元马赛克（IBM2）将结合网络管理与信息开发和融合技术，根据信息需求和价值传输信息。基于信息的多元马赛克（IBM2）还致力于解决会增加延迟并限制互操作性的多级安全配置问题。

17.4.4 平台/武器

小型平台/武器的自主协同技术及回收技术的发展，为马赛克作战提供灵活自主平台，增加了分布式作战模式的自适应性，降低了成本。此方面的研究将基于已有成果，如小精灵、深海有效载荷（UFP）等，也将发展新的项目，如垂钓者（Angler）等。

17.4.5 基础技术

基础技术将从很多方面支撑马赛克作战的发展。目标识别将借助竞争环境目标识别与适应（TRACE）、导引头低成本转化（SECTR）及自动目标识别（ATR）等项目成果，同时为减小平台尺寸，还将借助射频任务运行的融合式协作组件（CONCERTO）项目成果。此外，一些其他的成果也将支撑马赛克作战发展，如美国国防高级研究计划局（DARPA）启动的战略技术项目（ST，2017年启动）、敏捷团队项目（A-team）等。

在"马赛克战"提出后又发展了地理空间云分析（GCA）、指南针（COMPASS）、跨域多模态感知与瞄准（CDMST）及LogX等项目。

LogX项目从后勤保障的角度完成马赛克战中的资源调配。2019年5月，DARPA发布LogX项目跨部门公告，旨在以空前的规模和速度开发并演示验证用于后勤和供应链系统实时态势感知（诊断）、未来状态预测及弹性评估的软件，同时开发可与现有后勤信息系统协同工作的能力。

17.5 应对策略分析

"马赛克"这一类"全新"的作战概念，既是美军落实其战略意图的需要，更是技术发展推动的结果，其发展的"客观"性大于"主观"意愿。因此，需要客观地看待该作战概念，而非一味地从"对抗性"的角度进行审视。

1. 开展"正向"论证研究

开展"正向"的军事理论、技术研究，推动相关推演、型号试验及实战演习，把握马赛克战的本质，掌握其核心制胜机理。

针对马赛克作战在快速动态迭代发展的特点，进行研究时需要针对具体的任务场景，基于对未来装备平台的需求，通过推演的手段，探索马赛克战的机理。虽然，马赛克战或许在未来会"夭折"，或者转向更窄的领域，但其具有的现实威胁需要及时并尽早研究清楚。

2. 积极开展相关技术的研究

美国于2017年提出"马赛克"概念，并在2018年重点研讨马赛克作战，先后于2018年、2019年在"马赛克"概念的牵引下发布开展空战演进项目（ACE）、海洋交战即时信息（TIMEly）及LogX项目等。美国在发展作战概念的同时，也在积极开展相关技术的研究部署。开展相关技术研究的同时，马赛克战的研究思路也是可以借鉴的。

第 18 章 决策中心战

18.1 产生背景

2019 年 12 月 31 日，美国智库——战略与预算评估中心（CSBA）发布题为《夺回海上优势：为实施"决策中心战"推进美国水面舰艇部队转型》的研究报告（以下简称"报告"），提出了"决策中心战"作战概念。2020 年 2 月 11 日，CSBA 发布了《马赛克战争：利用人工智能和自主系统实施以决策为中心的行动》报告。报告将马赛克战作为以决策为中心的作战实例，对其概念进行描述。该报告认为，美国军方应该考虑新的作战方法以维持长期优势，建议摒弃消耗战的概念，通过比对手更快、更好地做出决策来取得成功。"决策中心战"概念着眼大国对抗的作战需求，立足维持和巩固美国的海上优势，旨在推动美军从"掌控信息优势"向"掌控决策优势"转变。"决策中心战"概念标志着美军信息化建设进入了更高阶段，将成为美军智能化转型的重要牵引。

18.2 概念内涵

18.2.1 概念分析

"决策中心战"即以决策为中心的作战概念。该概念认为，即使拥有信息优势，如果不能正确决策，也将失去作战优势。因此，"决策中心战"的制胜机理是保持己方决策优势，同时使对手处于决策劣势，即要求己方的作战决策迅速而正确，同时想办法降低对手的决策速度和质量。决策中心战不着眼于摧毁对手力量，而是侧重于比对手做出更快、更好的决策，给对手造成多重困境，使其无法实现目标。

CSBA 在报告中指出，实现"决策中心战"概念需要两个重要的技术基础。一是无人系统，二是人工智能。无人系统解决分布式作战的问题，帮助美军实施分散的军事部署，将传统的多任务平台和部队分散为数量更多、功能更少且成本更低的系统，满足兵力分散、作战单位和平台重组等需求。人工智能解决决策支持问题，通过将人工指挥与人工智能的机器控制模式相结合的方式来解决"任务指挥"的局限性，简单说就是帮助指挥人员在面对复杂战场局势的情况下快速做出正确的作战决策。

报告提出了一个"以情境为中心"的"指挥/控制/通信"（C3）思想，即不去勉强构建网络中心战要求的高度清晰度和控制力的战场态势环境，而是依靠战时现有的 C3 能力实施作战。指挥人员只对能够联络的部队单元实施指挥控制。前线指挥员即便在失去与上级联络的情况下，也能依靠智能决策支持工具独立制订并实施作战计划，达到快速和高质量作战决策的目标。

18.2.2　概念特点

1．瞄准大国竞争

"决策中心战"的作战对象直指有能力"挑战"美国的大国。近年来，这些国家的体系（SoS）作战能力获得巨大提升，尤其是战场感知和远程精确打击武器技术的进步对美国及其盟国带来了威胁。相比之下，美国的技术和作战概念发展速度落后于对手，导致原来的优势差距被缩小。为了保持和扩大竞争优势，美军需要推出新的作战概念。

2．集中转向分散

美军当前的主力作战单元是陆军战斗旅（BTC）、海军陆战队远征小队（MEU）和海军航母打击群（CSG），这依然是大规模和集中力量作战思想的体现。这种作战思想的劣势在于作战灵活性差，主力作战单元易被探测和跟踪锁定，导致作战部队的生存概率降低。相反，对手面对这种作战单元，很容易做出打击高价值目标的作战决策。因此，美军的作战思想由集中向分散转变，海军的"分布式杀伤"概念、陆军的"多域作战"和海军陆战队的"远征前进基地作战"都是该作战思想的体现。

3．转变取胜理论

当前美军作战部队的兵力结构设计仍然体现的是消耗战斗的思想，即通过消灭足够的敌方兵力使其无力再战从而达成胜利的目标。报告建议美国国防部采纳新的取胜理论，对于与强国的竞争，美军不再谋求消灭对手的兵力，转而以阻止对手达成作战目标为取胜标准。例如，对敌方的作战核心环节（如指挥控制部分）实施延迟、降级和破坏措施，使其陷入决策困境，从而打乱其作战部署，使其丧失信心，放弃作战，已方取得胜利。

4．提高作战效能

报告认为，美军在与强敌作战的实战场景中，不可能做到网络中心战要求的战场无缝连接与感知的理想状态。前线（分散独立）部队失去与上级的联络，得不到上级作战指令的情况不可避免。前线指挥员在缺少参谋团队和网络信息保障情况下所做出的作战决策将是缓慢的、错误的和可被预测的，这时的网络中心战和集中决策的思想反而降低了作战效能。因此，提高前线指挥员的决策能力是取胜的关键。

18.3　实现途径

美国国防高级计划研究局（DARPA）为实施"决策中心战"提供了一个方法——"马赛克战"。马赛克战的中心思想是通过人类指令和机器控制进行美军分散部队的快速组织和再组织，形成有利于美军的战场态势，使对手陷入面临复杂和不确定的局面。

18.3.1 兵力设计

报告建议国防部将现有的大型多任务作战单元分解为大量的、功能简化的、可重组的作战单元。例如，用一艘驱逐舰加上几艘无人水面艇组成的编队代替一个三艘驱逐舰组成的作战编成；由一架携带防区外导弹的战斗机作为C2ISR（即指挥、控制、情报、监视、侦察）平台，加上数架配有传感器和电子战功能的无人机组成的战斗编组代替现有的一个战斗机作战编队。这样的兵力设计有以下优势：更容易纳入新技术和新战术；己方指挥员有更大的发挥空间；敌方面临更大的复杂局面；作战效能提高；可执行更多作战任务；利于迅速达成战略目标等。

18.3.2 指挥控制

利用决策辅助工具，作战指挥员根据上级的战略意图制定作战行动方案。指挥员通过人机界面向决策支持系统输入任务分配、敌方兵力情况和效能评估等参数，系统自动识别部队指挥员指挥控制范围内的部队现状，以情景为中心的指挥/控制/通信（C3）提供可选择的决策方案，指挥员选择可用方案实施作战。在以情景为中心的C3方法中，时间是核心要素。报告认为，美军通过持续向敌人施加具有复杂性的作战模式，导致其决策困难和决策速度缓慢，以为美军赢得充分的时间，帮助抵消由于通信中断、指挥员不在现场带来的作战决策延误的问题。

18.4 海军水面作战转型

18.4.1 需求分析

报告认为，美国海军的"战略舒适期"已经结束。随着美国的对手和潜在敌人拥有先进传感器、无人机、低噪声潜艇、反舰导弹及水雷等武器系统，并逐步发展新的作战样式和能力，美国海军水面舰艇部队遂行使命任务将面临严峻挑战。报告批评美国海军对外部威胁环境变化的反应相当迟缓。当前的美国海军水面舰队在作战灵活性、舰队规模和进攻能力方面存在严重不足。不能满足大国竞争的需求。虽然美国海军早在2014年就提出了"分布式杀伤"作战概念，但是其水面力量的发展依然没有走出大型化、多功能、高价值的发展怪圈。一艘核动力航母需10万t排水量，100亿美元的成本；伯克级主力水面舰艇也需1万t排水量，20多亿美元的成本。这种装备的研发、建造、运行和维护成本日益高企，海军根本难以为继。

水面舰队是海军的核心力量。从海军出现的第一天至今，水面部队一直是海军的主力，而且在未来大国竞争中水面舰队的作用也将越发重要。海军是战略性军种，也是美军的第一大军种，其作用表现为：海军是美国外交和国际经济政策的重要工具；海军在全球范围内前沿存在保护美国的海外利益；海军拥有全球最强大的信息能力、打击能力、防御能力、机动能力和保障能力。这些都要以水面舰队力量为基础。报告建议美国水面舰队兵力结构和作战概念向"决策中心战"的思想进行转变。因此报告认为,美国海军水面作战及其作战概念、装备发展等思路必须深刻转型,应就装备发展、编队组合和部署态势,以及无人系统、传感器、武器、指控通信等关键技术能力需求开展深入研究,否则难以满足未来作战需求。

18.4.2 作战思想

为了支撑以决策为中心的作战模式,报告建议美国海军水面舰队的作战目标应聚焦于3个方面:一是增加美国海军水面舰队的复杂度,困惑对手;二是迫使对手提高齐射攻击的规模,消耗对手;三是提升美国海军水面舰队的攻击力,打击对手。

作战思想转变体现在以下方面:

1. 慑止冲突

从与大国竞争的角度看,美国海军的作战目标是遏制冲突,让对手知道"侵略性"行动不会成功。或者说,美国真心不希望与某些竞争大国开战,更愿意通过带给对手决策困难,从而慑止战争,达到美国国家战略目标。

2. 机动作战

改变目前以消耗为中心的作战模式,采取新的机动作战模式。美国海军水面舰队应着重提高自身决策和行动速度,实施情报/监视/侦察/目标指示(ISRT)、反ISRT、海上打击和反水面舰艇作战等任务,降低对手相应的能力。总之,就是要达到降低对手的攻击能力,并使对手无法掌握美军的作战意图和战术。

3. 以攻为守

对于当前美国海军巡洋舰和驱逐舰这样的大型作战平台,只有25%的垂直发射系统用于进攻,75%用于防御(主要是防空)。随着导弹技术的进步,这样防御的难度和成本的增加将永无止境。因此,报告建议索性大量采用小型化、无人化、单一(较少)功能,甚至是只攻不守的平台,形成以攻为守的有利局面。

4. 近程反导

"决策中心战"概念中防空反导作战思想转变最大,要求重视采用定向能和大量小型近程拦截弹等手段进行防空反导作战。因此,需要纳入新技术,并在对抗环境中使用被动式和多站式传感器进行防空反导作战,一改以往依靠单基地主动雷达探测目标,实施远距离拦截为主的作战思想。

18.4.3 兵力结构

报告根据美国海军战舰战备状态周期和母港至战区航渡时间,给出了一个新的满足"决策中心战"需求的海军舰队架构——一个具有336艘包括有人和无人舰艇的水面战舰兵力结构体系。具体建议是:大型水面舰艇从104艘减至78艘;中小型无人舰艇从52艘增至258

艘，包括有人（或无人）的小型护卫舰（DDC）和中型无人水面艇（MUSV）。

1. 大型水面舰艇

报告建议未来美国海军减少大型水面战斗舰的比例，将其重心放在指挥控制上，并利用其大型主动雷达承担防空反导中的预警任务，为美国舰队、商船及海岸设施提供预警信息。报告建议在 2021—2031 年间，在新式 DDG-51 Ⅲ型驱逐舰入列后，所有的 CG-47 巡洋舰随之退役，而 DDG-51 Ⅱ型驱逐舰也将以每年两艘的速度在 2039 年实现全部退役。

2. 中小型（有人/无人）水面舰艇

报告建议投入更多的小型水面战斗舰艇，用于情报/监视/侦察/目标指示（ISRT）、反 ISRT、反潜及大容量分布式导弹齐射。每艘舰船一般装备至少一个防空反导系统，可携带"海拉姆"导弹或增强型"海麻雀"Block Ⅱ 导弹，不过为了降低平台成本，完全无人的舰艇也可以不装备防空反导系统。

18.4.4 作战编成

根据作战任务，报告对未来美国海军水面舰队的编队组合和部署态势进行了设计，实施全球执勤的部队一般包括 21 支小队，主要部署于西太平洋和印度洋区域，具体如下：

① 4 支水面作战小队，每队包含 2 艘大型驱逐舰、6 艘有人/无人兼容型小型护卫舰及 5 艘中型无人水面舰。

② 3 支高强度反潜作战小队，每队包含 2 艘导弹护卫舰、5 艘中型无人水面舰。

③ 两支中低强度反潜作战小队，每队包含 2 艘濒海战斗舰、2 艘中型无人水面舰。

④ 两支航母战斗群编队，除了航母外，包含 4 艘大型驱逐舰、3 艘有人/无人兼容型小型护卫舰及 7 艘中型无人水面舰。

⑤ 3 支护航小队，每队包含 1 艘大型驱逐舰、2 艘导弹护卫舰及 4 艘中型无人水面舰。

⑥ 两支防空反导小队，每队包含 2 艘大型驱逐舰、4 艘有人/无人兼容型小型护卫舰。

⑦ 两支远征海洋突击小队，每队包含 1 艘大型驱逐舰、1 艘导弹护卫舰、3 艘有人/无人兼容型小型护卫舰及 7 艘中型无人水面舰。

⑧ 1 支水雷战小队，每队包含 5 艘濒海战斗舰、4 艘中型无人水面舰。

⑨ 两支海上安全行动小队，每队包含 1 艘濒海战斗舰、4 艘中型无人水面舰。

18.4.5 方案评估

按照报告方案，未来水面舰队可生成超过 1200 条"影响链"，与现有海军的方案仅能生成不超过 200 条的"影响链"相比，明显可增加对手的决策难度；防空反导能力更强，可以抗衡超过 500 个目标的齐射，能力是仅能抗衡不到 400 个目标的海军方案的 1.6 倍；攻击能力也将在 2035 年后显著提升，尤其是 2045 年后，可攻击超过 4500 个目标，能力是仅能攻击不到 3500 个目标的海军方案的 1.4 倍。另一方面，相比海军 2020 财年的方案，在造舰计划方面可节省 280 亿美元，在作战和维护方面则可节省 340 亿美元。

18.5 前景分析

从国防开支角度看，美国是全球第一军费大国，其军费开支等于全球排名其后10国乃至更多国的开支总和。但持续的作战概念创新、技术研发投入、装备更新换代，以及装备运营和维护成本高等因素，导致美国早已无法承受如此巨大的国防开支。因此，美国一直致力于保持军事优势的同时尽量减少军费的支持，而推出这份报告的一个重要的出发点就是为了降低巨额国防开支。

从作战角度看，"决策中心战"可以看作"分布式作战"概念的深化，也可以是对网络中心战可能出现的作战效能问题的补救或解决。"决策中心战"作战概念尚处于初始阶段，其具体内涵还有待进一步界定，传统作战指挥思想和流程与新型作战概念的差异较大。同时，发展小型、低价值、低技术水平、单一功能平台能否真正达到慑止战争的目标还有待商榷。从历史经验看，提高装备发展的技术和成本门槛，形成巨大的技术和成本优势是美国威慑对手的重要手段。

从海军军种角度看，根据美国海军的文件，它已将"分布式作战"确定为海军的顶层作战概念。从2021财年的预算也可以看出，美海军已下定决心稳步推进打造一个符合"分布式作战"概念要求的兵力结构。但是，海军作战平台大型化已成规模，难以轻易转型。另外，当前美国海军的功能主要体现在战略层面，包括威慑、前沿存在和诸多非战争行动，诸如航母和驱逐舰这样的大型、功能齐全、高成本的作战平台仍然是实施战略功能最有效的工具。

从工业基础角度看，美国拥有全球最强最大的军事工业。根据瑞典斯德哥尔摩国际和平研究所的报告，2018年美国军工企业的产值占全球500强军工企业的近60%。美国之所以能够保持庞大海军工业基础，留住大批海军技术人才、拥有全球最好的建造师和工程师是一方面，更主要的是依靠高技术、高价值的作战装备的研发、生产、使用及维护。

第 19 章　应对导弹齐射作战

19.1　产生背景

19.1.1　背景情况

饱和攻击战术的概念是 20 世纪 60—70 年代苏联戈尔什科夫针对美国航母编队所制定的。具体说就是攻击方为了达到战略战术目的，利用潜艇、舰艇及飞机携载反舰导弹，采用大密度、连续袭击的突防手段，同时在极短时间内，从空中、水面和水下不同方向、不同层次向同一目标发射超出其抗击能力的多枚导弹，使防空系统反导抗击能力在该时间段内处于无法应付的饱和状态（包括数量饱和和方向饱和），以达到提高导弹突防概率和摧毁目标的目的。抗饱和攻击能力正是武器系统能够抗击空中目标攻击的最大密度，是防空武器系统性能的综合反映。美军为了应对未来对手可能的饱和攻击战术，研究和发展了应对导弹齐射作战的相关概念和方法。

19.1.2　发展情况

美国战略与预算评估中心（CSBA）是美国知名国防智库之一，美国第三次"抵消战略"的实施负责人罗伯特·沃克就曾在该智库从事研究工作并担任要职。沃克曾提出，要实施第三次"抵消战略"，美军首先要能抵御强劲对手发起的大规模制导弹药齐射。2016 年 5 月 20 日，CSBA 发布了题为《赢得齐射竞争：再平衡美国的防空反导能力》的研究报告及其背景说明和演示文稿。该报告认为，美军目前的防空反导系统主要用于应对小规模核导弹攻击，还不足以应对弹道导弹和巡航导弹齐射、"蜂群"式无人机和其他制导武器的大规模攻击。主要原因在于：一是相对于导弹齐射攻击，舰艇携载的拦截弹数量明显不足。美国海军 2/3 的巡洋舰和驱逐舰垂直发射系统所携带的防空反导拦截弹，在应对导弹齐射时将很快耗尽。由于舰载防空拦截弹必须等舰艇返回港口后才能补给，从而降低了舰艇的持续作战能力。二是美军目前防空反导作战概念强调在尽可能远的距离拦截单枚导弹，更适合应对少量弹道导弹攻击，缺乏应对巡航导弹齐射攻击的有效手段。三是成本交换比问题。对手先进反舰巡航导弹价值 200 万～300 万美元/枚，美国采用"标准-6"导弹（380 万美元/枚）拦截其先进反舰巡航导弹，以拦截概率 70%计算，对手一次发射 32 枚先进反舰巡航导弹（不到 1 亿美元）就会耗尽 1 艘"阿利·伯克"级驱逐舰超过 3 亿美元的拦截弹。鉴于这种情况，该研究成果在分析潜在对手制导弹药投送能力的基础上，提出了美国应对未来大规模导弹攻击的思路和举措。

19.2 概念分析

19.2.1 主要影响因素

（1）来袭导弹类型。通常来袭导弹的雷达有效反射面积越小，速度越高，机动能力越强，武器系统杀伤区就越小，抗击杀伤概率也就越低。

（2）火力通道数。火力通道数越多，武器系统的抗饱和攻击能力就越强。火力通道数是决定突防导弹抗饱和攻击能力的重要因素。

（3）武器系统反应时间。从发现目标到武器系统发射舰空导弹攻击目标所需时间越短，舰空导弹发射率越高，其抗饱和攻击能力就越强。

（4）目标在发射区的逗留时间。作战空域越大，目标在发射区的逗留时间越长，其受到射击的机会就越多，武器系统的抗饱和攻击能力也就越强。此外，目标在发射区的逗留时间还与来袭导弹的探测距离及目标特性（速度、高度和航路捷径等）有关。

（5）来袭导弹的数量、来袭方向数、来袭导弹的速度和弹道的选择与搭配也是影响舰艇抗饱和攻击的重要因素。

19.2.2 降低对手大规模导弹攻击的密度和效果

CSBA 认为，美国应综合运用主动及被动手段，破坏对手精确打击的"杀伤链"，削弱对方大规模导弹攻击的效果。

（1）将美军作战力量置于对手大部分导弹射程之外。这将迅速消耗对手的远程打击武器，迫使对手发展成本更高的远程导弹。同时，迫使对手从更远距离打击美军，增加对手对远程机载、海上和天基 C4SIR 系统的依赖，从而为美军采用动能和网络战、电子战手段攻击对手 C4SIR 系统创造机会。

（2）在"反介入/区域拒止"区域内实施分散作战。即将处于对手精确打击火力范围内的部队，尽最大可能地分散部署至永久、临时和简易基地。

（3）在基地群内实施作战。在基地群内临近基地之间频繁调动部队，将可能在较大范围内"稀释"导弹齐射攻击效果，并可能使对手浪费武器用于打击错误目标。另外，基地群内各基地防御系统能够相互支持，从而增强美军防空反导系统的协同作战能力。

（4）增强军事基地的生存能力。主要举措包括分散关键军事基地的设施和功能，加固基地设施以增强其生存能力，以及利用伪装和欺骗等手段。

（5）在对手导弹发射前遏制大规模导弹攻击。在对手发动大规模导弹攻击前，摧毁其导弹发射装置。为实现该能力，美军需要发展在高对抗空域具备强突防和长续航能力的有人/无人平台。

19.2.3 增强防空和导弹防御作战能力

美军应将进攻性防空与防御性防空分离，以中程导弹防御概念取代目前更强调远程防御的分层导弹防御概念。将成本较高的"标准-6"导弹用于进攻性防空，摧毁对手作战飞机；将射程为10~30海里（nmile）的中程拦截弹，如改进型"海麻雀"导弹（ESSM）（其成本约为"标准-6"导弹的1/3)，用于防御性防空作战。在加强中、近程动能拦截弹发展的同时，发展定向能武器，以及可由电磁轨道炮和传统火炮发射的超高速弹药。

19.3 美军针对中国"导弹齐射"的应对举措

19.3.1 美军关于中国制导弹药投送能力的分析

为应对中国可能的"导弹齐射"威胁，CSBA全面分析了中国弹道导弹、巡航导弹、军机及空地导弹和防空系统对各类目标的打击能力和打击范围。

CSBA认为，中国会使用弹道导弹和巡航导弹实施"瘫痪战"，并估算了中国主要的弹道导弹（近程和中程）和巡航导弹的射程、弹头重量、导弹数量和发射装置数量（报告并未证实其消息来源），从而计算了中国这两种武器总的战斗部投送能力：中程弹道导弹的总投送能力为60t，近程弹道导弹为600t，陆射巡航导弹为125t。

CSBA又计算了中国空中力量在一昼夜能够投送的弹药总量。其前提假定如下：中国实施打击的飞机具有70%的可用度，波次之间出动时间间隔4h，共出动240架苏-27/30和歼-11（其中50%是打击飞机）及76架歼轰-7（其中75%是打击飞机）。经计算可知，中国在一昼夜，对1500km外的弹药投送能力可达1200t左右。

19.3.2 应对措施

针对中国弹药投送能力及美军在应对"导弹齐射"攻击能力上的不足，CSBA提出要"减少对手齐射的密度、增加美国防空反导的规模"。

CSBA认为，首先要有对付对手C4SIR系统的作战行动，削弱其有效发现、锁定、跟踪和瞄准的能力；同时，美军的远程防空系统应主要用来在对手打击飞机发射精确制导弹药之前进行攻击，中程防空系统用于对付大规模精确制导弹药的齐射，近程防御则用于保护单个高价值目标。其总的目标是创造出这样一种态势，即对手想达成作战目标，就要进行非常大规模的齐射，而这规模将大到足以使其决定放弃攻击。

CSBA主要分析了中国的C4SIR能力，指出C4ISR网络是"反介入/区域拒止"系统的要害，应予以削弱，具体可以通过多光谱伪装、隐匿、加固、干扰和欺骗传感器等手段降级中国的C4ISR能力。

此外，CSBA还提出，需要在对手的"弓"射出其"箭"——精确制导弹药之前，攻击对方的"弓"，并以美军及其盟军攻击中国的"弓"为例进行了分析。

首先，美军可在菲律宾北部建立防御，利用分散部署和重叠的防御提供防护。

其次，用远程对空导弹截击尚未发射武器的打击飞机，形成进攻性对空作战。然后，用射击距离10~30海里（18~55km）的中程和5~10海里（9~18km）的动力学或非动力学系统，如改进型"海麻雀"、"拉姆"、制导型高速弹丸和其他弹丸，以及电子战、固态激光武器、高功率微波武器来实施防御性对空作战。

CSBA 还设想了用于保护战区基地的中程及点防御，具体包括：使用无人机干扰对方的通信和阻断对方的电子情报侦察，使用无人机诱饵误导苏系列打击飞机，使用执行战斗空中巡逻的 F-22 战机拦截来袭的轰-6 轰炸机，使用可升高的机动式激光武器拦截巡航导弹，使用固定式激光武器使对方天基光电传感器致盲，以及使用陆基干扰机阻止对方合成孔径雷达卫星定位目标等。

19.4　能力和技术需求

CSBA 提出了实现前述作战构想所需要的能力和技术。它指出：需要"体系"或"系统之系统"解决方案，没有哪种单一的系统能提供足够的杀伤力和规模。

19.4.1　中程动能防御方案

美国应当利用现有成熟技术，发展低成本的近程（5 海里以内）和中程（10～30 海里）防空反导拦截弹，这些拦截弹将采用主动导引头和其他技术，增强应对导弹齐射攻击的能力。

新型动能拦截弹主要包括：①陆军"间瞄火力防护能力"（IFPC）增量 2 防空系统。该系统可发射基于 AIM-9X 空空导弹改进的陆基拦截弹，能够在 10～20 海里范围内摧毁飞机和亚声速目标，单枚拦截弹成本约为 42 万美元。②"低成本增程型防空拦截弹"。它能在 15～20 海里距离拦截巡航导弹和无人机。③"先进拦截弹"（AI3）系统。该系统采用 AIM-9X 导弹发动机、"SDB（小直径炸弹）Ⅱ"低成本主动导引头及新的高爆战斗部，单位成本约为 10 万美元。④超高速弹药（HVP）。美国应尽快部署能够从电磁轨道炮或传统火炮发射的 HVP，其中电磁轨道炮发射的 HVP 速度可达 5～7Ma，将采用 GPS 制导或指令制导，可拦截处于末段飞行的导弹。中程动能防御方案如图 19.1 所示。

能力	射速/（发/min）	最大距离/（n mile）	制导方式	单元成本
装载超高速弹药的火炮	6～20	10～20	惯性制导、指令制导	（25～100）千美元（仅超高速弹药）
装载超高速弹药的电磁炮	6～10	10～40（依靠自身动力）	惯性制导、指令制导	（25～50）千美元（仅超高速弹药）
带制导炮弹的中口径速射炮	80	5～10	主动雷达制导	125千美元（5连发）
先进拦截弹（AI3）	30～60	5～7	主动雷达制导	100千美元
"间瞄火力防护能力"（IFPC）增量2防空系统	15	7～15	数据链、红外成像制导	420千美元
低成本增程型防空拦截弹	30～60	15～20	主动雷达制导和被动式红外	400万美元
改进型海麻雀（ESSM）Block 2	30～60	30	主动雷达制导和被动式红外制导	1481千美元（改型垂直发射系统）

图 19.1　中程动能防御方案

此外，CSBA 还特别说明了 155mm 自行火炮发射的高速弹丸，指出其对付空中目标的射程可达 37km，对付低空飞行目标的射程也可达 18km，如图 19.2 所示。

图 19.2　火炮发射的高速弹丸

接着，CSBA 提出了未来定向能防御（图 19.3），并指出摧毁各类不同目标所需要的功率等级，以及美国已开展项目的功率等级，分析用电子战、激光、箔条和烟幕等手段对抗对手的瞄准系统。

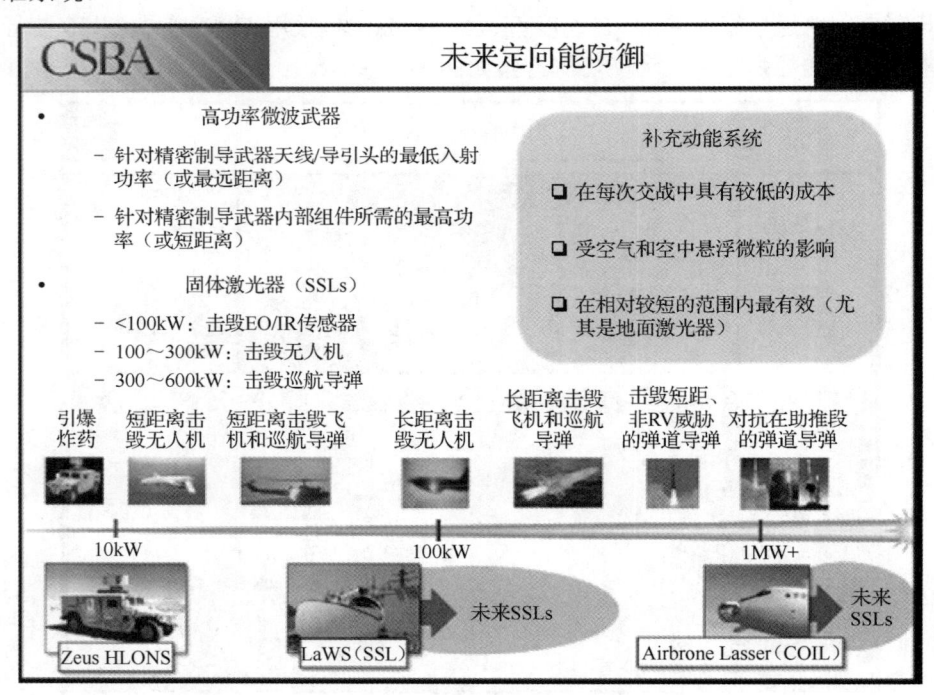

图 19.3　未来定向能防御

19.4.2 非动能防御方案

一是固体激光器。美国国防部计划在未来 5~10 年内部署陆基和海基（150~300）kW 级固体激光器，以应对无人机、制导火箭弹和巡航导弹威胁。二是高功率微波武器。国防部已研制出"反电子装置高功率微波"（CHAMP）武器，但 CHAMP 只是样机系统。未来国防部应优先发展陆基和海基宽波段高功率微波武器系统，以应对多种导弹齐射威胁。三是电子战武器。美军需要发展更难被探测和拦截的干扰机、诱饵和其他应对导弹齐射的电子战系统。这些系统应当具备网络化、灵活性、多功能、小型化及自主适应战场环境变化等特点。

19.4.3 作战管理系统

作战管理系统如"宙斯盾"和"爱国者"系统，应具备一定的来袭目标和拦截武器自动匹配能力。但这种自动化本身需要依靠作战条令，即需要作战人员为火控系统制定一系列规则，以应对攻击。未来的防空反导火控系统应当增强灵活性和自动化水平，可持续评估适宜的对抗措施，并采用最有效的防御手段应对每一种威胁。

19.4.4 新型近程点防御方案

"全方位防御-快速拦截炮射交战系统"（MAD-FIRES）是应对大规模导弹齐射的可行性选择之一。"全方位防御-快速拦截炮射交战系统"（MAD-FIRES）由美国国防高级研究计划局（DARPA）于 2015 年开始研制；2016 年 2 月，DARPA 授予雷神公司一份价值 2500 万美元的合同，用于推进 MAD-FIRES 研发；2018 年 2 月，雷神公司成功进行火箭模型试验，并在 5 月进行了火箭发动机点火试验；在 2019 年 5 月举行的 2019 年度海上航空航天防务展上，DARPA 首次展示了该系统拦截弹图片。按照 DARPA 在信息征询书中发布的计划，该系统将于 2025 年前后具备作战能力。MAD-FIRES 是一种小型、快速、低成本近程防空系统，装备了火箭发动机，采用主动雷达导引头，可从 57mm 口径舰载火炮炮管发射，射程为 5~10 海里，射速为 80 发/min，主要装备在濒海战斗舰和未来护卫舰上，利用舰载中口径火炮炮管发射拦截导弹，将精确制导技术、火箭弹与导弹技术相结合，兼具快速发射、大量装填等优势，能够持续跟踪、拦截快速靠近的目标，实现对大规模来袭反舰导弹的打击。目前，该系统由于射程有限，仅属于补网性质，且战斗部和制导系统存在一定限制，因此其实际效果有待观察。

19.5 预计效果

通过对比 CSBA 建议的中程防御方案和当前方案可知，新方案虽然在 100 海里（185km）距离上的作战能力略有下降，但在 30 海里（55km）距离上的防御作战能力有极大提升，如图 19.4 所示。与新方案相比，当前方案在能力和成本上都不能应对对手发射 100 枚武器的态势，而新方案将使美军水面舰船被对手视作"不具有吸引力的目标"。

根据图 19.5 显示的在当前方案和新方案下，每个航母打击群能够应对的有组织攻击可知，虽然在 100 海里（185km）距离上的应对能力略有下降，但在 30 海里（55km）距离上的应对能力有极大提升。新方案的一个特点是：有一半以上的应对手段可以重复使用，能够应对对手多次齐射。

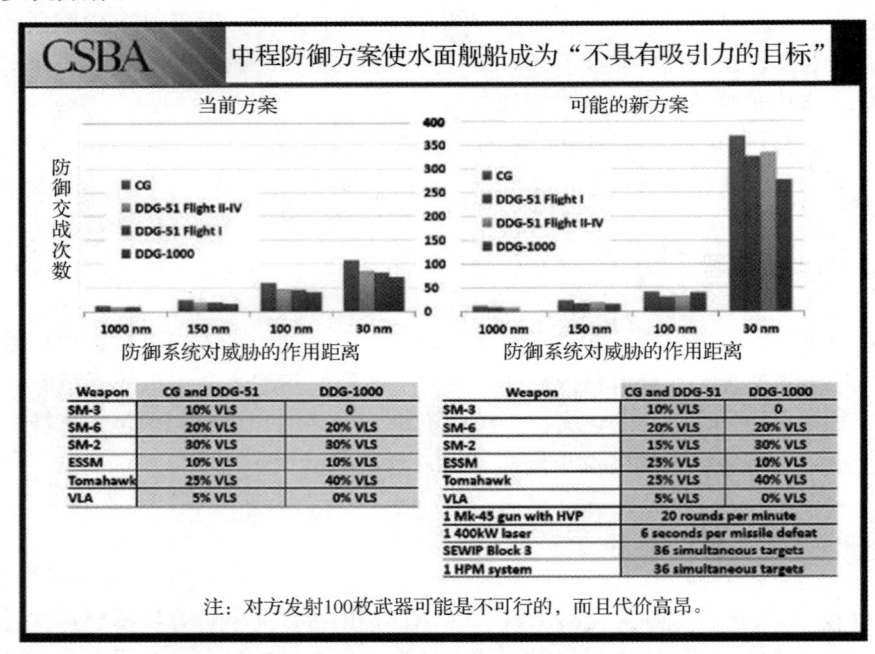

图 19.4　中程防御方案的防御能力对比

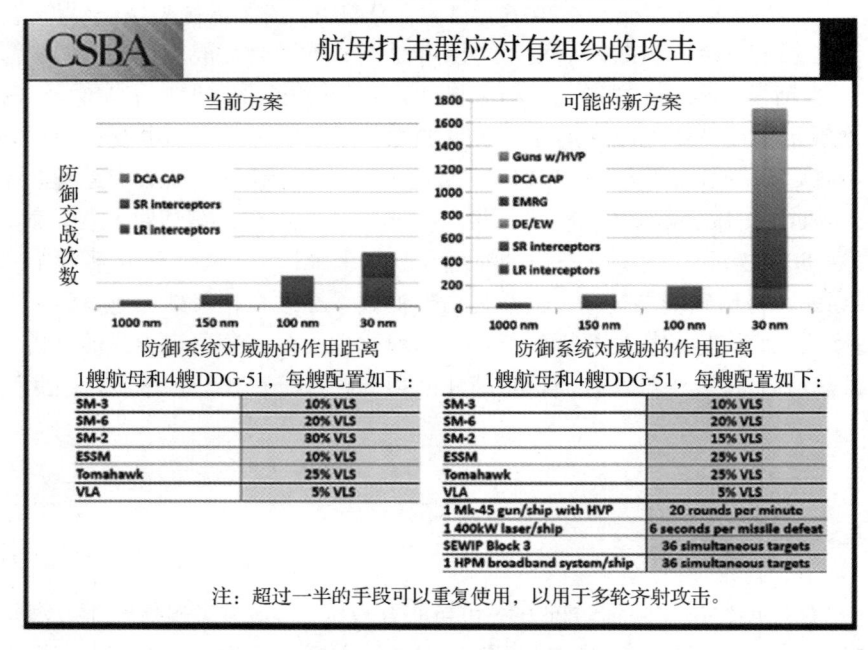

图 19.5　中程防御方案的航母应对能力对比

同理，通过对比 CSBA 提出的基地防御新方案和现有方案可知，虽然新方案在 100 海里（185km）距离上的应对能力略有降，但在 30 海里（55km）距离上的应对能力有极大提升。

第 19 章　应对导弹齐射作战

另外，CSBA 将新方案与当前方案的防御成本进行了对比（图 19.6）。假定防御性系统的拦截概率为 60%，那么对于一个航母打击群而言，使用远程拦截弹与中程拦截弹相比，拦截一轮齐射中的一枚反舰弹道导弹的成本由 3600 万美元减少到 2000 万美元，拦截一轮齐射中的一枚反舰巡航导弹的成本也由 700 万美元减少到 150 万美元。同样，假定防御性系统的拦截概率为 60%，那么对于基地防御而言，使用远程拦截弹与使用中程拦截弹相比，拦截一轮齐射中的一枚反舰弹道导弹的成本由 3500 万美元减少到 1000 万美元，拦截一轮齐射中的一枚陆射巡航导弹的成本也由 520 万美元减少到 470 万美元。

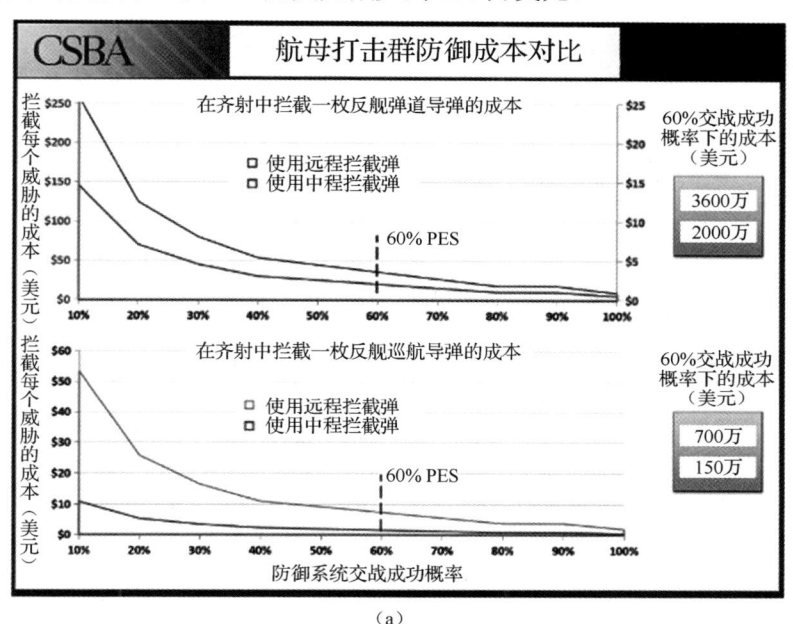

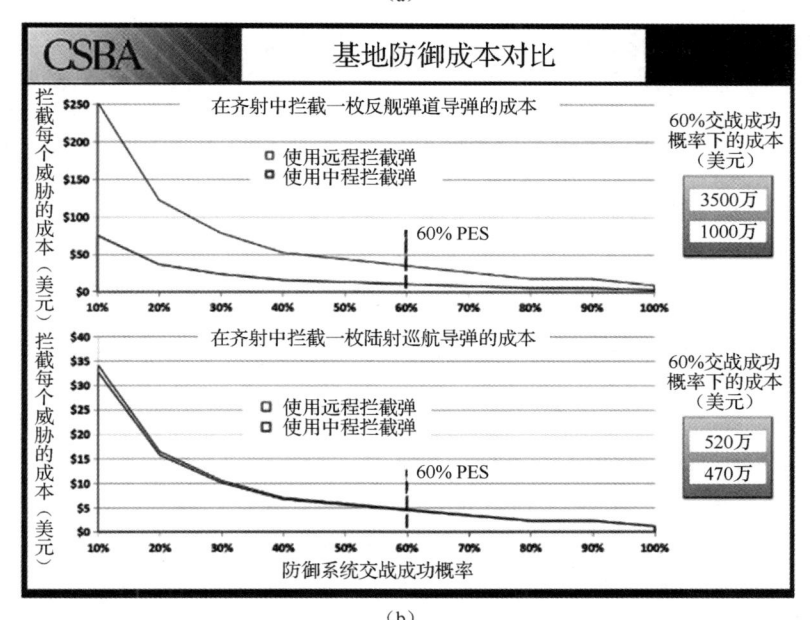

(a)

(b)

图 19.6　防御成本对比

第 20 章　联合全域指挥控制

指挥控制是联合作战的核心，是决定部队组织形式和作战样式的逻辑线。从海湾战争到伊拉克战争，美军指挥控制体系历经"军种独立""平台中心""网络中心"三个阶段，引领美军联合作战实现从"军种联合"向"跨域协同"的变革。2018 年，美国国家安全与军事战略发生重大调整，为应对未来大国高端对抗，美军认为必须在各军种和各作战域开展一体化协同作战，通过跨域无缝的指挥控制产生高效的进攻和防御效果。为此，2019 年美军提出建设联合全域指挥控制（JADC2）能力，旨在把各军种指挥控制系统连接成一体化指控网络，在所有作战域之间实现迅速、无缝的信息交流。2020 年，美军从作战条令、系统研制、技术开发和演习试验等各个层面积极推进联合全域指挥控制能力建设，并取得多项突破。

20.1　发展背景

美军认为，信息获取与处理能力在未来作战中发挥至关重要的作用，为应对势均力敌的对手，美军需要一种跨军种和作战域的高效信息共享与分析决策能力，以支持联合全域作战。美军认为目前使用的指挥控制手段已经丧失优势，主要体现在下述 3 个方面。

1．难以实现战场态势感知数据的跨域集成

美军当前的跨域态势感知能力依赖于数量相对较少的昂贵高科技专用系统，不支持在所有作战域充分地交互和数据融合，各军种之间缺乏简便安全的数据共享机制。

2．难以实现跨军种的一体化指挥控制

美军现行跨军种远程目标选取和火力支援过程中，军种之间需要通过持续监控大量基于互联网的多线程沟通程序，再手动将数据转移或输入至军种各自的系统中才能完成任务，这一过程耗时长且易引入人为错误。

3．难以应对未来作战的高速度和复杂性

美军认为当前指挥控制系统的新技术引入程度和速度不足以应对未来高强度、高速度、体系化对抗。例如，美国国防部"行家"（Maven）智能情报分析系统在应用中需要由专人在每个任务站点安装算法，在算法更新后又需要重新安装。为解决以上问题，美军于 2019 年提出发展联合全域指挥控制能力，集成连接各军种、各作战域的传感器、决策节点和武器系统，支持美军真正实现联合全域作战。

20.2 内涵特点

联合全域指挥控制由美军联合参谋部指挥、控制、通信、计算机和网络部门（J-6）于 2019 年提出，旨在将美军所有传感器与射手近实时地连接起来，使各军种内部、军种之间及美军与盟军之间，在陆、海、空、天、网各个作战域，能够无缝通信、协调一致地开展军事行动，核心是使用"全新架构、相同技术"，连接"每一个传感器，每一个射手"，构建面向无人化智能化作战的"网络之网络"，是"后网络中心战"时代美军指挥控制体系的一次巨大飞跃。

核心愿景是将所有分布式传感器与射手近实时地连接起来，遂行跨越所有域的指挥控制。联合全域指挥控制聚焦实现跨军种的无缝"机器—机器"消息转换与通信，从线性、静态和烟囱式的杀伤链向基于所有作战域互联网络的杀伤网演进，使各军种能够灵活调用非自身建制的传感能力，并极大地拓展和丰富了单一军种的打击选项，显著加快 OODA 环，降低目标选取中的失误。

实现途径是利用信息优势产生支持联合全域作战的相对优势，比对手更快地将决策转化为行动。联合全域指挥控制通过分布更广泛的情报收集和处理平台使决策者了解来自不同领域的数据之间的相互关系及其对联合部队活动的影响，从而大大改善 OODA 环中的感知和判断阶段。同时，采用具有多个同步路径的新型通信结构取代传统高度集中的通信节点，实现信息发布扁平化，获取信息优势，进而形成联合全域作战的相对优势。

任务式指挥是执行联合全域指挥控制的有效策略。即使是强大的联合全域指挥控制也无法保证高级别指挥员能够在高对抗环境中持续对战术边缘提供反馈与指挥。实现联合全域作战需要在更大范围内分散执行指挥员意图、更多地下放指挥权限并且更少地依赖对任务的集中规划和指导。任务式指挥、任务型命令和否定式指挥都是执行联合全域指挥控制的有效策略。

20.3 发展态势

2019 年下半年起，美军联合参谋部、各军种均不遗余力地推进联合全域指挥控制发展，从组建联合跨职能团队到在各军种全面推广训练，再到各军种纷纷在技术与系统装备层面上联合研发、测试各项有可能成为联合全域指挥控制基础的跨域指挥控制与作战管理能力，均体现了美军在联合全域指挥控制概念的指导下进一步深化指挥控制领域的跨军种联合。

20.3.1 成立跨职能团队开展专门研究

为快速发展联合全域指挥控制概念，并集中管理各军种的联合全域指挥控制工作，美国国防部于 2019 年 12 月组建了联合跨职能团队，团队成员包括国防部首席信息官、主管研究与工程的副部长和负责采购与维护的副部长。

2020 年 6 月，美国国会研究服务处发布《国防能力：联合全域指挥控制》报告，对联合全域指挥控制概念提出的背景、定义、当前国防部及各军种的行动举措，以及国会需要考虑的相关问题等方面予以阐述。报告认为，联合全域指挥控制将使指挥员能够更快地了解战场，比对手更快地指挥部队，在多个作战域发挥同步作战效应。

2020年12月，美国国会发布《2021财年国防授权法案》，要求国防部长、国防部首席信息官、参联会副主席和各军种高级代表每季度向国会国防委员会汇报联合全域指挥控制发展情况，进一步明确联合跨职能团队、国防办公室和各军种的职责及其在联合作战概念研究、解决方案提出与试验测试等方面的具体工作。

20.3.2　将联合全域指挥控制纳入条令体系

2020年，美军首次将联合全域作战（JADO）和联合全域指挥控制纳入条令体系，实现了多域作战从军种概念上升到联合概念的转变，并有可能上升至战略级的概念，标志着美军在联合全域作战/联合全域指挥控制发展上进入了新的阶段。

2020年3月5日，美国空军柯蒂斯·李梅条令制定和教育中心发布《空军条令说明1-20：美国空军在联合全域作战中的作用》，6月1日又发布了《空军条令附件3-1：联合全域作战中的空军部职责》。这是美军首次将联合全域指挥控制写入条令，标志着该概念进入政策制定阶段。条令中将联合全域指挥控制定义为"关于决策的艺术和科学，能够将决策迅速转化为行动，并利用跨越所有作战域的能力及与任务合作伙伴的协作，在竞争和冲突中均占据作战和信息优势"。

20.3.3　发展支撑系统和技术

2019年11月，美军联合参谋部授权美国空军将"先进战斗管理系统"（ABMS）作为联合全域指挥控制的核心技术架构，陆军、海军、海军陆战队、太空军、网络空间部队分别在多域作战、海上分布式作战及远征前进基地作战等军种概念的框架下，寻求与空军建立联合网络，在共同推动联合全域指挥控制概念发展的同时，实现自身作战概念、指挥控制系统与联合全域指挥控制的充分融合。

美国空军"先进战斗管理系统"是以网络为中心的分布式、互联、协同的综合系统，集成和融合来自五代战斗机、驱逐舰、无人机及太空系统等各个作战域的传感器数据，通过人工智能、自动信息融合等前沿技术，绘制战场统一图景，为联合作战部队提供先进、有效的地面和空中目标指示及多域作战管理与指挥控制能力。2019年12月，该系统进行首次实地测试，成功展示了陆、海、空多种作战平台快速共享模拟巡航导弹袭击相关数据的能力；2020年3—11月，美国空军先后授出5批合同，选中93家公司一起参与项目开发，陆军也表示将加入开展联合试验。

美国陆军稳步推进"战术情报目标接入点"（TITAN）和"融合计划"（Project Convergence），整合陆军大量分散战术地面站和传输设施，综合利用太空、空中、地面传感器，直接向火力网提供目标数据，并利用人工智能和机器学习技术对海量数据进行筛选处理，使作战人员能在战场上快速做出决策。2020年7月，美国陆军成功演示了利用太空传感器支援地面火炮实现远程精确打击，显示了"美国陆军在战场任何地方及时准确地开火、打击和摧毁时敏目标的能力"。

美国海军和海军陆战队已经通过"分布式海上作战"和"远征前进基地作战"概念明确了联合全域指挥控制的需求。这些概念构想了一个由舰船、潜艇、飞机和卫星组成的分布式网络，将传感器和射手连接起来，使舰艇能够向自身雷达"看不到"的目标开火，实现军种内不同武器平台之间的协同。2020 年，美国海军提出"超越计划"（Project Overmatch），旨在设计一个能连接武器和传感器的战术数据网络，并与美国空军签订握手协议，就联合开发联合全域指挥控制达成共识。

美国太空军依托"下一代太空体系架构"（NDSA）为联合全域指挥控制提供实时、无缝的全球信息获取能力，能够为全球范围内联合全域作战行动提供泛在的信息传输渠道。2020 年 5 月，美国国防部长表示，各军种要探索利用太空发展局正在构建的"下一代太空体系架构"传输层卫星来连接指挥控制系统，以实现联合全域作战。

美网络空间部队依托"联合网络指挥控制系统"，为执行网络空间作战的所有层级作战部队提供综合的网络空间指控能力，以支持网络空间任务部队和作战司令部之间的规划与协同。该系统还将实现网络空间指控与各军种、盟军及其他国防机构指控的集成，从而缩短规划时间，提高决策速度，加快作战节奏。2020 年 8 月，美国空军和太空军表示正在把网络传感器数据添加到"统一数据库"，帮助美军洞悉对手攻击美国网络的地点和方式。

20.3.4　加紧开展联合作战试验

为快速形成作战能力，美国空军牵头各军种每四个月开展一次联合试验，推动联合全域指挥控制系统与技术发展。2019 年 12 月—2021 年 1 月，美军已经开展了三次"先进战斗管理系统"作战试验，验证了多军种、多作战域作战单元快速共享态势信息并实施一体化指挥控制的潜力。

演示试验从最初的少量作战单元参与的小规模本土演练，逐步提升到多个作战司令部参与的分散地域的大跨度大规模演习，每次演习中都加入了更多技术和产品，以便更真实地测试"先进战斗管理系统"应对不确定的复杂作战环境的适应性。2019 年 12 月进行的第一次试验，验证了陆海空三域间的信息共享；2020 年 8 月底的第二次试验，验证了基于安全云的多域态势共享及基于人工智能的指挥控制应用，作战域扩大至包括太空和网络空间；2020 年 9 月中下旬的第三次试验是在美国本土外的首次大规模联合演习。后续将会开展更多试验。

20.4　几点认识

总体上看，在美国国防部高层强力推进与各军种通力配合下，依托技术进步和持续创新，美军联合全域指挥控制体系进展超乎预期。目前，联合全域指挥控制已进入军种条令的初步拟制阶段，正进行大规模的先期技术研发和作战演示验证，预计到 2022 年前后实现部分关键技术部署，2027 年前后形成初始运行能力，2035 年前后形成完全运行能力。综合研判，联合全域指挥控制将会是美军近年来提出的军种思想最统一、推进速度最快的联合概念之一。

20.4.1 时代背景驱动

联合全域指挥控制的概念内涵与美军 20 世纪末提出的网络中心战、全球信息栅格等理念并没有本质上的区别，均强调利用网络让所有作战力量实现信息共享，实时掌握战场态势，缩短决策时间，提高打击速度与精度，但联合全域指挥控制的提出也并不是网络中心战的简单延续或重复，而是具有独特的时代背景。

1. 网络中心战在实践过程中面临诸多困境

该理念的重点是通过集中的方式来改善美军决策过程，要求战场具备全连通性、高透明度、高控制力，但是战场现实环境的诸多约束（如带宽资源始终稀缺、数据处理能力大多有限、信息共享难跨密级、信息与指令传输必须分层等）让战场网络始终无法满足这一前提条件。

2. 联合全域指挥控制明确立足大国竞争的现实需求

美军认为，在进入与大国的长期竞争时代后，以往拥有的优势正在逐渐减弱甚至不复存在。竞争对手的先进传感器、电子战系统、无人系统及网络空间作战系统等不断发展，给美军的战场控制力带来巨大挑战。

3. 新型作战域的出现直接驱动了联合全域指挥控制的提出

随着战争形态的演变，军事力量的作战域已从传统的陆、海、空扩展至太空和网络空间，目前美军太空和网络空间部队在领域融合程度上仍低于陆、海、空等作战域，未来联合全域指挥控制将改变这一现状，把太空、网络空间纳入统一的规划周期，从而提升领域融合水平。

4. 联合全域指挥控制的发展得益于前沿技术的快速进步

21 世纪初，受限于当时的技术水平，美军的信息系统对于数据的处理速度、处理能力和传输速度均遇到了一定的瓶颈，无法完成网络中心战的宏远目标。当前，受益于人工智能、云计算及 5G 等前沿技术的快速发展，美军已经形成了现代化、信息化、网络化的骨干装备体系，在智能化、云架构等方面已取得较大进展，这些都为美军新型作战概念的实现和联合全域指挥控制的发展奠定了坚实的技术基础。

20.4.2 组织管理模式的差异

联合全域指挥控制虽在目标愿景上比较宏观，但在目前的推进实施中比较务实。由于联合全域指挥控制的代表项目，如"先进战斗管理系统"等，不是传统意义上的单一的大型采办项目，要实现预期的作战能力，面临许多关键技术的突破及技术集成的挑战。为此，美军采取不同于以往的组织管理模式来推进联合全域指挥控制概念落地。

1. 重视快速原型系统的开发

"先进战斗管理系统"是一个非常复杂且功能尚不明确的系统，需要在现有的采办体制上，通过建立快速原型系统来完善需求。美国空军通过将整个项目开发分成较小的增量，由多个承包商更频繁的竞争合同来促进创新和技术择优；通过使用可负担的商用产品及最佳商用实践来降低成本和技术风险。

2．实现"边干边试边用边改"的快速迭代式演进发展

美军通过每四个月开展演示试验，对包括现有商用技术及产品在内的备选技术与产品以及创新性解决方案进行测试，从而在较短时间内确定哪些需要提高、改进、立即投入使用或直接淘汰，并作为下一步投资的参考，促进技术与产品的研发，加快迭代更新。

3．各军种配合度较高

与以往的"多域作战""分布式杀伤"等军种提出的作战概念不同，联合全域指挥控制作为美军顶层提出的概念，得到了各军种的积极响应。在2019年11月举办的美国军事通信会议上，美国陆、海、空三军高层领导均表示共同推动联合全域指挥控制建设；2020年9月和10月，美国陆军、海军先后与空军就共同发展联合全域指挥控制签署了握手协议；各军种的作战力量也实际参与到"先进战斗管理系统"技术与产品的测试中，验证在全军范围的传感器到射手的连通性，促进多军种协作。

20.4.3 对联合作战能力的提升

基于联合全域指挥控制，美军未来可获得以下作战优势：

1．全域全维信息融合能力

联合全域指挥控制聚焦实现全域无缝"机器－机器"消息转换与通信，使各军种能够灵活调用非自身建制的传感能力，通过掌握陆、海、空、天、网等各作战域态势，形成及时、精确、统一的通用作战图，为后续作战行动提供信息优势。

2．智能主导态势认知能力

通过分布部署更广泛的情报收集平台，结合人工智能技术的深度赋能和天基互联网的信息交互，使决策者能够清晰洞察多域数据之间的相互关系，以及对联合部队行动的影响，极大改善OODA环中的感知和判断环节。

3．"人在回路上"高效智能决策

利用人工智能、机器学习等前沿技术，借助持续的信息优势和信息共享，通过任务式指挥，解决在对抗环境中高级别指挥人员无法持续对战术边缘提供反馈与指挥的困境，加深对不可预测和不确定战场环境的理解，加快决策和多域行动速度，同时保证人工智能决策的可靠、可控。

4．按需聚合、智能控制

美军各军种无人作战系统通过在共用"武器池"统一注册，实现身份认同和敌我识别；

在对抗作战环境中，根据作战任务可在广域战场空间按需聚合；通过综合运用人工智能、自主性技术等进行人机协作、自主决策，实现智能控制。

20.4.4 困难和挑战

美军要创建一个真正的联合全域指挥控制网络，消除武器系统之间的冲突，并开发一个真正趋同的一体化攻击解决方案是一项艰巨的任务，实现跨军种的联合协作能力还有相当漫长的过程。

1．需求范围不明确

美国空军到目前为止还没有确定的严格需求，只是非正式地确定了一些广泛的要求。而"先进战斗管理系统"还将被开发成一个政府拥有的开放体系结构系统族，任何系统都可集成到该系统中，缺乏明确的需求将对项目的进展造成一定的不良影响。因此，《2021财年国防授权法案》敦促国防部联合作战需求监督委员会于2021年4月之前审查批准联合全域指挥控制项目需求，程序/架构开发委员会和各军种于7月前发布配套文件，以确保各自开发的解决方案符合总体要求、互相兼容。

2．面临如何实现开放式架构的挑战

在商业领域的物联网架构中，企业从一开始就使用开放式软件构建技术，物联网的开放性能够将数据变为现金流，这是企业支持其开放性的重要原因，但这点对国防领域并不适用。在国防领域，企业必须满足严格的安全标准并保护知识产权，因为共享知识产权可能会给竞争对手带来优势。

3．军种之间的利益争夺永远存在

军种之间的利益争夺是美军的顽疾，这个顽疾在海湾战争后就已经被认识到，而美军以"武士 C4I"计划、全球信息栅格计划及联合信息环境计划等整合陆、海、空三军信息系统的努力，却都不尽如人意。联合全域指挥控制的目标是整合陆、海、空、天、电、网六大领域，面临的困难只会更复杂。

20.4.5 技术机理上的作战弱点

从战术上说，"跨域协同"是联合全域作战的要点，但同时也存在固有的作战弱点，主要体现为：

（1）全域连通能力难保障。杀伤链闭环对通信网络依赖程度较高，一旦遭到干扰或破坏，失去相应信息支持，对战斗力影响比较严重。

（2）多域作战行动难同步。联合全域指挥控制可能包含太空、空中及水下等多类网络，需要跨域连接各类作战平台，各作战域资源在规划周期和使用等方面差异很大，达成各作战要素的无缝衔接，其构成复杂、功能要求高且建立运维难度大。

（3）面临网络安全风险高。美军国防信息系统网建成于20世纪90年代，不具备针对大

型复杂网络的持久监视、威胁响应和一体化安全管理能力，基础设施存在易受攻击点；商用公司被引入项目研发中，也将导致系统出现大量安全风险点。

（4）人工智能的可信度存疑。未来人工智能和无人系统大幅应用后，由于数据体量、计算速度的无限上升，机器可能会脱离人类控制，致使战争无序化发展。

20.5 全域作战

20.5.1 概念提出

2019年9月30日，美国原陆军参谋长马克·米利担任参联会主席，而他的老搭档——原陆军部长马克·埃斯珀在两个月前就任国防部长。在这两人的推动下，多域作战概念成为美军各层级的共识，同空军的多域指挥与控制概念进行了有效整合。

这次全域作战概念发展的急先锋是空军。空军先是将其多域指挥与控制概念进行了升级，并且通过"先进战斗管理系统"的研发促进概念的核心引擎运用，在2019年12月进行了试验性演习，并率先将全域作战概念写入《空军条令1-20：美国空军在联合全域作战中的作用》。

20.5.2 概念内涵

全域作战概念是在多域战斗和多域作战的基础上发展起来的，以"联合全域指挥控制"为核心，旨在将太空、网络、威慑、运输、电磁频谱行动及导弹防御等能力结合在一起，与全球性竞争对手在各种烈度的冲突中竞争。全域作战概念描述了未来作战中所需的能力及其属性，包括陆地、海洋、空中、太空、网络、频谱及未来联合作战所需的一切，特别强调增加太空和网络空间。从其生成的背景来看，全域作战概念具有3个特征：统领性、整合性和延续性。

1. 统领性

全域作战概念认为，美国未来面临的安全环境将更加复杂多变，潜在安全威胁将更加多种多样，因此在概念设计中，美军不仅注重宏观的战略思维，更注重具体的作战行动样式对战争的影响和作用，作战行动总体设计的效能将影响战争的全局。

近年来，针对空中、陆地、海洋、太空、网络、频谱等各个领域的蓬勃发展，美军强调军事力量之间快速组合，将各作战领域、作战层次、地理范围和组织层次的作战能力，尤其是将新质作战能力和传统作战能力组合形成顺畅的一体化力量，以有效实施更高水平的联合作战。

2. 整合性

全域作战概念不是解决某一领域、某一方面或某一方向的作战，而是整合各个作战体系、各个维度资源，实现深度联合、体系作战的概念。

美军认为，当前联合部队的"联合"程度还不够高，如果消除作战域之间和军种之间的界限来使用传感器和效应器，则可以极大地缩短对多个机动目标的交战时间，就可以使联合部队比对手更快地实施攻击和机动。这种加速正是联合指挥与控制概念背后的核心理念之一。然而，尽管国防部多年来在这个问题上投入很大，但进展甚微。

联合全域指挥控制不仅仅是简单地更换装备，更是迈向真正的全域作战，必然会推动开发全新的指挥控制方法，因为现有方法仍然是"去冲突系统"，而不是"集成系统"。

3．延续性

全域作战概念是美军作战概念的融合与突破，更多的是延续，在不同发展阶段突出不同重点，也可以说是美军作战思想认识上的深化。

例如，全域作战充分吸收了"分布式杀伤"与"作战云"概念中的广域杀伤、系统支撑理念，通过类似"先进作战管理系统"的信息系统将射手与平台、作战云有效融合；同时吸收了多域作战大范围战场空间框架概念，整合了马赛克战中"智能化支撑、以决策为中心"的作战模式。

同时必须认识到，这是一个正在发展的概念，是一个尚未成型的概念。美军作战概念的生成流程，通常按照"提出概念—需求牵引—技术支撑—作战试验—体系演习—深化概念—进入条令"步骤展开，要经过体系化的设计和工程化的推动，通常是一系列演习、试验、技术验证和专家研讨，在形成普遍性共识后，再向训练、条令、编制及装备等方面推进。

20.5.3 概念发展

全域作战是正在发展的概念，其中资金、技术及试验等方面也正在不断叠加演进，循环发展。

1．资金支持力度不断加大

在 2021 财年预算申请中，美国陆军增加了对联合全域作战的支持。

2020 年 2 月 10 日，陆军在五角大楼发布的《2021 财年预算概述》中提到，陆军现在和将来都将准备支持联合全域大规模战斗行动，将继续在 2021 财年的整个服役中制定其现代化目标，由陆军未来司令部领导。通过 31 项措施和 2021 财年的 106.54 亿美元资金申请，该军种的 8 个跨职能团队及快速能力和关键技术办公室（RCCTO）正在实施现代化工作。预算文件明确指出，跨职能团队将需求、采购、科学、技术、测试和物流等各个利益相关者聚集在一起，制定需求以支持联合全域作战。

2020 年 2 月，美国参联会副主席约翰·海顿表示，全域作战是美军未来整体预算的重点，将赋予美军无法比拟的作战优势，美军应努力实现这一概念，以在未来冲突和危机中无缝集成能力，有效指控全域作战。

2．写入条令标志进入发展新阶段

2020 年 3 月 5 日，美国空军柯蒂斯·李梅条令制定和教育中心发布《空军条令 1-20：美国空军在联合全域作战中的作用》，首次将联合全域作战和联合全域指挥控制写入空军条令，标志着全域作战概念进入了发展的新阶段。

自 2019 年夏季以来，在联合参谋部下属的联合需求监督委员会授权下，美国空军牵头各军种在内利斯空军基地的影子作战中心开展同联合全域指挥控制相关的技术测试。美国空军依据"跨域 1 号"联合全域指挥控制能力试验结果，认为有必要为进行联合全域作战提供明确而全面的条令框架，从而为相关的和具有前瞻性的联合全域作战条令提供信息，并提供一种机制，快速发展空军条令，以适应不断变化的安全环境。

3．系统研发支撑概念发展

为发展支撑全域作战概念，空军正在研发"先进战斗管理系统"，该系统被视作全域作战概念的核心技术平台，空军拟通过该系统构建以军用物联网为骨干的生态圈。

该系统主要包括 6 个成果：一是传感器整合，即卫星、雷达等各种传感器的连接器；二是汇集与储存传感器数据的数据云；三是依照数据机密性进行管理的处理机制；四是上网桥，如有一种连接器会安装在无人僚机上，使之可以接通 F-22 与 F-35 战机的 5G 网络；五是 App 应用层，利用应用软件进行数据分析、处理及决策等；六是连接器，即各种软/硬杀伤武器的连接器。

4．演习试验促使概念不断完善

近期，为模拟与大国开战的作战想定，美国组织了两次全球一体化演习（GIE），以发展全域作战概念。演习旨在为国防部、作战司令部和美国政府机构在战略层面提供跨域、全域演习的机会，同时为国防部测试完善新概念、减少不确定性及增强战备提供演练场。

首次演习测试活动于 2019 年 12 月 16 日—18 日在佛罗里达州举行，由美国北方司令部司令主导，其作战想定是防御针对美国的巡航导弹攻击。演习运用 10 余种新技术，将各种空中、地面、海上传感器和发射器联网，实现了对各军种少数主要武器系统的有机整合。

演习中，美军在探测到由 QF-16 全尺寸靶机模拟的一枚巡航导弹来袭后，利用新软件、通信设备和网状网络，将信息传递给部署在墨西哥湾的阿利·伯克级驱逐舰"托马斯·哈德纳"号、空军的两架 F-35A 和两架 F-22 战斗机、埃格林空军基地的指挥人员、海军的两架 F-35C 航母舰载战斗机、陆军的高机动火箭炮系统部队，以及地面的特种作战部队等。18 日，国防部高级领导莅临演习指控中心，视察数据实时涌入和流出指挥单元，来自各平台和人员的信息跨空、陆、海、太空等作战域同时流动，相互之间共享态势更新。

20.5.4　主要启示

全域作战由美国国防部融合各军种概念，形成了概念框架，并在同一框架内鼓励各军种各自发展，但总体朝一个方向前进。这种框架松散、各自独立、需求牵引、技术支撑、总体联合的发展模式值得借鉴。

1．自下而上，先军种后联合逐步演进

全域作战概念的提出并非一蹴而就，而是在各军种作战概念的基础上发展起来的。近年来，美国各军种相继提出空海一体战、多域作战、分布式杀伤及马赛克战等作战概念，促进了联合作战的发展，为新型作战概念的提出奠定了坚实的基础。全域作战概念正是在军种联

合的基础上提出的,是美军作战概念的大融合。

2. 概念发展与技术推进同步展开

开发作战概念是为了牵引整体军事发展。美军在开发全域作战概念的同时,同步展开各类系统攻关与集成,突出概念牵引技术发展的重要作用。例如,空军发展"先进战斗管理系统"的基本前提是将高度集中的命令、控制架构发展成为一个分布式系统,将传感器连接到每个射击者,并将人工智能与人为判断相融合,以加快决策速度,构成联合全域指挥控制的基础体系结构。

3. 组成跨域团队推动全域融合

美军正在国防部层面倡导一个名为"联合效应融合小组"的新团队概念,该概念可补充联合全域指挥控制的未来技术,可与 2030 武器系统相提并论。这样的跨域团队包含部门负责人、空中协调员、陆上协调员、海上协调员及信息作战协调员等。这种架构可能会确定整个联合部队中每一个可识别的角色和跨职能职责,有助于促进联合全域作战的发展。此外,为了推进项目,参联会成立了一个联合跨职能团队,以快速发展联合全域指挥控制概念。

4. 发挥试验验证的重要推动作用

通过洛克希德·马丁公司与美国空军合作进行的多域指挥与控制推演,以及国家层面组织的"全球一体化演习"可以看出,作战试验验证对作战概念的发展起到重要的推动作用。美军认为,作战实验室的实验意义重大,从小规模的演示和评估到大型试验,结构化的试验活动可向科研和作战人员提供反馈信息,有助于提升质量。在开展这些试验活动的过程中,作战实验室与部队、评估机构通力合作,协调美国陆军领导管理机构、作战部队与其他科研机构,多方协作共同完成任务。

5. 进行体系化整体设计和工程化同步推进

全域作战概念的提出具有十分重要的意义。与此同时,美军以部队建设协调发展为基本点。设计未来战争,若没有一支现代化的联合部队作为支撑,就没有完成多样化任务的工具和手段。在战争设计中,不仅要总结以往经验,指导部队建设发展,更要不断开拓思维,推动战争设计与部队建设相互促进和协调发展。

陆军网络跨职能团队主任彼得·加拉格尔少将在 2020 年 1 月 21 日表示:"全域作战概念不是系统,不是程序,不是一堆流行语,而是现实,国防部高级领导希望所有军种都能贡献力量。我们正在对此进行迭代,归根结底,这可归结为一支更好、更综合的联合部队,为实现一个共同目标而战。"在这个概念发展中,美军注重总体上的统合和分军种的建设,注重统一标准、接口,但不限制各军种的作用发挥,既注重整体框架统一,又注重军种支撑作用,因此能够保证概念有效快速推进。

第 21 章 水下作战相关概念

2016 年以来，美国国防高级研究计划局（DARPA）、海军研究办公室（ONR）等研发的"分布式敏捷反潜系统""反潜战持续跟踪无人艇""深海浮沉有效载荷"等多个颠覆性反潜装备项目取得重大进展。这些项目是美国近些年推进新型水下作战技术发展成果的一部分。近年来，美国海军积极与 DARPA 开展合作，探索构建以广域反潜探测、潜艇无人协同、水下保障及海底预置等为代表的新型装备体系，创新理念和技术成果频现，有望对未来水下作战装备构成和作战模式产生重大影响。

21.1 水下作战发展新思路

21.1.1 发展背景

受浪、流、温及海底地貌等影响，水下声波探测和通信距离、精度及可靠性均受到极大影响，客观上使得水下难以实现"透明化"，从而成为美国海军不能完全掌控的作战空间。而随着潜艇主、被动降噪技术的广泛应用，先进的安静型潜艇在低速航行时，辐射噪声接近甚至低于海洋环境噪声水平，被美国海军视为巨大的威胁。为此，进入 21 世纪后，美国海军将发展新型水下作战能力作为装备建设重点，开启了水下作战概念和手段的创新之路。

装备建设经费投入不足也是促进美国海军水下作战能力创新的另一个重要原因。美国海军一贯依托其先进而庞大的攻击型核潜艇部队控制全球关键海域和要点海峡。冷战结束后的前五年，美国海军攻击型核潜艇总规模保持在大约 90 艘的水平，之后，由于建造和运行经费不足，这一规模一路下滑，到 21 世纪初已降至 55 艘的水平。此后几年，美国海军试图将 55 艘作为其攻击型核潜艇长期保有的底线目标，认为低于这个水平，将难以有效承担水下作战使命。但是，由于作为水下作战主力的"洛杉矶"级核潜艇进入批量退役期，替代艇"弗吉尼亚"级受制于经费不足，建造速度难以加快，从 2006 年起，美国海军将攻击型核潜艇保有底线调减为 48 艘，并一直延续至今。目前，美国海军现役攻击型核潜艇虽仍有 52 艘，但根据造舰计划安排，预计 2022 年会降到 48 艘这个底线，2025—2036 年间将低于这个水平，最低时将降至接近 40 艘。面对这种情况，美国海军认为，按照传统水下作战能力建设方式，不仅无法解决核潜艇规模存在缺口这一问题，而且这一缺口还会继续扩大，必须寻求新的途径，建立全新的水下优势。为此，美国海军于 2011 年发布《水下作战纲要》，强调必须用其他装备部分替代核潜艇执行水下作战任务，随后加大了新型水下作战能力的方案论证和装备技术研发验证。

美国海军新型水下作战能力的建设思路得到了国防部的认可，在 2014 年启动第三次"抵消战略"后，美国国防部立即将水下作战能力确立为重点关注领域之一，目前已纳入第三次

"抵消战略"初步确定的六大颠覆性能力之列。

21.1.2 主要成就

研发新型水下作战装备和技术，难度极高，必须依靠创新的思维和颠覆性技术，才能取得突破；同时，发展新型水下作战能力，直接关系到美国对全球海洋的控制力。基于这两个原因，DARPA 成为水下作战装备技术创新的主力，主管美国海军基础科技工作的海军研究办公室也开展了大量研究工作，同时还有一些企业参与其中，近几年以较快的频次推出一批创新成果。

（1）通过多种创新方式，实现对潜艇的大范围跟踪探测。

由于无人系统适用海域广，美国海军将其作为弥补潜艇规模不足、研发新型水下作战能力的首选，开展多个项目以实现水下大范围的跟踪探测能力。

DARPA 先后开展了"分布式敏捷反潜系统"和"反潜战持续跟踪无人艇"两个重点项目，研究验证利用水下和水面无人系统进行反潜作战的方式。前一方案是利用数十个无人潜航器潜伏海底组成网络，向上仰视监测大面积海域。这个方案首创了自下而上探潜的模式，可以克服海面、海底散射对声探测的不利影响。理论上，潜伏在水下 6km 的无人潜航器网络能够监视 18 万 km^2 水域内对手潜艇的活动。该项目于 2010 年启动，2013 年完成大潜深试验，2016 年完成组网海试。后一方案旨在利用无人水面艇贴身跟踪目标潜艇。DARPA 委托美国科学应用国际公司研制一型三体无人艇进行概念和技术验证，该艇身长 40m，最大航速为 27 节，可对目标潜艇进行长达 70 天的持续跟踪，首创持续贴身跟踪的反潜模式。该艇于 2010 年开始研发，2016 年 6 月首艇"海上猎人"号完成航速、机动性及稳定性等海上试验。

美国海军研究办公室于 2007 年启动"深海主动探测系统"研发项目，旨在研发一套无人值守探测系统，通过水面舰布放，系统可探测近 1 万 km^2 的海域，多套系统组网可实现更大范围的探测。2009 年，系统完成样机海试，2011 年完成升级型海试。

液力机器人和波音公司联合开展了"自主无人水面艇"项目，目标是用滑翔式无人艇，将波浪的上下起伏转化为前进的动力，实现超长续航力。艇上搭载先进传感器，能有效探测安静型常规潜艇和无人潜航器。应用设想是：与 P-8A 反潜巡逻机协同探潜，或由多个水面艇组网探潜。在 2015 年完成与 P-8A 反潜机的联合应用试验；2016 年"无人战士"演习期间，完成 4 艘无人艇的组网探潜试验。

（2）采用潜布系统，形成新型水下集群作战能力。

潜布系统以潜艇为母艇，布放后执行情报、监视、侦察和打击任务，美国海军将其视为延伸潜艇"手眼"、扩大潜艇控制范围及保护潜艇安全的有效手段。目前发展的主要潜布系统包括"近海水下持久监视网"、大排水量无人潜航器及"蓝鳍-21"无人潜航器等。

"近海水下持久监视网"是美国海军研究办公室开展的项目。该方案利用核潜艇搭载和布放固定式水听器阵、多种无人潜航器，确保众多装备各司其职，形成作战集群，对 1 万 km^2 水域内的常规潜艇进行数月乃至数年的探测、识别、定位及跟踪。2005 年开始样机研发，2012 年完成样机研发，2013 年完成样机海试，2014 年完成舰队交付。

大排水量无人潜航器也是美国海军研究办公室负责的项目。该方案旨在研发长 13.5m、排水量 10t、续航力超过 120 天的察打一体化无人潜航器，搭载声学传感器组网探测潜艇，可发射轻型鱼雷攻潜，也可搭载和布放多个小型无人潜航器。2015年4月，美国海军研究办公室首次展出大排水量无人潜航器样机，8月通过低风险评审，并于2017年服役。

在2016年的"海军技术演习"中，金枪鱼机器人公司研发的"蓝鳍-21"和"沙鲨"无人潜航器、航空环境公司研发的"黑翼"无人机纷纷亮相。演习中，潜艇发射了一个"蓝鳍-21"无人潜航器，"蓝鳍-21"再释放两个微型"沙鲨"无人潜航器和一架"黑翼"无人机，用于执行情报、监视与侦察任务。演习中，由"黑翼"无人机完成潜艇与"沙鲨"间的通信中继，实现水下和水面的跨域通信与指控。

（3）发展新型补给和导航技术，提高持续作战能力。

为弥补水下平台续航力的不足并减少对GPS的依赖，DARPA于2016年5月启动了"深海定位导航系统"项目。该方案是通过在深海中布放可连续高精度定位的声源，使潜艇、无人潜航器等获得连续高精度的导航信息，无须定期上浮修正累积误差。

此前，在美国海军研究办公室的支持下，波特罗公司开展了"无人潜航器水下母港"研究工作，研发对无人潜航器进行无线数据中继和充电的技术。该方案通过布放数个"无人潜航器水下母港"，对无人潜航器进行补给，提高其持续作战能力。2007年开始研制该技术，2011年技术成熟度达到7级，2015年充电功率达到1700W。

（4）发展变革性海底预置装备，控制关键海区。

海底预置装备是一种全新的水下装备，可以替代潜艇提前部署在关键海区的海底，长期待机。

DARPA于2013年设立了"深海浮沉有效载荷"和"海德拉"两种预置装备研发项目。前者通过水面舰艇布放预置在深海，由运载器、有效载荷及通信系统等组成，可在4km深海中待机5年，需要时可远程唤醒，并快速释放无人机、传感器及导弹等载荷，执行情报、监视、侦察和打击任务。后者预置在近海，可搭载数个小型无人机和无人潜航器，由水面舰、潜艇及飞机投放，在水下待机数月，可在需要时唤醒，自主指挥负载执行反潜任务。

（5）逐步构建水下作战新技术发展体系，夺取未来水下作战优势。

为满足水下作战需求，创新水下作战能力，美国海军从2010年起制定水下作战科学技术专项战略。2016年9月，美国海军发布新版《水下作战科学和技术战略》，确定了"水下机动战""水下精确导航""确保海战场进入""水下自主系统""信息优势和网络空间"等十个领域，作为水下作战技术发展的重点。其中，前两个技术领域是根据水下作战新特点而增加的，目的是提高前沿对抗环境中的水下优势作战能力。美国国防部正在深化论证的"长期研发计划"明确将水下作战作为推进颠覆性技术发展的重点领域，届时可能会提出新的技术发展思路和重点方向。

21.1.3 前景展望

1. 美国海军反潜装备体系构成将发生结构性变革

当前美军反潜装备主要包括海洋监视卫星、固定翼反潜巡逻机、反潜直升机、水面舰艇、核潜艇及水下固定式声呐阵等。正在发展的新型反潜探测装备部署后，反潜装备体系构成将发生重大变革：空中将增加反潜无人机，水面将增加反潜无人艇，水下将增加海底预置装备、潜艇布放水下作战群及其他平台布放的水下探测网等新型装备。

2. 新型反潜探测装备机动能力强，可实现大范围精确监视

新型反潜探测装备部署机动灵活，在集群技术和自主技术的支持下，美国海军将实现水下情报保障从固定、局域监视为主，向大范围机动监视转变，并能够提供更加精确、持久的情报信息。具体包括在近海海域有针对性地探测情报信息、在公海形成大范围监控区域、形成以潜艇为中心的探测网络，以及通过持续跟踪的方式随时掌握目标潜艇的位置信息等。

3. 海底预置装备隐蔽性强，可形成战略威慑

海底预置装备是美国海军构建未来水下非对称优势，实现战略突袭最为典型的一类装备，部署后，难以被探测和破坏。可在对方近海和远海要点预置攻击型无人机、无人潜航器及导弹等，实现战前"按需"隐蔽部署，构筑探测网络，埋伏突袭力量，针对对方陆地、空中、海上和水下目标，执行探测、打击等任务。

21.2 水下无人作战

21.2.1 相关背景

随着国际环境日益变化和相关技术不断发展，美国将水下力量作为在"反介入/区域拒止"环境下谋求不对称优势的主要抓手。2017年1月，美国国防部国防科学委员会（DSB）发布了应美国国防部委托开展的《下一代无人水下系统》报告，报告指出水下无人系统（UUS）的应用会为美国水下作战提供有力支撑，建议加快水下无人系统实战化，扩大水下无人系统发展计划并研究相关技术。2017年，DARPA和海军各机构不断推进水下无人潜航器（UUV）等UUS及相关技术的研发和作战实践，推动美国水下无人作战能力不断发展。

21.2.2 高度重视水下无人系统作战价值

水下无人系统的作战价值需被高度重视，应从不同方面着手。

（1）成立水下无人系统编队，执行水下实战任务。

2017年10月，美国海军表示已将UUV的管理和投资部门由远征作战部门（N95）转移到水下作战部门（N97），并将更加合理地发挥UUV的优势，以维持海军的水下领先地位。

同时，美国海军还成立了水下无人中队（UUVRON-1），该中队将为N97反馈相关实战经验，帮助其更好地判定未来作战需求。水下无人中队（UUVRON-1）计划于几年内达到完全作战能力，并于2024年配备包括LBS-UUV、大排量无人潜航器（LDUUV）和超大型无人潜航器（XLUUV）在内的45艘UUV。目前水下无人中队（UUVRON-1）也在测试Iver（一种商用低成本自主潜航器）、Remus和"蓝鳍"等UUV。此外，水下无人中队（UUVRON-1）还派遣了两支队伍用以搜索2017年11月失事的阿根廷潜艇。

另外，在水下无人中队（UUVRON-1）的基础上，美国海军还建立了潜艇发展中队（DEVRON-5），该中队也将配备多种UUV，用以发展和试验新型潜艇作战能力。

目前，美国海军正在建立一种正式机制来管理 UUV 的全部事宜，该机制能够判定舰队对 UUV 作战能力的需求，并集中资源研发相关能力，保证所有 UUV 的作战性能均得到提升。

（2）举办水下无人系统先进技术演习，加速未来水下作战技术发展。

美国海军于 2017 年 8 月举办了先进海上技术演习（ANTX），该演习由美国海军水下作战中心（NUWC）举办，旨在展示能在未来应用的先进水下无人系统及其相关技术，自 2015 年起每年举办一次。2017 年先进海上技术演习（ANTX）的主题为"对抗环境下的战场准备"，在水下领域重点展示了水下网络及节点技术、水下基础设施防护和水下导航等先进技术。

① 在水下网络和节点技术方面，通用动力公司团队演示了两个作战场景。场景一：一艘水面舰船投送了一艘"蓝鳍-21"UUV，该 UUV 携带一艘"蓝鳍-沙鲨"微型 UUV 和装有"黑翼"无人机的发射筒。发射筒上浮至水面发射"黑翼"无人机，与作战控制系统建立了数据通信链接，"蓝鳍-沙鲨"完成情报、监视与侦察（ISR）任务后，通过与"黑翼"无人机链接，将情报信息传回作战控制系统。另外，控制系统还可以通过"黑翼"无人机指挥"蓝鳍-沙鲨"执行其他任务。场景二：由潜艇发射"蓝鳍-沙鲨"，待其完成任务后通过水中的调制解调器将数据传至光学功率分路器，该分路器可将收到的信息分发至不同位置。

② 在水下基础设施防护方面，诺格公司利用指控系统，同时控制 8 艘/架无人系统进行水下基础设施防护演示，其中尺寸较大的 Proteus UUV 携带了尺寸较小的 Remus-100 和 Riptide UUV，用于监视己方水下基础设施，并向战术作战中心进行汇报。交战时，另一艘 Riptide UUV 和一艘 Iver UUV 充当敌方对己方水下基础设施发动攻击，Remus-100 进行作战毁伤评估。演习还使用了一架无人机中继水下无人系统间的通信，另外还有两艘无人水面艇负责监控进出作战区域的水上交通情况。

③ 在水下导航技术方面，首次参加先进海上技术演习（ANTX）的波音公司展示了搭载传感器的自主遥级水面艇——SHARC 无人艇。SHARC 无人艇利用太阳能及波浪能量推进，平均工作时间可达 6 个月，能够自主部署海底传感器并测定其位置，再通过卫星传递该数据。在演习中，通过两艘 SHARC 无人艇组网为经过该区域的其他作战系统创建了全球定位系统。海底传感器较容易暴露于敌方的有人船只，而 SHARC 无人艇则可以很好地充当水下系统与卫星之间的通信网关，并且更加经济、快速、隐蔽和安全。

21.2.3　推动水下无人系统多样化发展

从不同方面着手，积极推动水下无人系统多样化发展。

（1）常规水下无人潜航器研发持续推进，部分项目因预算影响受到调整。

美国海军根据作战任务的不同，发展了多型 UUV，2017 年主要推进用于执行反水雷任务的"梭鱼"（Barracda）水雷和"刀鱼"（Knifefish）无人潜航器，以及集多种任务能力于一身的大型无人潜航器、超大型无人潜航器（XLUUV）和大排量无人潜航器（LDUUV），其中大排量无人潜航器（LDUUV）项目因预算原因而受到调整。

"梭鱼"水雷是一种模块化、低成本、半自主的消耗型 UUV，大小类似于空中发射的声呐浮标，长 0.9m，直径为 12.7cm，装有爆破战斗部，一旦触碰到水雷，就会连水雷一同爆炸。美国海军于 2017 年 2 月发布了该项目公告，有可能将其部署至通用无人水面艇（CUSV，属于濒海战斗舰反水雷任务包的一部分），未来还可能通过直升机或固定翼机载的声呐浮标发射装置来发射。

"刀鱼"无人潜航器是美国海军濒海战斗舰反水雷（MCM）任务包的一部分，能够探测海底布置的水雷。2017年3月，"刀鱼"无人潜航器完成了综合评价工作，标志该项目达到重要里程碑节点，其在多深度下探测和区分潜在水雷威胁的能力得到验证。

超大型无人潜航器（XLUUV）是一种采用模块化和开放式架构的水下潜航器，可执行反水雷、反潜、反舰和电子战等任务。美国海军于2017年9月分别向洛克希德·马丁公司和波音公司授予超大型无人潜航器（XLUUV）项目阶段性竞争合同。2017年6月，波音公司的超大型无人潜航器（XLUUV）方案——"回波旅行者号"进行了首次海试，检测了通信、自主、推进、系统集成和电池等方面的性能。

然而，因受到美国海军预算缩减的影响，大排量无人潜航器（LDUUV）项目的时间安排被推迟。大排量无人潜航器（LDUUV）是一种集察打一体的大直径重型UUV，可以搭载不同传感器和任务模块，能够数月、远距离执行扫雷、跟踪及情报、监视与侦察（ISR）和自主攻击等任务。大排量无人潜航器（LDUUV）既可以独立使用，也可以部署至水面舰船和潜艇。

（2）继续发展水下预置式系统，凭借隐蔽潜伏优势控制关键海域。

针对海上作战时前线部署各类平台和武器面临的成本和保障问题，DARPA发展了一类可在水下长时间隐蔽潜伏并能即时唤醒执行侦察与打击任务的无人平台，即"海德拉"（Hydra）和"可升降有效载荷"（UFP）项目。

Hydra项目旨在演示验证一种可以快速将无人机和UUV等隐蔽运送至战场的水下无人运载系统，可以配合有人驾驶的舰船、潜艇和飞机，交替进行水上、水面及水下的载荷投送。该项目的关键是研发可提供情报、监视与侦察（ISR）及反水雷等重要能力的模块化有效载荷。这些有效载荷模块使用标准化封装，以保证运输、储藏及发射方面的安全性，同时确保这些载荷的功能可持续数周乃至数月。Hydra项目于2013年7月启动，第一阶段重点关注整体方案设计；2016年9月，项目进入第二阶段，主要进行载荷和模块化封装接口的研发和验证。2017年4月，DARPA授予波音公司价值760万美元的修订合同，用于继续支持Hydra项目第二阶段的工作。

UFP项目旨在寻求一种可在深度大于6km的海底遂行5年甚至更长时间的潜伏、在防区外激活并迅速上升，以及配置有效载荷和武器的水下作战平台。UFP项目于2013年1月启动；2016年，项目进入第三阶段，开始水下环境中的演示验证试验。

（3）探索多系统协同作战概念，从全作战域加强海洋控制能力。

为了维持美国海军对抗激烈广阔海域的海上优势，DARPA通过推动跨域海上监视与瞄准（CDMaST）项目来探索新型海洋体系作战概念。2017年9月，DARPA发布了CDMaST项目第二阶段广泛机构告知书（BAA），将开展工程化研究。该项目旨在促进空中、水面及水下的指挥、控制、导航定位和授时、通信、传感、武器及后勤等领域的发展，并将这些功能分散到多种低成本、可升级的空中/水下平台，构建一个由有人和无人系统组成的分布式跨域作战网络架构，以此来维持美军对作战海域的控制权。CDMaST项目于2015年11月启动，通过第一阶段工作，DARPA已经完成了海上SoS概念体系架构开发；第二阶段将对技术和作战的可行性进行试验分析，并重点对反潜战和反水面作战架构进行开发和验证。

此外，美国海军还依靠"黑翼"潜射无人机作为通信中继，拓展水下无人系统跨域感知能力。"黑翼"无人机是美国航空环境公司在"弹簧刀"无人机基础上研发的一种管式发射小型无人机，配有先进的微型光电/红外传感器、一体化惯性/GPS 自动驾驶仪系统和 Link 16 数据链，能够为潜艇、UUV 和其他飞行器提供信息中继，可从水下由潜艇或 UUV 发射。近年来美国海军不断推动"黑翼"无人机的研发和采购工作，以期实现水下无人系统跨域获取目标信息的能力。美国海军水下战中心于 2017 年 10 月授予美国航空环境公司一份价值 250 万美元的合同，用于采购"黑翼"无人机。

21.2.4 攻关水下关键技术

1. 大力发展水下通信技术，增强水下无人系统信息获取能力

由于海洋水体的特殊性，水下作战平台之间及与水上平台和中心的通信都存在许多问题，很难满足未来水下作战对信息传递的需求。美军近年来连续启动水下通信技术研发项目，推动水下光学、声学和无线电通信技术发展。

"模块化光学通信（OCOMMS）载荷"项目旨在寻求一种光学全双工通信载荷实现空中与水下平台间的跨介质通信和水下平台间的通信，这种光学通信方式的数据通信速率高，且具有低截获概率和低探测概率（LPI/LPD）特性。美国海军空间与海战系统司令部于 2017 年 3 月发布"模块化光学通信（OCOMMS）载荷"项目公告。

"水下多声传感器可靠配置异构集成网络"（SEA-URCHIN）项目将先进物理层算法引入水下通信调制解调器，使用多种网络协议将传感器信息及时传送到信息中心，以提高水下声通信的可靠性和覆盖范围。DARPA 于 2017 年 3 月选择以色列航空工业公司（IAI）开发 SEA-URCHIN 项目。

"机械天线"（AMEBA）项目旨在利用特低频（ULF）和甚低频（VLF）无线电波在水、土壤、岩石、金属和建筑材料的优异穿透与绕射性能，实现军用远程通信。ULF 通信将使在水下作业的有人和无人平台之间进行直接通信及发送数据、文本甚至语音成为可能。2017 年 8 月，DARPA 陆续向 6 家承包商授出了 AMEBA 项目第一阶段研发合同，标志着该项目正式启动。

2. 研发水下充电技术，延长水下无人系统工作时间

美国海军于 2017 年 3 月向航空喷气洛克达因公司授出合同，发展用于 UUV 水下无线充电的电力与能源管理系统，该合同是美国海军研究办公室（ONR）"前沿部署能源与通信前哨"（FDECO）项目的一部分。该管理系统能使 UUV 不必航行至港口或舰艇附近就可进行无线充电和数据的上传与下载。

美国海军空间与海战系统司令部太平洋中心于 2017 年 8 月表示正在研发可以在水下为 UUV 无线充电的技术。该技术以共振无线充电为基础，利用共振的方式传递能量，可以为一个拥有相同频率接收器的物体充电，不过水下充电需要考虑海水传导能力较弱的问题。该中心还在研发可为不同尺寸 UUV 充电的标准化水下充电站。该技术的成功应用将延长 UUV 的工作时间，极大拓展 UUV 的任务范围并更好地保障其安全。

3. 利用水下无人系统探潜,保障己方作战平台的安全性

随着潜艇隐蔽性的不断提高,水下探潜也成为 UUV 的主要作战任务之一。2017 年 7 月,DARPA 授予 BAE 系统公司"移动舷外隐蔽通信和方法"(MOCCA)项目第一阶段合同,用以发展利用 UUV 的新型声呐探潜技术。

MOCCA 项目将研发一种主动声呐系统,由 UUV 携带小型主动声源发射声波,再利用潜艇检测设备监听回波信号;同时,为了实现潜艇位置隐藏、远距离探测跟踪潜艇对 UUV 的指挥控制,项目还将研发潜艇与 UUV 间可靠的隐蔽通信技术。DARPA 于 2016 年 1 月公布 MOCCA 项目,第一阶段主要进行声呐系统及通信概念的初始设计。

21.3 海底战

21.3.1 产生背景

目前的信息传输多依靠海底光缆,涉及金融、军事及国家安全等信息。无人潜航器(UUV)技术和海底测量设备的进步使得对手能够快速找到并破坏电缆,阻止己方访问传感器信息和获取情报数据。

海底战能了解对手破坏海底电缆的方法,并通过部署有效载荷予以对抗。海底系统还能改善 UUV 的耐久性。例如美国海军的"前沿部署能源与通信基地"项目,可用于为 UUV 充电和中继数据。此外,海底的水下持久监视网络可持续监视对手水下活动。

美国海军在 2016 年发布的《2025 无人潜航器需求》中提到,未来无人潜航器将要执行的新任务包括反无人潜航器、电磁机动战、非致命海上控制作战和海底战。

海底战包括利用海底系统或可支援海底的系统,执行反水雷、反潜、反水面及情报、监视与侦察和欺骗、打击等任务,相关难点在于无人运输、归航系统、非致命手段、持久海底网络和远程指控。

21.3.2 概念内涵

1. 概念分析

海底战能够统筹使用低成本甚至一次性水下传感器和水下预置武器,并以无人潜航器为支援,可在需要时临时部署或预先部署,执行反潜、水面战及情报、监视与侦察、欺骗、打击、电磁战和水雷战任务。

2. 体系结构

通用动力公司提出了海底战的概念图,如图 21.1 所示,海床上布有传感器,负责执行监视任务,并上传和下载 UUV 任务数据。UUV 使用侧扫声呐持续收集海床信息。海底系统还包括停靠和充电系统,用于提高 UUV 的续航力。水面的浮标用于提供信息传输中继。

图 21.1　通用动力公司的海底战概念图

研究认为，海底战可使用模块化手段进行分析，由不同平台运送模块化传感器、通信节点及海底武器。

21.3.3　实现途径

1. 平台能力

美国海军研究生院针对海底战提出了黄色和橙色两种杀伤箱概念。

根据《联合出版物 3-09：联合火力支援》，杀伤箱实际是一个三维的区域空间，但目前普遍被解释为是一种用于加强三维火力支援协调的措施（FSCM），能够协调、整合相关武器，减少指挥员对作战任务的介入。

美军通常在地面或水面目标上应用杀伤箱概念，包括蓝色杀伤箱和紫色杀伤箱。其中，蓝色杀伤箱表示允许在杀伤箱中运用空对地火力，而不需要进一步与己方进行协调或削减冲突；紫色杀伤箱表示减少空对地火力的协调要求，但仍需要地面部队指挥人员协调地对地火力。

美国海军研究生院提出的黄色杀伤箱是在目标进入杀伤箱时，内部系统对其予以打击；而橙色杀伤箱不但使用内部系统予以打击，还能利用水面系统对杀伤箱内系统进行火力支援。这两种杀伤箱分别如图 21.2 和图 21.3 所示。

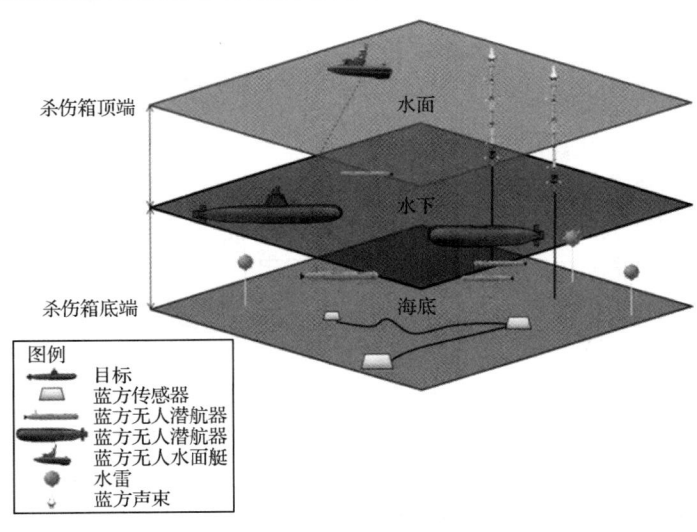

图 21.2　黄色杀伤箱

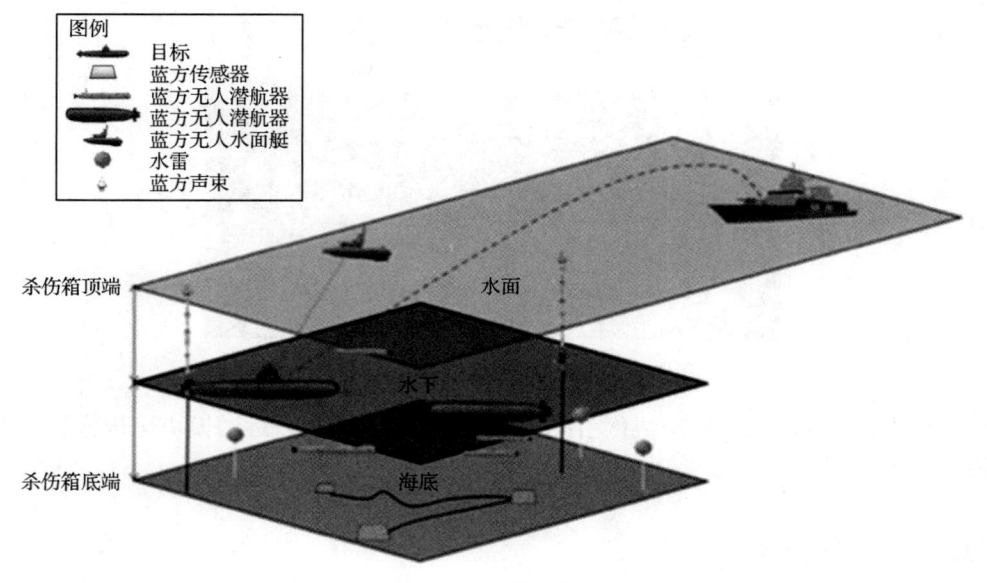

图 21.3　橙色杀伤箱

2. 应用设想

美国海军研究生院提出了海底战的 4 项任务：环境侦察，部署情报、监视与侦察（ISR）系统，部署武器系统及打击目标。4 项作战任务的前 3 项是完成杀伤箱的部署，第 4 项是对进入杀伤箱的目标予以打击，完成杀伤链。

任务 1：环境侦察

如图 21.4 所示，水下平台负责收集环境信息，选定部署杀伤箱的区域。在指挥中心下达指令后，水下平台到达关注的海底区域，开始收集深度、地形特征、海底淤积物特征、水文特征和声学特征等海底特征信息，并将这些信息回传至指控中心，用来寻找适合执行任务的海底区域。

任务 2：部署情报、监视与侦察（ISR）系统

如图 21.5 所示，指挥中心收到水下平台收集的目标区域环境数据后，决定是否部署情报、监视与侦察（ISR）系统。确认部署后，水下平台进入目标区域，部署海底固定式或使用锚链的 ISR 系统。随后，水下平台、海底系统和 ISR 系统向指挥中心反馈收集的 ISR 数据。

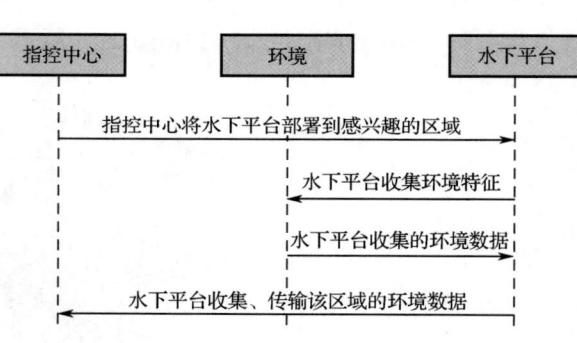

图 21.4　任务 1：环境侦察

任务 3：部署武器系统

如图 21.6 所示，海底系统收集环境数据并反馈至指控中心后，指控中心确定是否在该区域部署武器装备。确定部署后，由水下平台前往部署水雷、声学设备、电磁设备及海底发射管等武器。随后，水下平台与海底系统通信，海底系统与情报、监视与侦察（ISR）系统和武器系统通信。指控中心确认上述通信状态良好后，完成武器部署。

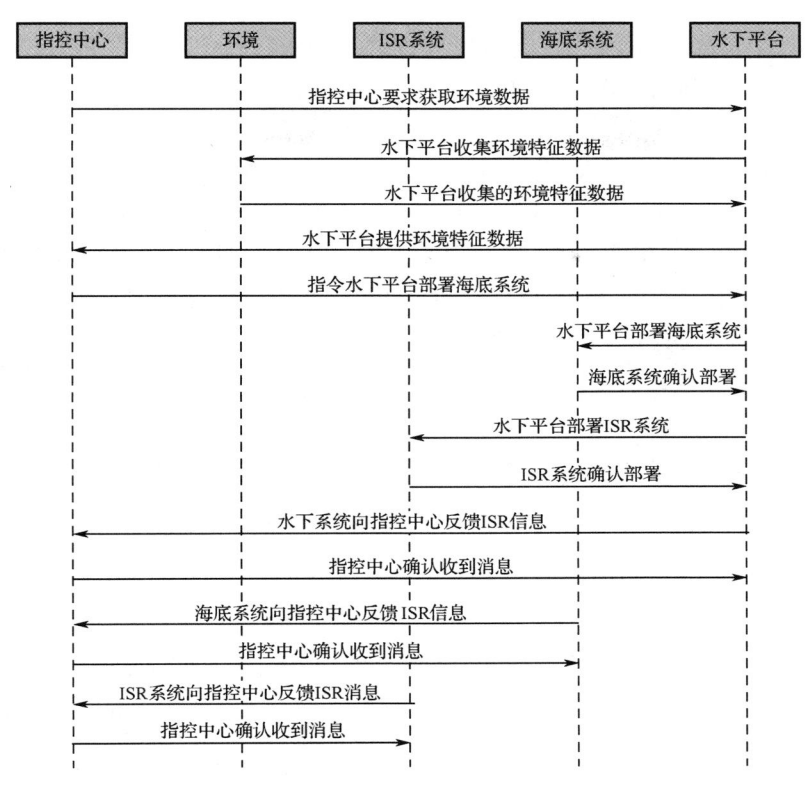

图 21.5 任务 2：部署情报、监视与侦察（ISR）系统

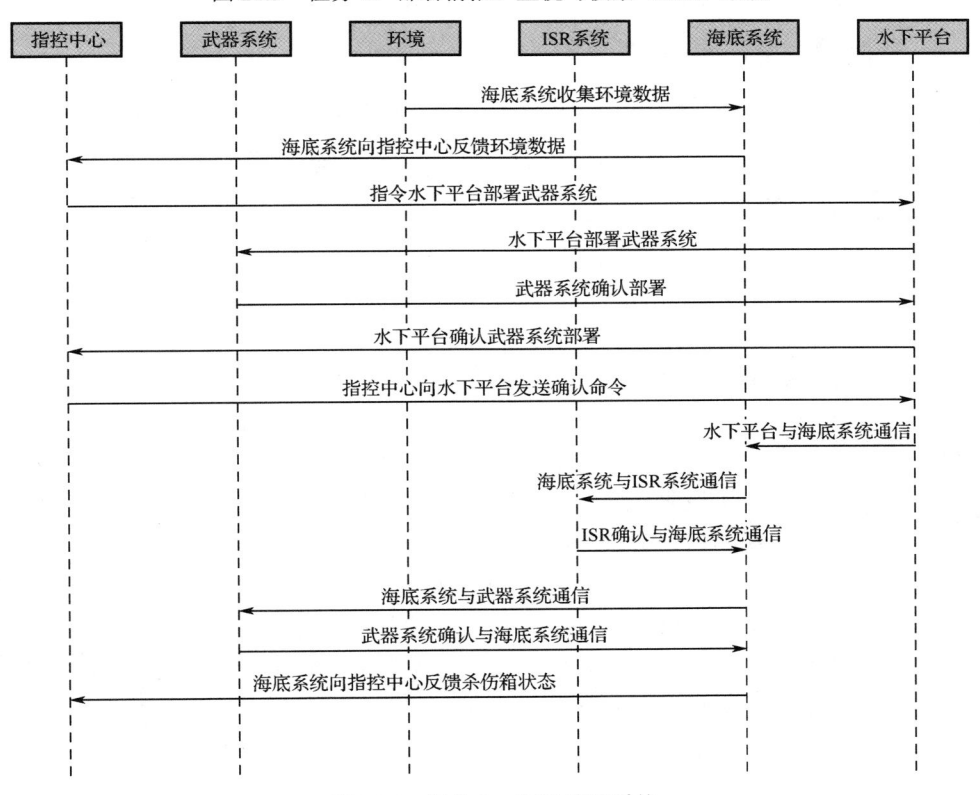

图 21.6 任务 3：部署武器系统

任务4：打击目标

如图 21.7 所示，使用杀伤箱内部所有系统进行打击。

目标进入杀伤箱区域后，通过已部署系统诱骗使其靠近武器系统。海底系统识别并跟踪目标，待目标位置信息发送至水下平台后，水下平台也会参与目标跟踪。随后，由情报、监视与侦察（ISR）系统对目标进行分类，并将评估信息传输至指控中心。指控中心评估威胁后，会指示武器系统采取措施予以打击。武器系统采用适当手段对目标予以打击后，海底系统评估目标状态，并向指控中心汇报打击结果。这一任务需协调整个杀伤箱中的平台。

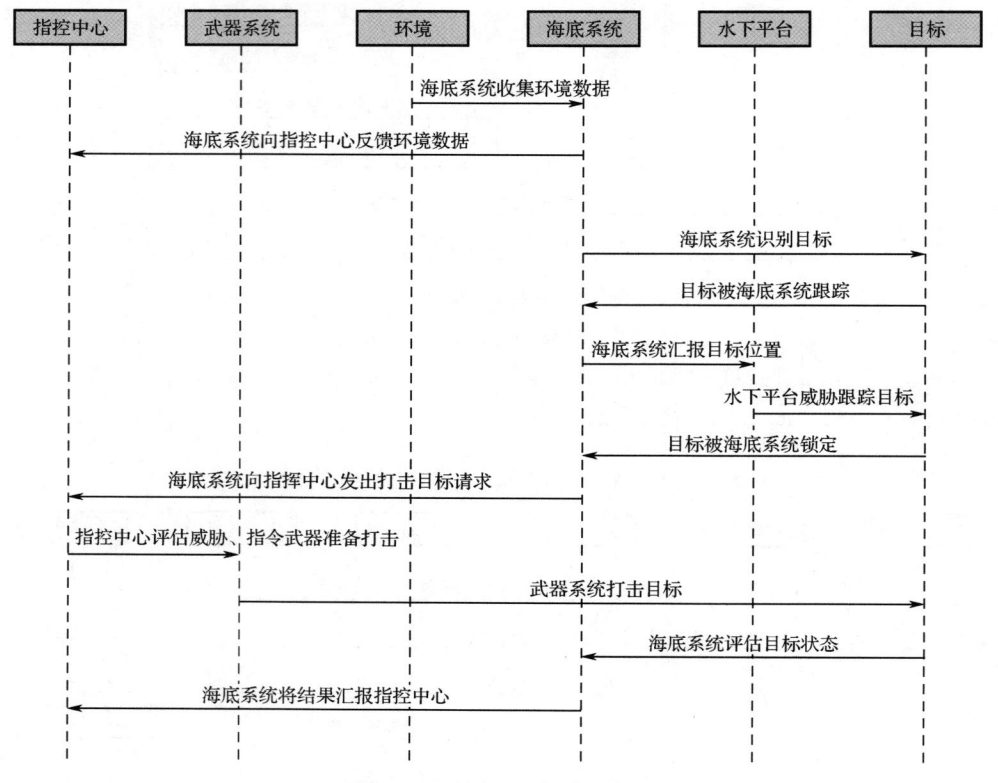

图 21.7　任务4：打击目标

21.3.4　阶段能力

美国海军研究生院提出了 7 种与海底战相关的作战能力，包括：情报、监视与侦察（ISR），反潜，水面战，电磁机动战，欺骗，打击，以及水雷战，并根据美国国防部结构框架（DODAF）将作战视图转化为能力视图。美国海军研究生院对海底战的 5 种能力进行了建模，包括反潜、水面战、ISR、欺骗和打击，电磁战和水雷战没有建模。

美国海军研究生院使用 Matlab 和 Excel 针对 4 项任务进行概率模拟。模拟不使用硬件在环或软件在环等战术模型，能够为不同任务场景提供升级和修改。相关数据使用非密数据、基本海军知识及通用设备信息。输入参数由 Excel 表格定义，包括 ISR 设备、武器系统、水下平台及敌方目标系统。用 Innoslate 系统工程软件作图描述作战过程。研究模拟了超大直径 UUV、大直径 UUV、中等直径 UUV 和小型 UUV 在执行海底战 4 项任务时的成功率。

参考文献

[1] 刘小午. 创新推动陆军转型建设的思考[N]. 解放军报，2016-12-29(10).

[2] 杜国红. 美军作战概念开发特点及启示[J]. 国防科技，2020, 41(4):52-57.

[3] 樊高月. 美军作战理论体系研究[J]. 外国军事学术，2010 (2):1-7.

[4] 杨小川，毛仲君，姜久龙，等. 美国作战概念与武器装备发展历程及趋势分析[J]. 飞航导弹，2021(2):88-93.

[5] 樊高月. 近 10 年美军联合作战理论新发展[J]. 中国军事科学，2019(6):118-136.

[6] Department of Defense. Capstone Concept for Joint Operations Version 3.0[R]. Washington DC: Joint Staff, 2009.

[7] Department of Defense. Capstone Concept for Joint Operations: Joint Force 2020[R]. Washington DC: Joint Staff, 2012.

[8] 樊高月. 美军联合作战概念出现重大调整[J]. 外国军事学术，2009(8):39-41.

[9] 顾伟，李健. 聚焦全域机动作战：美军新版联合作战顶层概念的框架与内涵[EB/OL]. https://mp.weixin.qq.com/s/80MqGXdBkxLlmXtKha9aAA, 2020-04-21.

[10] 王浩，沈松. 美军《联合作战顶层概念版》3.0 版[J]. 外国军事学术，2009(4):12-15.

[11] 单永志，黄得刚. 美军分布式作战概念发展的启示与建议[J]. 飞航导弹，2020(11): 68-71.

[12] 唐胜景，史松伟，张尧，等. 智能化分布式协同作战体系发展综述[J]. 空天防御，2019, 2(1):6-13.

[13] 朱丹. 美海军分布式作战发展及应用[J]. 飞航导弹，2020 (12):66-72.

[14] 刘朔邑，李博. 美军"多域作战"概念探析[J]. 国防科技，2018, 39(6):108-112.

[15] 李复名，王丽军，孔磊，等. 对"多域作战"作战概念的理解与思考[J]. 电子信息对抗技术，2020, 35(5):54-56.

[16] 张剑龙. 美军多域作战研究及对我军直升机装备发展的启示[J]. 直升机技术，2019(2):1-5.

[17] 吴明曦. 智能化战争——AI 军事畅想[M]. 北京：国防工业出版社，2020:304-330.

[18] 季明. 全域作战能力评估相关问题研究[J]. 军事运筹与系统工程，2018, 32(1): 15-19.

[19] 郭行，符文星，闫杰. 浅析美军马赛克战作战概念及启示[J]. 无人系统技术，2020, 3(6):92-106.

[20] 李磊，韩洪伟，蒋琪. 美决策中心战概念研究[J]. 战术导弹技术，2021(1):34-37.

[21] 雷子欣，李元平. 美国"马赛克战"作战概念解析[J]. 军事文摘，2019(3):7-10.

[22] 邓连印，侯宇葵，申志强. 美军新型作战概念发展分析与启示[J]. 航天电子对抗，2020, 36(5):18-23.

[23] 陈士涛，孙鹏，李大喜. 新型作战概念剖析[M]. 西安：西安电子科技大学出版社，2019:3-4.

[24] 张宇，黄建新. 应用 OODA 环模型研究装备对体系贡献程度[J]. 现代防御技术，2017, 45(2):177-182.

[25] 王钰洁，王宝树. 网络中心战概念及其体系结构模型[J]. 指挥控制与仿真，2005, 27(6):30-34.

[26] 杜燕波. 从"多域作战"到"联合全域作战"，究竟有何玄机[J]. 军事文摘，2020(6): 56-59.

[27] 张阳，司光亚，王艳正. 无人集群作战建模与仿真综述[J]. 电子信息对抗技术，2018, 33(3):30-36.

[28] 李风雷，卢昊，宋闯，等. 智能化战争与无人系统技术的发展[J]. 无人系统技术，2018, 1(2):14-23.

[29] 马向玲，雷宇曜. 有人/无人机协同作战关键技术[J]. 火力与指挥控制，2012, 37(1):78-81.

[30] 陈彩辉，缐珊珊. 美军"联合全域作战（JADO）"概念浅析[J]. 中国电子科学研究院学报，2020, 15 (10):917-921.

[31] 王洋，左文涛. 认清智能化战争的制胜要素[N]. 解放军报，2020-6-18(7).

[32] 徐珺. 破析现代战场"电磁聚优"的奥秘[N]. 解放军报，2021-1-28(7).

[33] 程明明. 作战云是朵什么样的云——对美军"作战云"概念的认识与解析[N]. 解放军报，2017-3-21(7).

[34] 李磊，王彤，蒋琪. 美国 CODE 项目推进分布式协同作战发展[J]. 无人系统技术，2018, 1(3):59-66.

[35] 王彤，叶蕾，李磊. 美国 CODE 项目无人机集群协同监控系统分析[J]. 飞航导弹，2019(5):25-29,89.

反侵权盗版声明

电子工业出版社依法对本作品享有专有出版权。任何未经权利人书面许可,复制、销售或通过信息网络传播本作品的行为,歪曲、篡改、剽窃本作品的行为,均违反《中华人民共和国著作权法》,其行为人应承担相应的民事责任和行政责任,构成犯罪的,将被依法追究刑事责任。

为了维护市场秩序,保护权利人的合法权益,我社将依法查处和打击侵权盗版的单位和个人。欢迎社会各界人士积极举报侵权盗版行为,本社将奖励举报有功人员,并保证举报人的信息不被泄露。

举报电话:(010)88254396;(010)88258888
传　　真:(010)88254397
E-mail: dbqq@phei.com.cn
通信地址:北京市海淀区万寿路 173 信箱
　　　　　电子工业出版社总编办公室
邮　　编:100036